Conrad Seidl *Bier-Katechismus*

Conrad Seidl

# *Bier-Katechismus*

Was Sie schon immer über Bier wissen wollten

Deuticke

1 2 3 4 5 09 08 07 06 05

ISBN 3-552-06007-3

Einbandgestaltung: Studio Hollinger, Wien, unter Verwendung
eines Fotos von © Foodpix/Getty Images
Satz: Eva Kaltenbrunner-Dorfinger, Wien
Druck und Bindung: Ebner & Spiegel, Ulm
Printed in Germany

# Inhalt

Einleitung . . . . . . . . . . 7
Was Bier eigentlich ist . . . . . . . . . . 11
Gerste und Hopfen … . . . . . . . . . . 37
… gibt gute Tropfen . . . . . . . . . . 61
Von den ältesten Bieren . . . . . . . . . . 89
Aus alten Brauhäusern . . . . . . . . . . 111
Auf Pils-Safari . . . . . . . . . . 135
Bierqualität kritisch hinterfragt . . . . . . . . . . 151
Trinken mit Stil und Geschmack . . . . . . . . . . 187
Rekorde und Kuriositäten . . . . . . . . . . 229
Vom Bier und seinen Festen . . . . . . . . . . 255
Aus der Bier-Apotheke . . . . . . . . . . 265
Zum Wohle! . . . . . . . . . . 283

Index . . . . . . . . . . 290
Zum Autor . . . . . . . . . . 303

# Einleitung

»Gott gebe Glück und Segen herein.« Mit diesem frommen Spruch haben Brauer seit Jahrhunderten ihre Arbeit aufgenommen – und Gottes Segen sowie eine Portion Glück haben sie auch gebraucht, wenn sie ein gutes Bier brauen wollten. Während nämlich der heutigen Wissenschaft keines der Geheimnisse von Keimung und Gärung, vom genetischen Potenzial der Rohstoffe über die Optimierung der Bierflasche bis hin zum weiten Feld von Geruch und Geschmack fremd ist, so hatten Bierbrauer noch vor eineinhalb Jahrhunderten bestenfalls eine Ahnung davon, was in ihren Kesseln und Bottichen, Fässern und Flaschen, letzlich im Krug oder Glas wirklich vor sich geht.

Und doch haben sie, wenn die alten Chroniken nicht trügen, ausgezeichnet schmeckende Biere gebraut, die unseren Ur-ur-Großvätern (und wohl auch den Ur-ur-Großmüttern) recht gemundet haben.

Würden diese Biere uns heute noch schmecken? Vielleicht – vielleicht aber auch nicht: Meinen nicht die Bayern, dass die Preussen »kein richtiges Bier« brauen könnten, denken nicht beide dasselbe von den Engländern und hegen nicht alle drei gemeinsam das Vorurteil, dass amerikanisches Bier insgesamt ungenießbar sei? Und doch kommen einige der besten Biere der Welt aus den USA, einige der traditionsreichsten Bierstile aus England. Und der »preussische« Pils-Stil ist überhaupt zum gängigsten Biertypus Deutschlands geworden – dabei stammt er eigentlich aus dem böhmischen Pilsen.

Glauben nicht die Österreicher, einer der ihren hätte das untergärige Bier erfunden, wundern sich nicht alle deutschen Österreich-Urlauber darüber, dass österreichische Märzenbiere etwas so ganz anderes sind als das, was man im Rest der Welt unter Märzen versteht? Jeder Österreicher wird darauf beharren, dass »sein« Märzenbier das einzig Wahre wäre, jeder Bayer wird widersprechen.

Aber vor 150 Jahren? Da bevorzugte man in Preussen »bayerisch Bier« – das war ein dunkles Lagerbier mit kräftigem Röstmalzaroma, wie man es heute selbst in München kaum finden kann (es sei denn, man bestellt das König Ludwig Dunkel aus der Schlossbrauerei Kaltenberg). Das Pils – genauer: das Pilsner – kam damals über die Grenzen Böhmens noch nicht weit hinaus; und es schmeckte auch anders als wir es heute von einem Pilsbier gewohnt sind, wahrscheinlich aber so ähnlich wie das seit 1842 gebraute Pilsner Urquell noch heute schmeckt. In England löste zu Mitte des 19. Jahrhunderts das helle Pale Ale die angestammten Porter Biere ab – von denen gleichzeitig die intensiver schmeckenden als Stout Porter und später nur mehr unter dem Begriff Stout neue Freunde fanden.

Man muss all das nicht unbedingt wissen, um sich ein Bier schmecken zu lassen – aber dieser im Frage-Antwort-Stil verfasste Katechismus soll eine kleine Anregung dazu sein, mit dem Bier kritischer, sachkundiger und (weil die meisten Biere das ja verdienen) auch liebevoller umzugehen. Und mit der Liebe zum Bier kommt die Liebe zum Bier-Wissen: Ja, es hat sich herumgesprochen, dass Krombacher derzeit die meistverkaufte Biermarke Deutschlands mit rund 5,1 Millionen Hektolitern ist. Aber die zweitmeist verkaufte? Das ist die Billigmarke Oettinger – hätten Sie's gewusst? Haben Sie mitbekommen, dass sich Bitburger an den dritten Platz der deutschen Bierstatistik geschoben hat?

Wie gesagt: Man kann sein Bier auch genießen, ohne sich mit solchen Details zu befassen. Aber Freude macht es eben doch, im Kreis von Bierfreunden an der Bierbar über diese oder jene Besonderheit der Biergeschichte zu fachsimpeln. Dieses Buch sollte eine anregende Grundlage dafür sein.

Jawohl, es will belehren. Es will Sie ermutigen, sich durchzukosten: Wenn Sie in einem Lokal »ein Bier« bestellen, dann sollten Sie wissen, was Sie zu erwarten haben: Wenn Sie in Deutschland leben, dann wird es wahrscheinlich ein Pils sein: hell und mit schönem Schaum. Erfrischend und bitter. Bitter? Ja, natürlich: Pils ist ein Bitterbier. Aber es kommt natürlich darauf an, ob Sie Ihr Pils in Hamburg bestellen oder in Paderborn. In Hamburg ist die Wahrscheinlichkeit hoch, dass Sie ein Ratsherren oder ein Jever bekommen – also ausgeprägt hopfenbetonte Biere. In Paderborn sind Sie im Heimatland des Warsteiner – das Bier, das man Ihnen servieren wird, wird wahrscheinlich viel milder gehopft sein als das, was Sie in Hamburg zu erwarten haben.
Der Pilsgeschmack variiert erheblich von einem Winkel der Republik zum anderen. Und nicht nur der Pilsgeschmack. Bestellen Sie in Bayern »ein Bier«, so ist es wahrscheinlich ein bayrisches Helles. Oder eines der kohlensäurearmen, aber stark gehopften »ungespundeten« Biere Frankens. Oder natürlich ein Weißbier. Oder, selten, aber doch zu finden: ein bayrisches Pils – das aber dann oft einen ganz anderen Eindruck macht als das, was wir in Dresden oder Dortmund zu finden gewohnt sind.
Können die Bayern kein anständiges Pils brauen? Natürlich können sie. Schließlich hat einer der Ihren das Pilsbier sogar erfunden. Aber da gibt es lokale Brautraditionen und lokale Geschmacksgewohnheiten. Und Trinkgewohnheiten: Ein »großes Bier« ist in München oft eine Maß – in Frankfurt gelegentlich nur 0,3 Liter.
Man kann dieses Buch natürlich auch von vorne nach hinten lesen – als eine Art Lehrbuch zur Vertiefung des Bierwissens. Denn gerade bei uns im deutschen Sprachraum ist das Bierwissen nur sehr oberflächlich. Man weiß: Es gibt ja genug gutes Bier – und wenn das eine nicht schmeckt, dann gibt es allein in Deutschland noch ein paar Tausend andere Biere, auf die man ausweichen könnte.
Braucht man mehr Bierwissen? Ja, man braucht es. Denn richtige Biertrinker sind immer auch Besserwisser: Leute, die steif

und fest behaupten, dass sie den butterartigen Ton des Bieres so lieben – obwohl das in den meisten Bieren ein Geschmacksfehler ist. Leute, die sich als Pilstrinker bezeichnen – und gleichzeitig darauf beharren, dass Pils aber nicht bitter sein dürfe. Aus einer Umfrage des österreichischen market-Instituts geht hervor, dass 35 Prozent der Pilstrinker bitteres Bier absolut ablehnen. Die Werte für Deutschland dürften nicht viel anders aussehen, wie eine Untersuchung der Marketing-Gesellschaft CMA nahe legt: Auf die Frage woraus Malz entsteht, antworteten 79 Prozent der Befragten richtig. Beim Hopfen wussten gar 93 Prozent der Befragten, dass er unverzichtbar in ein Bier gehört – aber nur 59 Prozent konnten sagen, dass Hopfen Bier bitter macht. Brauwasser nannten nur 83 Prozent der Verbraucher als Bierbestandteil. Und dass Bierhefe zur Vergärung des Malzzuckers nötig ist, gaben nur 70 Prozent der Biertrinker an.

Besserwisserei ist nicht unbedingt etwas Negatives. Wenn man es wirklich besser, also: richtig weiß.

Daher noch ein Wort zur Unfehlbarkeit: Als Bierpapst beanspruche ich keinesfalls Allwissenheit – die ist Gott alleine vorbehalten. Dieser Katechismus gibt bloß den bestmöglichen Wissensstand aus der Sicht des Jahres 2005 wieder. Auch Päpste können sich irren, können von der Geschichte oder einem Konzil eines Besseren belehrt werden. Bei Gefahr im Verzug gilt in einem schwer wiegenden Glaubensstreit aber die Lehrmeinung des Papstes.

Ich habe sie niedergeschrieben, um eine möglichst große Zahl von Biertrinkern zu möglichst großem irdischem Glück zu führen.

*Prosit – es möge nützen!*
*Conrad Seidl*

# Was Bier eigentlich ist

## 1 *Was wird uns eigentlich serviert, wenn wir »ein Bier« bestellen?*

Dumme Frage! Wir Biertrinker wissen das doch! Wirklich? Angenommen, man müsste jemandem, der noch nie ein Bier gesehen, geschweige denn gekostet hat, erklären, was Bier ist, dann helfen uns die vertrauten Eindrücke nicht weiter. Sollen wir sagen: »Bier ist ein durstlöschendes Getränk von goldgelber Farbe mit einer weißen Schaumkrone obendrauf«? Ja, so kann Bier aussehen. Aber natürlich nicht jedes.

Wir könnten auch ergänzen: »Es enthält ungefähr fünf Prozent Alkohol und viel Kohlensäure.« Auch das trifft auf viele Biere zu. Ja und noch etwas: »Bier ist bitter.« Nein, vielleicht eher: »Bier ist ein bisschen süß.« Und: »Man trinkt es sehr kalt.« Kann alles stimmen. Oder eben auch nicht; wir werden sehen.

Die technische Definition von Bier ist daher viel nüchterner: »Bier ist ein leicht alkoholisches Getränk, dessen Alkohol aus verzuckerter Stärke vergoren wurde.«

## 2 *Worin unterscheidet sich Bier von Wein?*

Klar: Wenn wir in einem Lokal »ein Bier« bestellen, bekommen wir ein erkennbar anderes Getränk als wenn wir ein Glas Wein bestellen. Worin genau der Unterschied liegt, macht sich meist an oberflächlichen Urteilen fest: »Wein enthält keine Kohlensäure« (stimmt nicht, wenn man etwa an Champagner denkt), »Wein ist stärker als Bier« (stimmt oft, aber eben nicht immer), »Wein wird aus Trauben gemacht, Bier aus Hopfen und Malz«. Stimmt meist, aber eben auch nicht für alle Weine – denken wir an Apfelwein – und nicht für alle Biere. Wir werden sehen.

Definieren wir also sicherheitshalber: »Wein ist ein alkoholisches Getränk, dessen Alkohol aus tierischem oder pflanzlichem Zucker vergoren wurde.« Beim »tierischen Zucker« müssen wir an Honig (das ergibt dann den Honigwein Met) denken, beim pflanzlichen Zucker an Fruchtzucker – egal ob der nun aus Weintrauben oder Äpfeln, aus Johannisbeeren oder Birnen kommt.
Wenn wir also vom japanischen »Reiswein« hören, müssen wir aufmerksam sein: Reis enthält keinen Fruchtzucker – aus dem Reis kann also kein Wein werden, wohl aber Bier. Es gibt reine Reisbiere und Lagerbiere mit Reis-Zusatz.

### 3 *Ist also nicht jedes Bier »Gerstensaft«?*

Ein 1869 für die längst geschlossene Berliner Tivoli-Brauerei geschaffener Werbespruch empfiehlt uns:

> »Genießt im edlen Gerstensaft
> des Weines Geist, des Brotes Kraft!«

Dazu muss man zweierlei bedenken: Erstens hat die Gerste einen Wasseranteil von nur 12 bis 16 Prozent – einen Saft könnte man daraus gar nicht gewinnen. Man muss die festen Bestandteile des Getreidekorns erst auflösen, um Bier herzustellen.
Und zweitens: Auch wenn die meisten Biere der Welt auf der Basis von Gerste hergestellt werden, ist nicht jedes Bier ein Gerstenbier. Das betrifft nicht nur die Weizenbiere, die einem deutschen Bierfreund wohl als erste Ausnahme einfallen würden – es betrifft unter anderem auch die Hirsebiere Afrikas, die Chicha Südamerikas und nicht zuletzt den bei uns irrtümlich so genannten »Reiswein«, richtiger: Sake. Es handelt sich dabei um ein aus einem Reisbrei gewonnenes bierartiges Getränk auf der Basis von Reisstärke. Reis enthält ja wie Gerste keinen Fruchtzucker. Technisch gesehen ist Sake also ein Bier – geschmacklich hat Sake mit unseren Bieren allerdings nichts zu tun.
Im Bier können aber auch andere Stärketräger verwendet werden – es gibt Biere, in denen Roggen, Mais, Sorghum, Kartoffeln oder sogar Erbsen mit verbraut werden. Vielfach entsprechen

die aber nicht den deutschen Vorstellungen vom Bier – und schon gar nicht den deutschen Vorschriften.

### 4 *Und was ist mit den Fruchtbieren?*

Fruchtbiere sind Grenzfälle. In Deutschland werden schon lange keine mehr gebraut, in Belgien hat sich die Tradition erhalten, auch in den USA werden in letzter Zeit wieder Brauversuche mit Früchten gemacht.

Das bekannteste Fruchtbier ist das Brüsseler Kriek: Hier werden zu einem fertig vergorenen sauren Bier Weichseln zugesetzt – sie lösen sich im Bier auf. Die im Bier noch enthaltenen Hefen vergären dann den Fruchtzucker zu Alkohol. Es ist also ein Bier mit einem Wein-Anteil. Dasselbe gilt natürlich auch für Honig-Biere.

### 5 *Wir reden jetzt immer von Stärke, Zucker und Getreide – wird Bier nicht aus Malz gemacht?*

Richtig. Denn die Stärke, die im Getreide enthalten ist, kann nicht einfach zu Bier vergoren werden. Man muss die Stärke zuerst in Zucker umwandeln. Das ist der eigentliche Kern des Brauprozesses. Er beginnt damit, dass aus Getreide Malz hergestellt wird – im Regelfall aus Gerste Gerstenmalz.

### 6 *Was ist nun der Unterschied zwischen Gerste und Malz?*

Um zu verstehen, was Malz ist, muss man sich in Erinnerung rufen, dass Getreide botanisch gesehen eigentlich Grassamen sind. Im Getreidekorn ist ein »Energiedepot« in Form von Stärke angelegt. Die Stärke soll dem Samen ermöglichen, in den ersten Tagen des Ankeimens ohne fremde Nährstoffe zu überleben – der Stärkevorrat ist daher nicht wasserlöslich, sondern wird nur unter bestimmten Bedingungen angegriffen: Dann nämlich, wenn aus dem Korn eine neue Pflanze wachsen soll.

Das macht man sich in der Mälzerei zu Nutze: Man schafft für das Getreidekorn Bedingungen, die denen nach der Aussaat auf dem Feld entsprechen. In der feuchten, nicht zu warmen Umgebung der Mälzerei gibt es ein ideales Umfeld für das ankeimende Korn. Während in ihm der Keim zu wachsen beginnt, werden Enzyme gebildet, die die Stärke aufzulösen im Stande sind. Aus den Getreidekörnern wird sogenanntes Grünmalz – das sind Körner, in denen die Stärke teilweise aufgelöst und aufgeweicht ist. Trocknet man dieses Grünmalz, dann werden daraus jene Malzkörner, die den wesentlichen Grundstoff für das Bier bilden.

**7 *War Malz von Anfang an die Basis der Brauerei?***

Nein, wahrscheinlich nicht. Die Enzyme können in sehr einfachen Bieren – etwa denen der indianischen Kulturen Südamerikas – auch aus dem Speichel derer stammen, die das Bier brauen, doch davon später.

**8 *Gab es eigentlich zuerst Bier oder Wein?***

Ganz sicher Wein. Wir haben schon gehört, dass Wein im technischen Sinne aus vergorenem Fruchtzucker besteht. Fruchtsaft vergärt aber auch ganz ohne menschliches Zutun – und das war längst schon der Fall, bevor die ersten Menschen Bier für sich entdeckt haben.

Zum Beispiel kann man beobachten, dass Affen das unter einem Baum liegende Fallobst fressen und davon leicht betrunken werden. Das hängt damit zusammen, dass die Früchte beim Herunterfallen aufplatzen – auf das offen liegende Fruchtfleisch fallen Hefesporen und bewirken, dass der Fruchtzucker zu gären beginnt. Die Affen »fressen« mit dem Fallobst also Wein – und das tun nicht nur Affen: Leicht alkoholisch gewordene Früchte sind für viele Tiere eine begehrte Nahrung.

**9 *In der Bibel aber liest man, dass Noah den Wein erfunden habe – was ist da dran?***

Tatsächlich lesen wir in der Genesis 9,20, dass Noah, der Ackermann, als Erster einen Weingarten angelegt habe. Diese und andere kulturhistorische Verweise beziehen sich ausdrücklich auf den Traubenwein.

Die Kultivierung der Weinrebe ist tatsächlich eine Kulturleistung des Menschen.

**10 *Und wie ist das mit dem Bierbrauen, ist das auch eine Kulturleistung?***

Selbstverständlich: Bier ist eine Folge-Innovation des Ackerbaus. Und das ist eine der wesentlichsten Errungenschaften des Menschen gewesen: Frühe Kulturen haben entdeckt, wie man gewisse Grassamen selektiert und womöglich weiterzüchtet, um aus den wild wachsenden Gräsern ertragreiche Getreidesorten zu gewinnen.

Das Aufhacken und Pflügen des Bodens ist eine Kulturleistung, die Voraussetzung dafür war, dass der Mensch überhaupt Bier brauen lernen konnte.

**11 *In der Natur kommt Bier also nicht vor?***

So ist es: Während Wein ein Naturgetränk ist, das erst kultiviert wurde, ist Bier von vornherein ein Kulturgetränk gewesen.

**12 *Haben Adam und Eva im Paradies also kein Bier getrunken?***

Auch wenn auf einem Bieretikett – jenem von Le Fruit Défendu (»Die verbotene Frucht«, ein Starkbier der Hoegaarden Brauerei) – Adam und Eva mit einem Bierglas dargestellt sind, so müssen wir davon ausgehen, dass es im Paradies kein Bier gegeben hat. Schöpfungsgeschichtlich gesehen lebten die ersten Menschen im Paradies ja von Gottes Gaben – wir würden heute sagen: als Sammler.

Erst nach der Vertreibung aus dem Paradies hatten sie es notwendig, ihr Brot »im Schweiße ihres Angesichts« zu verdienen. Sich Brot zu verdienen, das bedingte Ackerbau, wie es in derselben Bibelstelle (Genesis 3,19) heißt. Wenn wir uns wieder an die Bibel halten, dann können wir annehmen, dass Kain als Ackerbauer sowohl das Brot als auch das Bier gekannt hat. Bier war von Anfang an »flüssiges Brot«.

**13** ***Ist das durch die Bibel belegbar?***

Nein, in der Bibel findet Bier kaum Erwähnung. Wenn in der Bibel von alkoholischen Getränken die Rede ist, dann ist meist Wein gemeint.

Das hängt damit zusammen, dass die Juden immer wieder der Verfolgung durch Völker ausgesetzt waren, die eine ausgeprägte Bierkultur gehabt haben. Das betrifft die Babylonier genauso wie die Ägypter.

**14** ***Bei den Babyloniern hat es aber doch einen literarischen Beleg für Bierbrauerei gegeben?***

Einen sehr bedeutenden sogar, nämlich das Gilgamesch-Epos, eine der ältesten Erzählungen der Menschheit – und hier wird das Bier sehr deutlich als Kulturträger beschrieben.

**15** ***Was erfährt man aus dem Gilgamesch-Epos über Bier?***

Die wichtigste Information, die das Gilgamesch-Epos über Bier gibt, ist seine kulturstiftende Wirkung. In diesem Epos wird Enkidu, ein affenartiges Wesen zwischen Tier und Mensch, das auf der Steppe mit den Gazellen grast, als Diener des Königs Gilgamesch auserkoren. Eine Tempelhure namens Schamkat wird beauftragt, Enkidu mit den Grundsätzen des zivilisierten Lebens vertraut zu machen:

> »Enkidu weiß nicht, wie man Brot isst,
> versteht es nicht, Bier zu trinken.
> Da tat die Dirne ihren Mund auf
> und sprach zu Enkidu:
> ›Iss das Brot, Enkidu, das ist das Leben,
> und trinke Bier, wie es Brauch ist im Lande.‹
> Enkidu aß das Brot, bis er satt war,
> und trank Bier, sieben Krüge voll.
> Da entspannte sich sein Inneres
> und sein Herz frohlockte,
> sein Antlitz strahlte und er wurde heiter.

Er wusch sich den zottigen Leib
und salbte sich mit Öl
und ward ein Mensch.«

Diese Story zeigt uns, womit sich die Babylonier selbst als menschlich definiert haben: dadurch, dass sie Brot und Bier genießen. Sie sagen also, dass Ackerbau zum Menschsein gehört, während der Jäger, Sammler und vielleicht auch Hirte eben noch kein Mensch in ihrem Sinne ist.

### 16 *Lässt sich die gesamte Biergeschichte vom Ackerbau herleiten?*

Die Geschichte des Bieres ist eng mit der Geschichte der Landwirtschaft verbunden – und nur zwei Kulturen haben sich nie mit Bierbrauerei beschäftigt, nämlich die Inuit (Eskimos) und die Aborigines in Australien.

Die Bierkultur hat vier historische Wurzeln:

- Die älteste ist die landwirtschaftliche – und sie wirkt bis weit in die Neuzeit. In Bayern brauten Bauern noch bis nach dem Zweiten Weltkrieg ihr Hausbier selbst, in Skandinavien, in den Anden und einigen Gegenden Afrikas ist das häusliche Bierbrauen immer noch verbreitet.
- Die zweite Wurzel der Bierkultur kommt aus dem Religiösen. Nicht nur, dass Rauschtränke manche religiöse Kulte prägen, Bier gehörte von den Tempeln der frühen Hochkultur bis zu den heutigen Wallfahrtsklöstern stets zu den Kultstätten dazu. Die religiösen Zentren hatten auch den Vorzug, in einer von Analphabetismus geprägten Welt schriftliche Aufzeichnungen führen und damit Erfahrungen und Rezepte weitergeben zu können.
- Die dritte Wurzel der Bierbrauerei ist die bürgerliche: Mit dem Entstehen von Städten kam auch ein selbstbewusstes Bürgertum auf, das sich Privilegien des »zünftigen« Bierbrauens und des Bierausschankes sicherte.
- Relativ spät, aber recht einflussreich trat in der frühen Neu-

zeit der Adel in die Biergeschichte ein, reservierte sich gewisse Rechte (wie das des Weizenbier-Brauens oder des Ausschankes von eigenem Bier in den Tavernen der Untertanen) und regulierte den Biermarkt, wo er konnte.

### 17 *Woher kommt eigentlich die Bezeichnung »Bier«?*

Das ist gar nicht so einfach zu sagen. Wie wir noch später sehen werden, gibt es in der englischen Sprache bis heute Unterschiede, was als »beer« und was als »ale« zu bezeichnen ist (obwohl sich »beer« als Oberbegriff weitgehend durchgesetzt hat). Diese unterschiedlichen Bezeichnungen haben germanische Wurzeln. »Öl heiszts bei männern aber bei asen bior« steht in Jacob und Wilhelm Grimms Deutschen Wörterbuch – zitiert aus der Edda, wo Donar, der Götterkönig, den Alwiß fragt: »Wie mag wohl das Ael, das man überall trinkt / In den Welten jedweder genannt sein?« Und der Zwerg Alwiß antwortet:

> »Ael, – – bei den Menschen. Bei den Asen Bier
> Die Wasen reden von Rauschtrunk,
> Der Hella ist's Met und Hellflut bei Riesen,
> Bei Suftungs Söhnen – – Gesiuft!«

Die Menschen also würden es Ale (oder Öl, wie in den skandinavischen Sprachen) nennen, der Götterstamm der Asen aber wähle die Bezeichnung Bier – in jeder Welt heißt Bier anders. Die Angelsachsen nahmen den Ale-Stamm in ihre Sprache mit (und nahmen Bier/beer zunächst als Bezeichnung für stärkere Biere), die Deutschen exportierten ihr Bier als »bière« nach Frankreich und »birra« nach Italien – wobei die älteren Bezeichnungen »cervoise« (in Frankreich) und »cervogia« (in Italien) lange weiter bestanden, während sich das spanische »cerveza« überhaupt bis heute gehalten hat.
Ob das Bier/beer eine lateinische Wurzel (von »bibere« = trinken) hat, ist umstritten – in den romanischen Sprachen finden wir ja für Bier sehr viel öfter die aus dem keltischen abgeleitete Bezeichnung »cerevisia«. Hier wurde zwar vielfach spekuliert,

dass ein Zusammenhang zwischen der römischen Göttin Ceres (die passenderweise für Ernährung zuständig ist) und »vis« (Kraft) bestünde, das ist aber ähnlich weit hergeholt wie die Verbindung von Bier mit »bibere«.
Das Wort Bier könnte durchaus auch von dem slawischen »pivo« abstammen. Wahrscheinlich aber ist es eher dem nordischen »bjórr« verwandt.
Noch komplizierter wird es, wenn man die Wurzeln der Worte brauen (»bhreu« oder »bhrerw«) als Erklärungshilfe heranzieht – oder sich der Theorie hingibt, dass für Gerste das germanische Wort »bewwa« (nordisch: »bygg«, englisch: »barley«) steht, das auch recht bierig klingt.

### 18 *Zurück in die Gegenwart: Bekommt man eigentlich in jeder Gegend ein anderes Bier – oder täuscht der Eindruck?*

Freuen wir uns, wann immer und wo immer das noch so ist. Denn im Weltmaßstab gesehen sind Unterschiede eher selten geworden: Da haben einige große Marken eine mehr oder weniger einheitliche Geschmackskultur etabliert. Heineken schmeckt in Amsterdam nicht anders als in Singapur oder New York. Foster's in Sydney kaum anders als in Hamburg – mit der Ausnahme, dass man es in Australien wesentlich kälter trinkt als in Deutschland. Auch Budweiser, die größte Biermarke der Welt, schmeckt überall gleich – außer man erwischt das in Österreich seit den zwanziger Jahren eingeführte (in Deutschland aber erst seit 1969 erhältliche) tschechische Budweiser Budvar, das aus gutem Grund anders schmeckt.
Aber auch bei uns gibt es immer stärkere Tendenzen, dass die Biere einander ähnlicher werden. Dieses Buch versucht, für die Unterschiede empfänglich zu machen.

### 19 *In vielen Ländern bekommt man doch ein dünnes und untrinkbares Gesöff, wenn man Bier bestellt – kann das denn gut sein?*

Es kann zumindest richtig sein – also so, wie es sich der Braumeister vorstellt. Jeder Braumeister der Welt wird versuchen,

»trinkbare« Biere zu brauen. »Untrinkbar« ist ein Bier dann, wenn es objektive Geschmacksfehler hat, also muffig, gemüseartig, phenolisch, essigsauer oder papierartig riecht und schmeckt. Aber selbst dann ist es nicht gesundheitsgefährdend. Und: solche Geschmacksfehler kommen in der Praxis sehr selten vor, schon gar nicht bei den angesprochenen »dünnen« Bieren der großen Weltmarken.
Denn die Kritik an den internationalen Bieren hat mehr damit zu tun, dass sie für den Bierkenner einfach zu schlank schmecken. Weder Schlitz noch Budweiser oder Miller, als Geschmacksrichtung oft despektierlich als »Schl-udw-iller« zusammengefasst, sind aber im technischen Sinne schlechte Biere.

### 20 *Ist es wahr, dass viele Biere heute anders schmecken als noch vor wenigen Jahren?*

Das gilt generell für die Biere der großen, weltweit einflussreichen Brauereien – denn es gibt eine deutliche Tendenz, immer weniger vom Hopfenbitterstoff Alphasäure einzusetzen. Das ergibt mildere, von Marketingexperten als »trinkbarer« eingeschätzte Biere. In den Zahlen des Hopfenhandelshauses Barth lässt sich das sehr gut nachvollziehen: Noch im Jahr 1996 wurden von den Brauerein im weltweiten Schnitt 6,2 Gramm Alphasäure pro Hektoliter Bier verbraut, für das Jahr 2000 lautete die Zahl 5,6 Gramm und für 2004 5,1 Gramm. Das heißt: Im Schnitt sind die Biere weniger bitter geworden – und das betrifft nicht nur den boomenden asiatischen Markt, auf dem wenig bittere Biere bevorzugt werden. Es gilt auch für die Pilsbiere deutscher Brauereien und die in Österreich gängigen Märzen und Premium-Biere. Da langsame Veränderungen nicht auffallen, bleibt die Veränderung »treuen« Konsumenten, die »ihr« Bier regelmäßig konsumieren, eher verborgen als Menschen, die nach längerer Zeit ein von früher bekanntes Bier wieder verkosten und feststellen, dass das früher anders geschmeckt hat. Manche Brauereien sind aber auch ihren alten Rezepten seit Jahren (manche gar seit Jahrzehnten) treu geblieben und bieten etwa neben dem

Pils eine zweite, mildere Sorte an – so etwa Beck's mit der sehr erfolgreichen Einführung des Beck's Gold, das milder gehopft ist als das Beck's Pilsner.

### 21 *Was heißt »Trinkbarkeit«?*

Die so genannte »Drinkability« ist mehr ein statistisches Phänomen: Wenn engagierte Bierfreunde und Heimbrauer behaupten, das amerikanische Budweiser sei einfach »Dreck«, so wissen sie nicht, was sie sagen – denn dieser angebliche »Dreck« ist gar nicht so einfach herzustellen; im Gegenteil: Budweiser ist ein recht aufwändig produziertes Bier. Sein Geschmack ist auf den Massengeschmack in den USA abgestimmt – und ob der gut oder schlecht ist, ist eine nette philosophische Frage, die in der Marktwirtschaft aber kein besonderes Gewicht hat.
Denn auf einem Massenmarkt geht es genau um die angesprochene »Trinkbarkeit« – ein Texaner empfindet etwas anderes als leicht »trinkbar« als ein Bayer. Und ein Bayer unterscheidet sich in seinem Geschmacksempfinden deutlich von einem Preußen. Der Preuße wiederum hält für »untrinkbar«, was der Brite genießt. Ein Filipino würde sowohl deutsches als auch britisches Bier als ziemlich befremdlich empfinden. Und alle miteinander würden beschwören, dass Sorghum-Bier kein Bier sein kann, weil es ihrer Vorstellung von Bier nicht entspricht.

### 22 *Gibt es überhaupt »schlechte« Biere?*

Die meisten Brauer werden behaupten, dass es keine »schlechten« Biere gebe. Das stimmt nur teilweise: Erstens werden immer noch Biere verkauft, die objektiv fehlerhaft sind – die also bierschädliche Keime oder Fehlgeschmäcker (muffig, papierartig, gemüseartig, phenolisch, apfelig oder gar essigsauer) enthalten. Das sind natürlich unabsichtlich entstandene Bierfehler, die in der Qualitätskontrolle der jeweiligen Brauerei durchgerutscht sind.
Es gibt aber auch eine zweite Art, »gut« und »schlecht« bei einem Bier zu beurteilen: Das Kriterium dafür ist, ob das Bier dem entspricht, was das Etikett verspricht. Ob ein Pils also ein unter-

gäriges helles Bitterbier mit schönem Schaum ist. Ob ein India Pale Ale ein obergäriges bernsteinfarbenes Bitterbier ist. Ob ein Weißbier ein obergäriges Bier mit fruchtigen Aromen ist. Wir werden diese Stilunterschiede im Kapitel »Trinken mit Stil und Geschmack« diskutieren – hier wollen wir nur festhalten, dass ein gutes Bier vor allem dem Stil entsprechen soll, den es zu repräsentieren vorgibt.

### 23 *Warum sind die Geschmacksempfindungen bei verschiedenen Völkern so unterschiedlich?*

Das hat nichts mit der Volkszugehörigkeit und schon gar nichts damit zu tun, dass die Preußen den Bayern unterlegen wären oder umgekehrt.

Es ist einfach Gewohnheitssache: Wer mit Hirse- und Maisbrei großgezogen wurde, dem schmeckt auch ein Hirse- und Maisbier viel eher als jemandem, der von Kindesbeinen an Weißwurst und Brezen gegessen hat. Wer unter brütender Sonne lebt, empfindet ein vollmundiges Bier als »zu schwer«, wer rauhe Winter gewohnt ist, kann einem kräftigen Bock mehr abgewinnen (im Urlaub im Süden aber würde er den Bock verschmähen).

### 24 *Soll man sich also in einer fremden Gegend einfach »ein Bier« bestellen und sich überraschen lassen?*

Nein, besser nicht. Wer »ein Bier« bestellt, bekommt üblicherweise das Bier, das am ehesten dem Weltgeschmack entspricht. Wer »une bière« in Belgien verlangt, erhält ein Pils von Stella Artois, Jupiler oder Maes – und wundert sich, wieso Belgien für seine Spezialitäten so berühmt ist. Wer als Ausländer in ein englisches Pub kommt und einfach »a beer« bestellt, bekommt wohl sicherheitshalber ein untergäriges Lager vorgesetzt, das gleich doppelt enttäuschend ist: Es ist (wegen der auf den Glasrand geeichten Pint-Gläser) nie besonders »schön« gezapft – und es lässt nichts von den Aromen des typischen englischen Bieres ahnen. Wer gar in die Vereinigten Staaten reist und dort ohne nähere Angaben Bier bestellt, wird kritisch auf sein Alter geprüft (man muss in den USA 21 Jahre alt sein, um Bier trinken zu dürfen) und bekommt dann eines der großen drei – Bud, Miller oder (schon viel seltener) Coors – vorgesetzt. Man kann jahrelang in den USA leben, ohne je mitzubekommen, dass diese heute die am höchsten entwickelte Biervielfalt der Welt haben.

**25** ***Wie bestellt man ein Bier also richtig?***

Am besten fragt man, welche Biere angeboten werden. Man ginge ja auch nicht in ein Restaurant und bestellte »Essen«, sondern würde nachfragen, was angeboten wird. Bei den Bieren ist die Auswahl üblicherweise nicht so groß – es macht aber Sinn, nach einem lokalen Bier zu fragen. Vielleicht bekommt man sogar Auskunft darüber, wo dieses Bier her ist und was es so besonders macht; denn meistens trinken die Kellner selbst lieber die regionalen Sorten als die großen Markenbiere. In Amerika empfehlen sie wahrscheinlich ein Bier aus einer Microbrewery. Ansonsten bestellt man mutig, was man noch nicht kennt oder selten bekommen kann. Und kostet sich durch das Angebot durch.

**26** ***Was versteht man unter einer »Microbrewery«?***

Darunter versteht man kleine Brauereien, die typischerweise weniger als 15 000 Barrels (bbl) brauen, das sind 17 601 Hektoliter (hl). Definitionsgemäß dürfen sie davon maximal die Hälfte an der eigenen Bar ausschenken, und sie müssen ihre Spezialitäten hochpreisig vermarkten. Eine Brauerei, die bis zu 170 000 hl braut, wird nach dieser Definition als »Regional Brewery« bezeichnet. In den USA geht man nach dem riesigen Erfolg mancher Micros von zahlenmäßigen Abgrenzungen inzwischen wieder ab und fasst alle Spezialitätenbrauereien als »Craft Beer Industry« zusammen – das umfasst dann Gasthausbrauereien (»Brewpubs«), Klein- und Mittelstandsbrauereien. In Japan ist man großzügiger: Dort gilt jede Brauerei unter 50 000 hl Jahresausstoß als Microbrewery.

### 27 *Gibt es auch in Europa Microbreweries?*

Wenn man nach der Größe geht, dann ist Deutschland ein Microbrewery-Paradies: 768 Braustätten (das ist weit mehr als die Hälfte) liegen unter 5000 hl, 1068 Braustätten liegen unter der japanischen Grenze von 50 000 hl für eine Microbrewery.
Allerdings sind sich die kleinen deutschen Brauer großteils gar nicht bewusst, dass sie Microbreweries besitzen. Ihr Angebot unterscheidet sich geschmacklich auch viel weniger von dem der großen Brauereien als das in Amerika der Fall ist – und dass Bier aus einer Microbrewery auch einen höheren Preis rechtfertigt, haben bisher nur einige touristisch »entdeckte« Brauereien, wie der Uerige in Düsseldorf oder Heller (Schlenkerla) in Bamberg, durchgesetzt.
Auch gibt es in Deutschland zwar eine Reihe neuer Gasthausbrauereien, aber kaum Neugründungen von Microbreweries, die andere Gaststätten oder den Getränkehandel beliefern. In anderen europäischen Ländern gelingt das mit oft beeindruckendem Erfolg: In England wären unter anderem Burton Bridge (ursprünglich ein Brewpub, heute mit Fass- und Flaschenbierkunden), St. Peter's und die Freedom Brewery zu nennen. In Belgien bieten De Dolle Brouwers (die »verrückten« Brauer), Malheur, La Binchoise und vor allem Achouffe gute Beispiele, in den Niederlanden die Brouwerij T'Ij und in Österreich das St. Georgs Bräu.

### 28 *Worauf sollte man beim Bierkosten achten?*

Zunächst einmal darauf, dass man nicht vergisst, was man gekostet hat. Das hat einen angenehmen Nebeneffekt: Wer erkennbar Notizen über die von ihm verkosteten Biere macht, wird zunächst einmal besser bedient. Aber er hat auch mehr vom Biertrinken. Ich versuche, mir bei jedem Bier ein paar Worte zu notieren.
Zunächst: Wie sieht es aus? Hellgelb, dunkelgelb, goldgelb, bernsteinfarben, dunkelbernsteinfarben, braun, dunkelbraun, rötlichschwarz, tiefschwarz?
Ist es blank (wie ein gutes, glanzfein filtriertes Pils) oder sind

leichte Trübungen drinnen (wie bei einem Zwicklbier), starke Trübungen (wie bei einem guten Hefeweißbier) oder klumpige Trübungen (wie bei einem weniger eleganten Hefeweißbier)?
Noch ein Blick auf den Schaum: Ist er feinporig? Hat er eine strahlend weiße Farbe oder ist er von Farbmalzen oder Heferesten verfärbt? Schließlich: Hat er sich verändert, während ich meine anderen Beobachtungen notiert habe oder ist er schön stabil?
Jetzt kosten? Nein, nicht gleich. Erst noch einmal beurteilen, was die Nase sagt: Riecht sie Hopfen? Gras? Heu? Getreide? Brot? Hefe? Säure – das wäre zumindest bei Lagerbier ein Fehler. Oder Süße – und was für eine? Wie Kuchen? Früchte? Honig? Schokolade?
Ich gebe zu: Bevor ich das notiere, nehme ich den ersten Schluck – vergleiche den Eindruck auf der Zunge mit dem, was die Nase erlebt hat. Der erste Eindruck kommt (fast) immer vom Malz – hat also mit süßlichen, die Vollmundigkeit betonenden Komponenten zu tun. Ist das Bier nun dünn, schlank, gerade vollmundig, sehr vollmundig, süß? Sind oxidative Noten da (die etwa vielen böhmischen Bieren die typische Note geben)? Und harmoniert das alles mit der Bittere? Ist da nur Hopfenbittere oder kommen rauchige, kakaoige, gar schokoladige Töne vom Malz dazu?
Es lohnt sich, diese Notizen zu machen – man lernt Biere damit besser kennen. Man kann den Kellner dann auch darauf hinweisen, wenn das Bier einmal nicht in Ordnung sein sollte. Nur wer kritisch kostet und berechtigte Beschwerden auch äußert, kann erwarten, dass Fehler behoben werden. Vor allem aber: Kritisch verkosten ist eine schöne Ausrede dafür, dass man kostet, so oft wie möglich.

### 29 *Ist Bier kosten also ein angenehmer Job?*

Wenn man ihn so betreibt, wie jetzt eben beschrieben, sicher. Professionelles Verkosten ist viel anstrengender – zwar ist es sehr interessant, in einer professionellen Runde zu verkosten, aber wirklich vergnüglich ist es nicht. Bei einer professionellen Verkostung wird das Bier bei knapp Zimmertemperatur – etwa bei

15 Grad Celsius – verkostet. Und das aus wenig einladend wirkenden geschwärzten Bechern, damit die Verkoster nicht durch den optischen Eindruck des Bieres vom eigentlichen Geschmack abgelenkt werden. Hier wird nicht nur auf die Bewertung »schmeckt gut« oder »schmeckt nicht so gut« oder eine Klassifikation mit Schulnoten Wert gelegt, sondern auch auf das sensorische Erkennen von gewissen Aromen (von denen einige von strengen Technikern als Bierfehler bezeichnet werden und es in vielen Bieren auch sind). Dieses Verkosten passiert selbstverständlich »blind« – also ohne dass der Verkoster vorher erfährt, welche Probe er vor sich hat.

### 30 *Wie kann man eine Bierverkostung daheim arrangieren?*

Daheim muss man es nicht ganz so streng nehmen. Ich empfehle das System, das ich vielfach für Verkostungsrunden von Magazinen – nachzulesen etwa im *Penthouse* – angewendet habe. Man braucht dazu eine große Zahl gleicher Gläser. Ideal sind Rotweingläser – sie lassen einen gar nicht an eine bestimmte Biermarke, nicht einmal an einen bestimmten Bierstil denken. Wichtig ist, dass diese Gläser mit Nummern gekennzeichnet werden – jede Nummer entspricht einem Bier, das in einem anderen Raum von einem Helfer (nennen wir ihn vielleicht besser: Verkostungsleiter) eingeschenkt wird.

Um herauszufinden, welches Bier als »das Beste« empfunden wird, geht man so vor: Es werden verschiedene Biere desselben Stils (etwa: mehrere verschiedene Pilsbiere; oder: verschiedene Weizenbiere, verschiedene Ales …) gekauft und im Kühlschrank auf dieselbe Temperatur gekühlt. Der Verkostungsleiter schenkt diese Biere ein und serviert sie. Für die Verkoster kommt es nun darauf an, zu entscheiden, welches Bier am ehesten dem verkosteten Stil entspricht. Zwei Fragen sollten für die Reihung jedes Einzelnen entscheidend sein: »Ist das ein typisches Bier für diesen Stil?« Und: »Würde ich um mein eigenes Geld jetzt dieses Bier kaufen und davon weitertrinken?« Wenn man diesen Test in derselben Verkosterrunde mit den gleichen Bieren einige Tage später wiederholt, kommt sehr wahrscheinlich dieselbe Reihung der Biere heraus – vorausgesetzt, dass alle Verkoster wissen, was man sich unter dem Bierstil vorstellen soll. Dazu mehr im Kapitel »Trinken mit Stil und Geschmack«.

### 31 *Wie soll gutes Bier wirken?*

Dazu gibt es einen schönen scherzhaften Sinnspruch aus Süddeutschland:

> »Ein gutes Bier muss drei Eigenschaften haben:
> Es muss Satz, Aufstieg und Widerwillen machen,
> Das heißt: man muss gern dabei sitzen,
> Es muss zu Kopfe steigen
> Und man muss es wieder wollen.«

### 32 *Wie kann man nun die Unterschiede verschiedener Bierstile erschmecken?*

Es lohnt sich, die oben beschriebene Verkostungsanordnung auch mit verschiedenen Bieren auszuprobieren – dann aber ist die Fragestellung natürlich eine andere. Nun heißt es: »Worin unterscheiden sich die Biergeschmäcker?« Und: »Kann man die Bierprobe diesem oder jenem Stil zuordnen?« Dazu gibt der Verkostungsleiter vorher bekannt, welche Bierstile vorgestellt werden, also etwa: »Heute verkosten wir ein alkoholfreies Lagerbier, ein Pils, ein Bockbier, ein Doppelbockbier, ein bayrisches und ein belgisches Weizenbier, ein Altbier, ein Kölsch und ein Ale.« Dann kann er zu jedem dieser Stile eine kleine Hilfe geben, was man bei welchem der Bierstile zu erwarten hat – und los geht's. Jetzt müssen die nummerierten Gläser den Bierstilen zugeordnet werden.

### 33 *Wie neutralisiert man den Geschmack, wenn man mehrere Biere hintereinander verkostet?*

Das Wichtigste ist, dass man zwischendurch einen Schluck klares Wasser (am besten ohne Kohlensäure) trinkt. Vielfach wird auch

empfohlen, ein Stück Brot oder Salzgebäck zu essen, aber das kann dazu führen, dass man einen leicht süßlichen Geschmack im Mund hat.
Natürlich gibt es auch zu allen Bieren »passende« Snacks – aber diese lenken ab und verfälschen eher den Biergeschmack. Sie sind daher den »Genussverkostungen« vorbehalten.

### 34 *Welches Bier ist eigentlich das beste?*

Keine Frage wird mir öfter gestellt als diese – und meine Antwort ist immer dieselbe: »Das kommt ganz darauf an.« Auf die Tageszeit zum Beispiel: Bockbier schmeckt am Abend hervorragend, aber tagsüber würde man es als zu schwer empfinden. Oder auf die Jahreszeit – während man im Sommer zunächst einmal Erfrischung sucht, hat in der kälteren Jahreszeit wohl der Geschmack Vorrang. Und natürlich kommt es auch auf das Essen an, zu dem man ein Bier trinken will.
Wichtig ist aber immer, dass ein Bier dem Stil entspricht, den es zu repräsentieren vorgibt.

### 35 *Und woher kommen nun die Geschmäcker wirklich?*

Wir werden dieser Frage noch im Detail nachgehen und versuchen, einigen Geschmackskomponenten genauer nachzuspüren. Wer auch nur ein bisschen darüber zu erzählen weiß, kann damit am Stammtisch angeben – denn wenn es um die Wirkung der verschiedenen Rohstoffe im Bier geht, lässt die Kenntnis der meisten Biertrinker stark nach. So gaben in einer Umfrage der Centralen Marketing-Gesellschaft der deutschen Agrarwirtschaft (CMA) im Jahr 1999 nur 37 Prozent der Befragten an, dass Malz unter anderem für die Farbe des Bieres verantwortlich ist. 38 Prozent der Biertrinker wussten, dass die wertvollen Nährstoffe aus dem Malz kommen und 49 Prozent der Befragten, dass Malz hauptverantwortlich für den speziellen Biergeschmack ist. Beim Hopfen sehen die Detailkenntnisse ähnlich aus. Dass der herbe Geschmack des Bieres auf den Hopfen zurückzuführen ist, gaben 59 Prozent der Biertrinker richtig an. Dem Hopfen ist jedoch neben den wohltuenden Eigenschaften besonders auch die natürliche Haltbarkeit der Biere zuzuschreiben, eine Tatsache, der sich 44 Prozent der Biertrinker bewusst waren.

### 36 *Was ist eigentlich Gärung?*

Die Umwandlung von Kohlenhydraten durch die Enzyme von Mikroorganismen wird Gärung genannt. Beteiligt sind daran entweder Bakterien oder Hefen. Bakterielle Gärung lässt etwa Milch oder Sauerkraut sauer (dafür sind Milchsäurebakterien verantwortlich) und Wein oder Bier zu Essig werden (dies wird durch Essigsäurebakterien bewirkt).
Alkoholische Gärung wird durch Hefen bewirkt. Hefen sind, ähnlich wie Bakterien, Einzeller. Sie wandeln unter Luftabschluss Zucker in Alkohol, vor allem in Trinkalkohol (Äthanol) um.

### 37 *Wie wird aus Zucker Alkohol?*

Die Enzyme der Hefe spalten ein Zuckermolekül ($C_6H_{12}O_6$) in je zwei Äthanol- ($C_2H_5OH$) und zwei Kohlendioxid-Moleküle ($CO_2$). Verschiedene Zuckermoleküle sind übrigens unterschiedlich leicht vergärbar – Maltose (Malzzucker), Fructose, Glucose oder Saccharose werden leichter vergoren als Dextrine, die eine andere Molekularstruktur haben.
Wenn man Hefe in eine Zuckerlösung (Bierwürze oder auch Fruchtsaft) gibt, dann erkennt sie, dass das eine für sie günstige Lebensumgebung ist. In einer ersten Phase vermehrt sich die Hefe durch Zellteilung. Dabei verbraucht sie den Sauerstoff aus der Umgebung. Sobald den Hefezellen der Sauerstoff ausgeht, beginnen sie, mit Hilfe ihrer Enzyme den Zucker zu verstoffwechseln, man könnte auch sagen: zu verdauen. Dabei entstehen nicht nur Alkohol und $CO_2$ und verschiedene mehr oder weniger erwünschte Gärungs-Nebenprodukte, die auch als Geschmacksträger im fertigen Bier verbleiben, sondern auch Wärme. Diese Wärme muss durch Kühlung des Gärgefäßes abgeführt werden, damit nicht unkontrolliert zu viele Gärungs-Nebenprodukte entstehen.

**38** ***Welchen Einfluss hat die Hefe auf den Biergeschmack?***

Theoretisch könnte sie einen sehr großen haben: Jeder Hefestamm ergibt auf Grund der von ihm gebildeten Gärungs-Nebenprodukte einen ganz eigentümlichen Geschmack, wobei die Einteilung in obergärige und untergärige Hefen nur eine grobe ist. Sowohl von den obergärigen als auch von den untergärigen Hefestämmen stehen grundsätzlich mehrere Hundert zur Verfügung.

In der Praxis werden aber von den meisten Brauereien in Mitteleuropa dieselben Hefestämme verwendet. Das ist einer der Gründe, warum so viele Pilsbiere einander ähneln. Dasselbe gilt für die Weizenbiere. Professor Eberhard Geiger von der Brauerfakultät in Weihenstephan räumt ein: »Von den mehreren Hundert Hefestämmen sind vier bis fünf im praktischen Einsatz. Diese haben sich auf Grund ihrer Gärleistung und Aromabildung sehr gut bewährt. Diese Stämme haben nur Nummern, die nicht sehr attraktiv sind. Die untergärigen Hefen sind alle von der Art Saccharomyces carlsbergensis syn. uvarum, die obergärigen von der Art Saccharomyces cerevisiae. Die oft geäußerte Befürchtung, damit Einheitsbiere zu bekommen, widerlegt die Vielfalt unserer Biere. Der Einfluss der Würze-Zusammensetzung, der Technologie und auch der Technik (z. B. Geometrie der Gärgefäße) ist sehr groß. Dennoch liegt in der Vielzahl der Hefestämme noch ein enormes Potential, vor allem in Kombination mit den anderen Einflussgrößen.«

**39** ***Heißt obergärig »mehr vergoren« und untergärig »weniger vergoren«?***

Nein, das wäre eine völlig falsche Sicht. Die Bezeichnungen obergärig und untergärig beziehen sich auf verschiedene Verhaltensweisen der Hefen.

**40** ***Worin unterscheidet sich untergärige von obergäriger Hefe?***

Obergärige Hefen vermehren sich schneller und vergären zuckerhaltige Flüssigkeiten wie die Bierwürze schneller als an-

dere Hefestämme. Weil diese schneller vergärenden Hefen während des Gärungsvorganges an die Oberfläche des Jungbieres aufsteigen, nennt man sie »obergärig«. Die anderen Stämme setzen sich im Gärbottich unten ab – daher nennt man sie »untergärig«.
Man kann sich das leicht merken, wenn man obergärig mit höherer Gärtemperatur und untergärig mit niedriger Gärtemperatur in gedankliche Verbindung bringt.

**41** ***Wodurch steigen die obergärigen Hefen im Jungbier auf?***
Die Hefe ist ein Einzeller, der sich ungeschlechtlich, durch Zellteilung, vermehrt. Bei den obergärigen Hefen verläuft auch die Zellteilung viel rascher als bei den untergärigen – dafür ist sie nicht so vollständig: Es bleiben mehrere Tochterzellen an ihrer Mutterzelle hängen und bilden so einen Sprossverband. Wenn die Zellteilung abgeschlossen ist, beginnt die eigentliche Vergärungsphase, bei der unter anderem $CO_2$ gebildet wird. Dabei bilden sich winzige $CO_2$-Bläschen auch unter den einzelnen Sprossverbänden und geben ihnen Auftrieb.
Die untergärigen Hefen vereinzeln sich dagegen bei der Vermehrung; während das $CO_2$ aufsteigt, sinken die einzelnen untergärigen Hefezellen, die ja schwerer als Bier sind, auf den Boden des Gärgefäßes.

**42** ***Hat es zuerst obergärige oder untergärige Biere gegeben?***
Die obergärigen Biere waren die ersten, die von Menschen gebraut wurden – und die obergärige Hefe galt auch den ersten Brauwissenschaftern als die eigentliche Bierhefe, sie nannten sie Saccharomyces cerevisiae, was so viel wie biertypischer Zuckerspaltpilz heißt.

**43** ***Seit wann gibt es untergärige Biere?***
Untergärung ist schon seit Jahrhunderten spontan aufgetreten, vor allem bei den sogenannten Winterbieren, für die es saisonal kühlere Keller gab.

Dass die untergärige Hefe unterschiedliche Eigenschaften hat, war zunächst nur empirisch herauszufinden. Dass sie auch unter dem Mikroskop anders wirkt und ein anderes Sprossverhalten hat, wurde zuerst von Emil Christian Hansen (1842–1909) im Carlsberg-Labor korrekt beschrieben. Die untergärige Hefe heißt daher auch Saccharomyces carlsbergensis.
Mit der wissenschaftlichen Erforschung der Vorgänge des Brauprozesses und der großtechnischen Umsetzung dieser Erkenntnisse hat sich die untergärige Bierherstellung weitest gehend durchgesetzt. Die meisten bedeutenden Biermarken stellen ausschließlich untergärige Biere her.

### 44 *Gibt es Weltgegenden, wo obergärige Biere besonders verbreitet sind?*

Auf den britischen Inseln, in manchen Gegenden Belgiens, in Nordfrankreich, dem Rheinland und in Bayern gibt es traditionell obergärige Biere, die auch leicht zu bekommen sind. Die größte Vielfalt obergäriger Biere gibt es wahrscheinlich in den USA, aber dort muss man, wie überall sonst, nach obergärigen Bieren extra fragen.

### 45 *Unterscheiden sich obergärige Biere in den Rohstoffen von untergärigen?*

Das kann etwa bei Weizenbieren der Fall sein, es muss aber nicht so sein – es gibt außerhalb Deutschlands sowohl obergärige als auch untergärige Gersten-, Weizen- und Roggenbiere.

### 46 *Sind dunklere Biere stärker als helle?*

Nicht unbedingt. Die dunkle Farbe sagt zunächst nur, dass für ein Bier dunkles Malz oder Farbmalz verwendet wurde. Allerdings kann man auch aus sehr hellem Malz nur schwer ein sehr starkes helles Bier machen: Ein »helles« Starkbier wird fast immer eine sattere Farbe haben als ein ganz leichtes Bier aus demselben Malz, einfach weil mehr Malz verwendet wird.

## 47 *Sind dunkle Biere süßer als Helle?*

Das ist manchmal so – in Österreich beispielsweise haben viele dunkle Biere eine Restsüße oder sind sogar gezuckert – Beispiele wären das Zwettler Dunkle oder das Kaiser Doppelmalz. In Deutschland gibt es einen unvergorenen Malztrunk, der dunkel und süß ist, weil ja der Malzzucker überhaupt nicht in Alkohol umgewandelt worden ist – wie etwa beim Karamalz. Umgekehrt gibt es dunkle, ja schwarze Biere, die überhaupt nicht süß sind – wie etwa das Guinness, das Köstritzer Schwarzbier oder das Obsidian Stout.

Generell ist aber die Bierfarbe ein schlechter Indikator dafür, wie viel Alkohol oder wie viel Süße man in einem Bier zu erwarten hat – denn es gibt auch dunkle Biere mit bloß drei Volumsprozent Alkohol und helle Biere mit neun oder zehn Prozent Alkohol.

## 48 *Aber dunkle Biere schmecken doch generell kräftiger als helle?*

Auch das stimmt vielfach, vor allem, wenn dunklere und karamelisierte Malze verwendet werden, die einen kakaoigen oder kaffeeigen Ton ins Bier bringen. Das muss aber kein Zeichen von alkoholischer Stärke sein: Es gibt sehr malzaromatische Biere mit dunkler Farbe und nur drei bis vier Volumsprozent Alkohol (etwa das Master Brew von Shepherd Neame) – und relativ wenig aromatische Biere mit sechs und mehr Volumsprozent (wie den dunklen Einbecker Urbock). Hier spielen eben neben dem Malz auch Einflüsse der Hefe mit.

Umgekehrt gibt es sehr helle und leicht schmeckende Biere wie das amerikanische Budweiser – es hat mit fünf Volumsprozent Alkohol genauso viel wie das Michelob Classic Dark aus demselben Konzern, nämlich Anheuser-Busch. Nur meinen viele, dass man vom Budweiser weniger schnell betrunken werde; die helle Farbe und der sehr leichte Geschmack führen da leicht zu einer Sinnestäuschung.

**49** ***Kann man eigentlich von einem amerikanischen Light-Bier betrunken werden?***

Ja, gerade von den amerikanischen, denn die enthalten im Schnitt mehr Alkohol als die europäischen – Bud Light oder Miller Lite haben 4,2 Volumsprozent Alkohol, ein Leichtbier in Europa darf dagegen meist nur 3,7 Volumsprozent Alkohol haben. Weil die amerikanischen Light-Biere aber so schlank schmecken, wird man dadurch leicht getäuscht.

**50** ***Wird die Stärke eines Bieres generell in Volumsprozent angegeben?***

Das hat sich inzwischen weltweit eingebürgert, man spricht von »% vol.« oder »ABV« (das steht für »alcohol by volume«). Selten findet man noch die Angabe der Gewichtsprozente, sie war lange in den USA, in manchen Oststaaten und in Skandinavien üblich. Da Alkohol um etwa ein Fünftel leichter als Wasser ist, sind die Angaben der Gewichtsprozente etwa ein Fünftel geringer als die Angabe der Volumsprozente: Ein gängiges Bier hat etwa fünf Volumsprozent und vier Gewichtsprozent Alkohol.

**51** ***Warum steht auf amerikanischen Bieren nicht, wie stark sie sind?***

In den USA war es bis 1995 verboten, den Alkoholgehalt auf den Bieren anzugeben. Nach Aufhebung der Prohibition haben die Behörden nämlich gefürchtet, dass die Brauer damit werben würden, besonders berauschende Biere herzustellen. 1995 hat die Coors-Brauerei ein Grundsatzurteil erkämpft, und seither darf auf den Bieren der Alkoholgehalt angegeben werden, was aber weder verpflichtend noch üblich ist.

**52** ***Man findet auf Bieretiketten auch andere Angaben, wie Stammwürze oder Original Gravity. Was hat es damit auf sich?***

Sie geben den Gehalt an Malz im unvergorenen Bier an, was uns noch in den nächsten Kapiteln beschäftigen wird. Hier soll nur ein Missverständnis aufgeklärt werden – das über den Stammwürze-Gehalt, der auf vielen Bieren angegeben wird. Der Stammwürze-Gehalt ist eine aus technischen und steuerlichen Gründen interessante Zahl, er ist aber stets größer als der Alkoholgehalt. In der Regel hat ein Bier mit elf bis zwölf Grad Stammwürze einen Alkoholgehalt von vier bis fünf Volumsprozent. Er könnte auch etwas darunter liegen, aus technischen Gründen aber kaum darüber (es kann eben nicht mehr Alkohol gebildet werden, als die Stammwürze Zucker dafür liefert).

Und noch ein Missverständnis muss gleich angesprochen werden: Auf tschechischen Bieren ist der Stammwürze-Gehalt meistens mit einem Prozentzeichen angegeben (nämlich als Prozent Zucker in der unvergorenen Würze) – wenn man »12 %« auf einem tschechischen Bier sieht, dann ist damit der Stammwürze-Gehalt und nicht der Alkohol gemeint, der typischerweise knapp unter fünf Volumsprozent liegen würde.

# Gerste und Hopfen ...

### 53 *Wo kommt eigentlich die Braugerste her?*

Weltweit wurden 2004 etwa 151,8 Millionen Tonnen Gerste geerntet, davon waren aber nur etwa 23 Millionen Tonnen Braugerste. Weltweit gesehen ist Gerste mit 8,8 Prozent der Welt-Getreideernte das viertwichtigste Getreide nach Weizen, Mais und Reis. Davon sind wiederum nur etwa zwölf Prozent – also jedes achte Gerstenkorn – im Bier wieder zu finden. Und: Die Gerste ist jene Getreideart, die nicht zum Brotbacken verwendet wird.

### 54 *Wenn weltweit mehr Bier getrunken wird, braucht man doch auch mehr Gerste?*

Richtig – auch wenn nicht alle Biere reine Gerstenbiere sind, so kann man davon ausgehen, dass weltweit im Jahr 2003 18,2 Millionen Tonnen Malz aus Gerste hergestellt und verbraut wurden. Claude Auroux von Malteurope erklärte im Herbst 2004: »Insgesamt ist der Markt an Braugerste ausgeglichen. Allerdings kommt es bei Ausfällen schnell zu dramatischen Veränderungen der Marktverhältnisse.« Dabei nimmt der Braugerstenbedarf stetig zu: Wenn der Weltbierausstoß von 1,478 Milliarden hl im Jahre 2003 auf 1,568 Milliarden hl bis zum Jahre 2006 ansteigt, so wird auch entsprechend mehr Braugerste gebraucht. Wächst der Bierausstoß weltweit um zwei Prozent, ergibt sich ein Mehrbedarf an 350000 t Malz beziehungsweise (weil beim Vermälzen ein Verlust von bis zu 20 Prozent auftritt) 430000 t Braugerste. Der zusätzliche Malzbedarf entsteht vor allem auf den stark wachsenden Märkten China und Russland.

### 55 *Was passiert mit der Gerste, die sich nicht zum Bierbrauen eignet?*

Die Welt-Gerstenproduktion wird zum überwiegenden Teil als Futtergerste verwendet. Weil Futtergerste billiger als Braugerste gehandelt wird, versuchen alle Getreidezüchter, möglichst ertragreiche Braugersten-Sorten zu züchten, Futtergersten sind in diesem Sinne nur Nebenprodukte der Züchtung und des Anbaus.

### 56 *Welche Gersten werden als Braugersten angebaut?*

Braugerste ist üblicherweise zweizeilige Sommergerste – zweizeilig heißt in diesem Zusammenhang: Sie hat zwei Reihen Körner pro Ähre. Die Sommergerste wächst besonders schnell: »D' Gerste muss in 100 Täg wieder im Sack sein«, sagt man in Schwaben.

Es gibt aber auch Brauereien, die mit den sechszeiligen Wintergersten arbeiten. Diese sind vor allem in den USA verbreitet, wo man neben Gerstenmalz noch anderes Getreide zum Brauen verwendet. In Europa werden Wintergersten bisher eher als Futtermittel eingesetzt.

### 57 *Wodurch unterscheidet sich Braugerste von Futtergerste?*

An Braugerste werden ganz besondere Erfordernisse gestellt: Erstens müssen alle Körner keimfähig sein, damit man auch wirklich die gesamte geerntete Partie zu Malz verarbeiten kann. Dann muss auch noch gewährleistet sein, dass alle Körner einer Partie gleichzeitig ankeimen. Drittens sollen diese Körner alle gleich groß und gleich schwer sein (man spricht von einer gleichmäßigen »Siebung«). Und schließlich müssen sie einen Eiweißgehalt in einem eng definierten Bereich aufweisen: Braugerste sollte mindestens neun Prozent Eiweiß haben, weil das Eiweiß für die Vermehrung der Hefe bei der Gärung und für den Schaum des fertigen Bieres wichtig ist – aber es dürfen auch nicht mehr als 11,5 Prozent sein, weil das Bier sonst trüb würde. Ein hoher Eiweißgehalt ist übrigens nicht nur durch die genetischen Eigenschaften der Sorte bedingt. Er tritt auch dann auf, wenn die Gerste zu stark gedüngt wird. Das heißt: Wenn der Bauer allzu freizügig mit Stickstoff (sprich: Kunstdünger) umgeht, schadet er nicht nur dem Grundwasser (in dem sich dann Nitrat wieder findet), sondern auch dem eigenen Geldbeutel: Futtergerste muss der Landwirt nämlich stets billiger verkaufen als die anspruchsvollere Braugerste.

### 58 *Könnte man aus Gerste eigentlich auch Brot backen?*

Ja, das könnte man – und man hat das sicher auch jahrhundertelang getan. Allerdings eignet sich die Gerste weniger als andere Getreide zum direkten Verzehr, denn das Gerstenkorn ist von einer harten Schale, der sogenannten Spelze, umgeben – und die ist ein unangenehmer Ballaststoff im fertigen Brot. Die harten Spelzen stechen die Mundschleimhaut und bleiben auch zwischen den Zähnen stecken – im Brauprozess braucht man aber gerade diese Spelzen.

Eben weil Gerste nur bedingt für den direkten Verzehr geeignet ist, wurde in verschiedenen Brauordnungen vorgeschrieben (am nachdrücklichsten im Reinheitsgebot), nur mit Gerste zu brauen – das eigentliche Brotgetreide sollte dem Brotbacken vorbehalten bleiben.

Das geht auch aus zahlreichen Sprichwörtern hervor, etwa:

> »Der Brauer und die Bäckerin
> haben nicht einerlei Sinn.«

### 59 *Enthält die Gerste auch Zucker?*

Getreide enthalten als Samenkörner im Allgemeinen kaum wasserlösliche Stoffe (diese würden im feuchten Boden zu rasch ausgewaschen werden und stünden dann der jungen Pflanze nicht mehr zur Verfügung). Zucker ist, wie wir wissen, wasserlöslich. Der Zuckeranteil der Gerste liegt nur bei 1,8 bis 2 Prozent der Trockensubstanz der Gerste – dagegen beträgt der Stärkeanteil am trockenen Korn rund zwei Drittel.

### 60 *Wie wird aus der Stärke vergärbarer Zucker?*

Die Verzuckerung erfolgt in zwei Schritten: In der Mälzerei werden zunächst jene Enzyme gebildet, die auch auf dem Feld gebildet werden, um die Stärke aufzulösen und daraus die junge Pflanze zu ernähren.

Die eigentliche Verzuckerung erfolgt aber zumeist erst im Sudhaus und zwar während des Maischprozesses. Nur in Karamelmalzen, die mengenmäßig keine so große Bedeutung haben, wird schon in der Mälzerei eine Verzuckerung ausgelöst.

### 61 *Wie wird nun aus der Gerste Malz?*

Wir haben schon gehört, dass Gerstenkörner eigentlich Samen sind. Diese Samen werden in der Mälzerei künstlich zum Keimen gebracht.

Dazu lässt man die Gerste erst einmal gründlich in Wasser einweichen. Das dafür verwendete Gefäß heißt Weiche oder Quellstock. Es handelt sich dabei um einen großen, mit etwa zehn Grad Celsius kühlem Wasser gefüllten Bottich, in dem das Wasser während des Weichvorganges mehrmals erneuert wird. Wenn sich das vorher trockene Gerstenkorn mit Wasser vollgesogen hat (der Feuchtigkeitsgehalt beträgt dann etwa 45 Prozent), lässt man es ankeimen – man schafft also für den Haufen von Getreidekörnern Bedingungen, die denen nach der Aussaat auf dem Feld entsprechen. Sobald das Korn zu keimen beginnt, spricht man von Grünmalz.

### 62 *Unter welchen Bedingungen keimt das Grünmalz an?*

Das kommt auf die Konstruktion der Mälzerei an. Stets geht es darum, dass das Grünmalz bei etwa neun bis elf Grad seine Lebensfunktionen als Samenkorn entwickelt. Dabei sollen sich alle Körner etwa gleich entwickeln.

Das funktioniert in einer klassischen Tennenmälzerei anders als in modernen pneumatischen Mälzereien. Auf der Malztenne mussten ursprünglich die Braugehilfen mit hölzernen Schaufeln den Haufen »widern« oder »wenden«. Dieses Umschaufeln war

alle sechs bis zwölf Stunden notwendig. Es bewirkte, dass die einzelnen Gerstenkörner belüftet wurden und stets gleiche Lebensbedingungen hatten.
In der modernen pneumatischen Kastenmälzerei wird der Haufen mit Druckluft belüftet – und er kann auch maschinell gewendet werden. Etwa durch schneckenartig konstruierte Rührwerkzeuge, die das unterste Korn nach oben zu befördern im Stande sind. Oder durch die Wanderhaufen-Technik, bei der die Böden der Keimkästen langsam angehoben werden, während oben ein Balken das Keimgut abstreift und so in den nächsten Keimkasten befördert.

### 63 *Was würde passieren, wenn man den Haufen nicht bewegte?*

Die einzelnen Körner würden sich zunächst sehr unterschiedlich entwickeln: Die ganz oben liegenden Körner hätten längst Keime gebildet, während die unteren ersticken und verfaulen könnten. Dazu trägt das Faktum bei, dass die Gerstenkörner zunächst feine Haarwurzeln bilden – der Haufen beginnt nach fünf Tagen zu »greifen«, weil sich diese Wurzeln ineinander verfilzen. Das ständige Widern des Haufens soll verhindern, dass die Körner Klumpen (sogenannte »Spatzen«) bilden, in denen sich Fäulnis und Schimmelpilz einnisten könnten.
Beim Wenden des Haufens werden auch die beim Ankeimen entstehende Wärme und das gleichzeitig gebildete $CO_2$ freigesetzt. Beide würden sonst die weitere Entwicklung des Grünmalzes erschweren.

### 64 *Wie lange dürfen die Körner wachsen?*

Natürlich will man nicht, dass auf der Malztenne oder im Keimkasten ein Gerstenfeld heranreift. Daher muss der Keimungsprozess gestoppt werden, sobald das Korn gut gelöst ist – also wenn ausreichend Enzyme gebildet wurden und gleichzeitig der Blattkeim (der Mälzer nennt diese aus der Spitze des Kornes wachsenden Keime die »Husaren«) noch nicht zu lang geworden ist. Die richtige Lösung kann man an einem an frisch geschnittene

Gurken erinnernden Geruch und einer mehligen Konsistenz des Korninhaltes erkennen – man kann mit so einem Grünmalzkorn einen kreideartigen Strich auf einer Holztafel machen.

### 65 *Wie kann man das Korn daran hindern, dass es weiterwächst?*

Das passiert durch Austrocknen, das sogenannte »Schwelken«.

### 66 *Kann man mit geschwelktem Malz schon Bier brauen?*

Ja, aber solche »Luftmalze« sind weder im Einsatz rationell, noch ergeben sie gute Bierqualitäten – dem Bier gingen wesentliche Geschmackskomponenten ab. Allerdings hat mich der Historiker Richard Reutner auf »Lufbier« oder »Luftbier« hingewiesen, das im Wien des 18. Jahrhunderts gerade so teuer gewesen sein soll wie das Einbecker. Der Wörterbucheintrag, den er mir freundlicherweise schickte, lautet: »Luftbier (das), eine Art Bieres, welches von dem gemeinen dadurch unterschieden ist, weil sein Malz auf der Luft getreuget, und nicht in dem Ofen gedörret wird. Solches Bier brauet man in Österreich, in der Lausiz, in Sachsen, und heißt überall Luftbier.«

Für moderne Biere muss das Grünmalz aber intensiv nachgetrocknet werden. Man nennt das »darren«, was so viel wie »dürr machen« bedeutet. Das passiert auf der Darre.

### 67 *Was ist eine Darre?*

Die Darre ist eine Trocknungseinrichtung, die einer Selchkammer vergleichbar ist – abgesehen davon, dass in modernen Darren kein Rauch, sondern erhitzte Luft über das Darrgut geführt wird.

### 68 *Gibt es nicht Rauchbiere, in denen ein Rauchgeschmack erwünscht ist?*

Das ist die Ausnahme – tatsächlich kann man im Bamberger Rauchbier noch schmecken, wie Biere früher gewirkt haben müssen, als die Darren noch nicht so sauber zwischen der Heißluft für die Darre und der Abluft unterschieden haben.

Vom Rauchbier gibt es inzwischen mehrere Versionen – das klassische Märzen (wie es beim Spezial, beim Merkendorfer Hummel-Bräu und beim Schlenkerla angeboten wird), den rauchig-vollmundigen Schlenkerla Urbock und das Rauchweizen, das beim Schlenkerla besonders balanciert ist, während jenes vom Spezial fast zu schlank wirkt.

### 69 *Wie funktioniert das Darren des Malzes?*

In der Darre befinden sich mehrere Schlitzböden – die sogenannten Horden. Auf der oberen Horde wird das Malz erst vorgetrocknet, dann wird es auf die untere Horde geräumt, wo es vollständig getrocknet und, wenn gewünscht, auch etwas dunkler geröstet werden kann.

Unterhalb der unteren Horde befindet sich eine Wärmekammer, die sogenannte Darrsau, aus der die vom Darrofen erhitzte Luft durch die Horden und über das Darrgut aufsteigt. Wichtig ist, dass die Darre einen guten Zug hat, dass also die heiße Luft gut aufsteigen und sich kein Hitzestau bilden kann – heutzutage kann dem mit einem Ventilator nachgeholfen werden; Mälzer früherer Jahrhunderte brauchten entsprechend niedrige Außentemperaturen, damit die Darre als Ganze und der oberhalb der Darre liegende Dunstkamin einen entsprechenden Zug entwickeln konnten.

### 70 *Wie wirkt sich das Darren auf die Farbe des Bieres aus?*

Je nachdem, wie man das Grünmalz führt und die Darre betreibt, kann man unterschiedliche Malztypen herstellen.

Helle Malze des Pilsner Typs werden möglichst schnell bei etwa 75 bis 80 Grad gedarrt – das dauert etwa 24 Stunden. Dunkle Malze brauchen länger, man lässt sie langsamer vortrocknen und bringt sie mit höherem Wassergehalt auf die untere Horde, wo sie dann um so stärker erwärmt werden. Allerdings wird die Temperatur nur langsam erhöht, dadurch bilden sich mehr Geschmackskomponenten und eine kräftigere Farbe des Mehlkörpers – solche Malze nennt man Münchner Malz.

### 71 *Welcher Malztypus ist heute am häufigsten?*

Die hellen Pilsner Malze sind heute weltweit die gängigsten. Das etwas dunklere Wiener Malz, das vollmundigere und aromatischere Biere ergibt, ist beinahe verschwunden. Auch das dunkle Münchner Malz mit seinem leichten Kakaoaroma wird immer seltener – man hält sich vor allem bei untergärigen Bieren heute eher an Röst- und Farbmalze.

### 72 *Wie wird Farbmalz hergestellt?*

Farbmalz ist ein speziell geröstetes Malz, das farblich und geschmacklich eher an Kaffee erinnert – tatsächlich hat man früher aus Röstmalzen Malzkaffee hergestellt.

Heute dienen Röstmalze vor allem der Herstellung eines speziellen Farbebieres. Solche Farbebiere werden meistens direkt in der Mälzerei gebraut, wobei man mit speziellen Filtern die aufdringlich kaffeebitteren Geschmackskomponenten herausholen kann. Das Farbebier wird dann häufig zum Nachfärben ursprünglich heller Biere verwendet – es ist in der Brauerei nämlich leichter zu verarbeiten als eine Mischung von Malzen unterschiedlicher Qualität.

### 73 *Was ist Karamellmalz?*

Karamellmalz ist ein noch einmal angefeuchtetes und ein zweites Mal gedarrtes Darrmalz. Üblicherweise macht man Pilsner Malz noch einmal nass und beschickt damit die Darre. Es entsteht Carapils. Durch das Anfeuchten werden schon im Malz die verzuckernden Enzyme aktiviert – dadurch entsteht ein süßliches, aromatisches Malz, das den Bieren mehr Körper gibt.

### 74 *Was ist mit den Keimen, die auf dem Malz sind?*

Diese Keime müssen nach dem Darren entfernt werden – sie könnten verschimmeln oder feucht werden und das Malz verfaulen lassen. Daher kommt das gedarrte Malz in eine Malz-Putzmaschine, in der die Keime abgebrochen werden. Da sie sehr eiweißhaltig sind, sind sie ein gutes Viehfutter.

***75 Wie viel Masse des Gerstenkornes geht mit den Keimen verloren?***

Malz ist etwa 20 Prozent leichter als Gerste – aus 100 Kilo Gerstenkörnern entstehen also nur 80 Kilo Malzkörner.

***76 Wir haben jetzt immer von Malzkörnern gesprochen – ist nicht Malz so etwas wie die Kirstein-Blockmalz-Männchen oder andere Malzzuckerln?***

Nein, Malzzuckerln werden zwar aus Malzextrakt gemacht, sie sind aber nur ein Weiterverarbeitungs-Produkt. Unter Malz versteht man dagegen die Körner, die zur Produktion dieses Extraktes, als Back-Hilfsmittel oder – das ist natürlich der Hauptzweck – für die Bierbrauerei verwendet werden.

***77 Wenn immer mehr Biere mit Pilsner Malz gebraut werden, werden sie einander da nicht immer ähnlicher?***

Die Gefahr besteht tatsächlich: Immer mehr Biere werden nach ähnlichen Rezepten aus ähnlichen Rohstoffen gebraut – und weil Malzproduktion sehr aufwändig ist, hat es auch in der Malzindustrie einen starken Konzentrationsprozess gegeben. Während noch vor 100 Jahren praktisch alle Brauereien selber gemälzt haben, haben heute die fünf weltweit größten Mälzereiunternehmen einen Marktanteil von 27 Prozent, die Top 12 sogar gut 50 Prozent *(siehe Tabelle auf Seite 46)*.

Andererseits gibt es wie überall in solchen Fällen auch eine Gegenbewegung: So hat sich die Mälzerei Weyermann in Bamberg auf Spezialmalze konzentriert, die heute in vielen Bierspezialitäten auch in den USA und Neuseeland verbraut werden – da gibt es Rauch- und Karamellmalze, Farbmalze und Malze des Wiener, Münchner und natürlich des Pilsner Typs. Die Mälzerei Plohberger in Grieskirchen wiederum hat nicht nur Spezialmalze im Programm, sie hat sogar selbst ein glutenfreies Bier entwickelt, das unter der Marke »Beer Up« sehr erfolgreich ist.

**Die Top 12 der Mälzereiunternehmen**

| *Gruppe* | *Land* | *Marktanteil (%)* | *Produktion 2005 in Mio t* |
|---|---|---|---|
| Group Soufflet | Frankreich | 7,8 | 1,40 |
| Cargill | USA | 7,2 | 1,30 |
| Malteurop | Frankreich | 6,7 | 1,20 |
| Conagra | USA | 6,1 | 1,10 |
| IMC (Gr. Lesafre) | Frankreich | 4,4 | 0,80 |
| Greencore | Irland | 3,2 | 0,57 |
| Weissheimer | Deutschland | 3,0 | 0,55 |
| Rahr | USA | 2,8 | 0,50 |
| Boortmalt | Belgien | 2,6 | 0,47 |
| Ausmalt | Australien | 2,2 | 0,39 |
| Guangdong | China | 2,2 | 0,39 |
| Cofco Dalian | China | 1,7 | 0,30 |

*Quelle: C. Auroux/Malteurop*

### 78 *Und wie sieht das mit dem Hopfen aus?*

Auch hier haben sich einige wenige Hopfenhandelshäuser – Joh. Barth & Sohn und Hopsteiner sind weiterhin führende deutsche Unternehmen – hervorgetan, manche Brauereien haben aber weiterhin mit »ihrem« Hopfenbauern einen Kontrakt. Allerdings geht es um wesentlich geringere Mengen als beim Malz: Weltweit wurden im Jahr 2003 nur 87 255,7 Tonnen Rohhopfen mit 6727 Tonnen Alphasäure (das ist die für Analysen und Einkäufe der Brauereien maßgebliche Leitsubstanz für Hopfenbittere) geerntet.

### 79 *Ist also Hopfen für die Bierherstellung nicht so bedeutend?*

Das kann man so nicht sagen – Hopfen wird eben nur in wesentlich geringerer Menge gebraucht, weil er sehr viel intensiver schmeckt – in einem Liter fertigen Bieres finden sich nur zwischen zehn und (im extremsten Fall des 120 Minute IPA von Dogfish Head maximal 120 Milligram) des Bitterstoffs Alphasäure. Außerdem braucht der Hopfen nichts zur alkoholischen Wirkung des Bieres beizutragen.

**80** ***Stimmt es, dass Deutschland der wesentlichste Hopfenproduzent der Welt ist?***

Flächenmäßig ist Deutschland mit 17 562 Hektar Hopfenanbaufläche (im Jahr 2003) das größte Anbauland und die bayerische Region Hallertau mit 14 391 Hektar das größte Anbaugebiet der Welt. Die gesamten USA haben in den Anbaugebieten Washington, Oregon und Idaho nur 11 602 Hektar Hopfenfläche. Da aber die in Übersee angebauten Sorten deutlich mehr Erträge bringen und auch noch mehr Bitterstoffe enthalten, liefern die USA mit 2630 Tonnen Alphasäure mehr als Deutschland mit 1643 Tonnen.

**81** ***Was für eine Pflanze ist der Hopfen?***

Im Gegensatz zu den Getreiden, die eigentlich kultivierte Gräser sind, sind die Hopfenpflanzen Schlingpflanzen, die botanisch dem Hanf verwandt sind.

**82** ***Kommt der Hopfen auch als Wildpflanze vor?***

Ja – und der wilde Hopfen ist dem Kulturhopfen viel ähnlicher, als die Gräser auf der Wiese dem Getreide ähneln.

Man kann Hopfen oft in Augebieten und an Waldrändern wuchern sehen.

**83** ***Könnte man mit wildem Hopfen Bier brauen?***

Ja, wer jemals wilden Hopfen genauer betrachtet, seine Dolden geerntet und daran gerochen hat, der kann sich das gut vorstellen. Allerdings hat der wilde Hopfen nicht dieselben Aromen wie der kultivierte, er ist nicht so bitter und würde einen seltsam gelblichen Bierschaum ergeben.

Tatsächlich haben Bauern bis in die erste Hälfte des 20. Jahrhunderts für den Hausgebrauch Hopfen von den nahen Waldrändern geerntet und verbraut. Auch in der sehr innovativen 1516 Brewing Company in Wien gab es im Herbst 2004 einen Versuchssud eines »Wild Hops Ale« zu verkosten.

**84** ***Wie unterscheidet sich Kulturhopfen von wildem Hopfen?***

Dazu muss man ein bisschen in die botanischen Grundlagen gehen. Hopfen – Humulus lupulus – ist eine zweihäusige Pflanze, es wachsen also männliche und weibliche Pflanzen. Für die Brauerei ist aber nur die weibliche Pflanze interessant, genauer: die unbefruchtete Blüte der weiblichen Hopfenpflanze, weil in diesen Blüten das Lupulin den höchsten Brauwert hat. Wenn bei uns also Hopfen kultiviert wird, dürfen nur weibliche Pflanzen vermehrt werden.

**85** ***Moment einmal: Wenn es nur weibliche Pflanzen gibt, wie kann man die denn vermehren?***

Durch Stecklinge, sogenannte »Hopfenfächser«. Das sind Triebe von einer gesunden weiblichen Pflanze, die man in die Erde des neuen Hopfengartens steckt und anwachsen lässt.

Nur zu Zuchtzwecken werden weibliche Blüten der einen Sorte mit männlichen einer anderen kontrolliert gekreuzt.

Überall dort, wo Hopfen kultiviert wird, muss wilder Hopfen gerodet werden, um eine unkontrollierte Befruchtung durch männlichen Blütenstaub zu verhindern. In Deutschland ist das seit 1956 in der »Verordnung über die Bekämpfung des wilden Hopfens« geregelt.

**86** ***Sind männliche Hopfenpflanzen denn gänzlich nutzlos?***

Nein. Abgesehen davon, dass man sie für Züchtungen braucht, liefern sie auch Blütenstaub für gewisse traditionell angebaute englische Hopfensorten. Während in den modernen hellen Bieren befruchtete weibliche Dolden einen unangenehmen Beigeschmack geben würden, ist Samenhopfen für englische Ales durchaus geeignet und sogar erwünscht. Deshalb finden sich noch heute in manchen englischen Hopfengärten einzelne männliche Pflanzen – und die Hopfenbauern versichern, dass das auch einen Vorteil habe: In gemischten Kulturen breiteten sich Krankheiten nicht so leicht aus.

### 87 *Wie wird nun der Hopfen angebaut?*

Das hat sich im Verlauf der letzten 200 Jahre deutlich geändert: Damals gab es noch Feld- oder Rasenhopfen – die Pflanzen waren damals Bodendecker. Da vom Boden aber Krankheiten und Schädlinge auf die wuchernden Pflanzen kamen, galt der an Stangen gezogene Hopfen als besser. Man schnitt damals im Frühjahr die Hopfenstöcke zurück, steckte eine lange Hopfenstange (ähnlich den langen Spießen der Landsknechte) in den Boden und leitete die Schlingpflanze daran an. Noch heute sagt man von einem groß gewachsenen Menschen, er sei »lang wie eine Hopfenstange«.

Im Herbst ging man dann ans »Stangenlegen« und wickelte die Rebe herunter, bevor man die wertvollen Dolden abzupfte.

In der zweiten Hälfte des 19. Jahrhunderts wurden Hopfenanlagen mit fest verspannten Drahtseilen angelegt. Seither werden von jeder Pflanze zwei etwa sieben Meter lange Drähte hochgezogen, an denen sich im Laufe des Sommers die Ranken hochwinden. Im Herbst werden die Drähte mitsamt den Ranken abgerissen. Damit ist auch eine maschinelle Ernte möglich.

### 88 *Heißt das, dass die Pflanze jedes Jahr sieben Meter hoch wächst?*

Ja – im Frühjahr ist die Hopfenpflanze noch ganz im Boden, dann wachsen Dutzende Sprossen heraus, von denen man die meisten vernichten muss.

### 89 *Was macht man mit den überzähligen Hopfensprossen?*

Hopfensprossen, die noch unter der Erde geschnitten werden, kann man ähnlich zubereiten wie grünen Spargel, auch wenn sie etwas dünner sind. Es können aber auch die frischen seitlichen Triebe, die im unteren Bereich der Hopfenpflanze geerntet und sauer mariniert eingelegt werden, verzehrt werden. Sie schmecken ausgezeichnet etwa zu Käse.

**90** ***Wie lange dauert es, bis die angeleiteten Sprossen einen Ertrag bringen?***

Der Hopfen treibt im April aus und wird angeleitet. Erst in den warmen und feuchten Nächten des Mai und Juni erreichen die Reben die volle Größe, da wachsen sie bis zu dreißig Zentimeter pro Nacht. Im Frühsommer gibt es den ersten Ansatz der Blüten, im August sind die Dolden dann schon so weit, dass sie Lupulin bilden, also jenen gelben, harzigen Staub, der die eigentlich wertvollen Inhaltsstoffe des Hopfens enthält. Und zwischen der dritten August- und der zweiten Septemberwoche muss ganz rasch geerntet werden, um keinen Qualitätsverlust zu riskieren.

Weil alle diese Entwicklungen genau beobachtet sein wollen, sagt man: »Der Hopfen will jeden Tag seinen Herrn sehen.« Hopfenbauern gehen also täglich in den Hopfengarten, um Schäden durch Wind, Rebläuse oder Pilze rechtzeitig zu verhüten.

**91** ***In Südafrika kann man sehen, dass die Hopfengärten künstlich beleuchtet werden – reift der Hopfen dann schneller?***

Nein, im Gegenteil: Da Hopfen ein Nachtschattengewächs ist, wächst er besonders stark im Dunkeln. Durch die Verlängerung der Tagesbeleuchtung bildet der Hopfen in den verkürzten Nächten kräftige Seitentriebe, aber er lässt sich mit der Bildung der Blüten Zeit. Diesen Effekt hat man in den siebziger Jahren erkannt und damit Ertrag und Qualität des südafrikanischen Hopfens deutlich gesteigert.

**92** ***Was macht die Qualität von Hopfen aus?***

Im Hopfen sind mehrere Hundert Inhaltsstoffe bekannt – nicht alle davon sind vollständig erforscht. Es gibt mehr als zwanzig verschiedene Hopfenbitterstoffe und mehr als vierzig Hopfenöle, die für den aromatischen Charakter des Bieres verantwortlich sind. In verschiedenen Hopfensorten kommen diese Substanzen in ganz unterschiedlicher Konzentration vor.

**93** ***Bedeutet das, dass man allein durch die Verwendung verschiedener Hopfensorten unterschiedliche Biere brauen kann?***

So ist es – zumindest theoretisch. In der Praxis der Großbrauereien sieht das leider anders aus. Viele deutsche Braumeister wissen heute gar nicht mehr, welche Hopfensorte sie in ihren Sudhäusern verwenden. Denn sie beurteilen den Hopfen hauptsächlich nach der Bittere, die er dem Bier zuführt.

Und da zählen vor allem die sogenannten Hoch-Alpha-Sorten. Das sind Hopfen mit einem hohen Anteil an Alphasäure, dem Leitmolekül für die Bittere. In vielen Brauereien wird haltbar gemachter Hopfen nur mehr nach der Alphasäure-Menge eingekauft.

**94** ***Wäre es nicht erstrebenswert, Bier vor allem mit Aromahopfen zu brauen?***

Ja, das hat zumindest früher gegolten: So war es noch in der Zwischenkriegszeit die Regel, dass Pilsbier ausschließlich mit Saazer Aromahopfen gebraut werden sollte.

Ein Problem beim Einsatz von Aromahopfen ist, dass viele Konsumenten durch die wenig aromatischen Industriebiere voreingenommen sind. Viele empfinden ein ausgeprägtes Hopfenaroma oft als negativ, es wird als parfüm- oder apothekenartig beschrieben. Einer, der dagegen ankämpft, ist der deutsche Hopfenforscher Adrian Forster, der der mangelnden Aufklärung beim Kunden und dem sachunkundigen Marketing die Schuld gibt. Eine differenzierte Hopfengabe unter Berücksichtigung der Öl- und Polyphenolanteile bietet die Möglichkeit, differenzierte Bieraromen zu kreieren. Diese Möglichkeiten werden von den Brauern allerdings kaum ausgeschöpft.

**95** ***Welche Hopfensorten enthalten viele Bitterstoffe, welche wenig?***

Die sogenannten Bitterstoffhopfen oder Hoch-Alpha-Sorten sind die amerikanischen Züchtungen Tomahawk (14–18% a), Chinook (14–17% a), Zeus (13–17% a), Millenium (15,5% a)

und Nugget (12,9% a) sowie die deutschen Züchtungen Magnum (14,8% a), Taurus (16,5% a) und mit gewissem Abstand Northern Brewer (9,8% a), Brewers Gold (8,7% a) und Perle, deren Bitterstoffgehalt im Anbaugebiet Hallertau allerdings in den letzten fünf Jahren von 7,9% a auf 6,4% a.
Umgekehrt gelten Sorten mit niedrigem a-Gehalt als Aromahopfen – gegenüber der geringen Bittere treten die verschiedenen Aromastoffe viel deutlicher hervor. Das gilt für den vielgeschätzten Saazer aus Tschechien (3,7% a in der Ernte 2004) ebenso wie für den sehr ähnlichen Tettnanger aus der Bodensee-Region (4,7% a in der Ernte 2004). Weitere intensiv aromatische Hopfensorten sind der Cascade aus Washington mit seiner deutlichen Zitrusnote, der Hallertauer Mittelfrühe und der Spalter aus Bayern, der Willamette aus Oregon und der Strisselspalter aus dem Elsass, der es nur auf 1,3 bis 2,1% a bringt.

### 96 *Wie hängt nun die Bittere des Bieres mit dem Alphasäuregehalt des Hopfens zusammen?*

Wie viel von der im Hopfen enthaltenen Bittere tatsächlich im fertigen Bier vorhanden ist, wird sowohl vom Brauverfahren als auch von der Gärung bestimmt. Generell bringt eine frühe Zugabe von Hopfen während des Würzekochens eine mildere Bittere und eine bessere Ausnutzung des Bitterstoffgehalts, eine spätere Zugabe dagegen ein reichhaltigeres Aromaspektrum. Deshalb geben viele Braumeister am Anfang des Würzekochens einen (billigeren) Bitterstoffhopfen und gegen Schluss oder gar erst im Whirlpool einen feineren Aromahopfen, von dem dann aber weniger Alphasäure ins fertige Bier übergeht.
Daher ist die Angabe, wie viel Gramm Hopfen (oder wie viel Gramm reine Alphasäure) pro Hektoliter der Würze zugegeben werden, nur bedingt aussagekräftig. Wichtiger ist die Analyse des Endprodukts, in dem die Bittere als Anteil der Alphasäure gemessen werden kann. Dieser Wert wird in Internationalen Bittereinheiten (IBU) angegeben – eine Bittereinheit entspricht einem Teil in einer Million Teile (ppm). Ein typisches Pilsbier mit

32 Bittereinheiten enthält also 32 ppm Alphasäure oder 32 Milligramm (mg) pro Liter.

**97 *Welche Hopfensorten werden in Bayern am häufigsten angebaut?***

In Bayern, dem flächenmäßig immer noch bedeutendsten Hopfenland der Welt (mit den Siegelbezirken der Hallertau und von Spalt) waren 2003 die Sorten Hallertauer Magnum (auf 4059 Hektar) vor Perle (2644 Hektar), Hallertauer Tradition (1692 Hektar), Hallertauer Mittelfrüh, Hallertauer Taurus, Hersbrucker Spät und Northern Brewer am weitesten verbreitet. Allerdings ändert sich das Sortenspektrum ständig. In den letzten Jahren hat etwa der Hallertauer Mittelfrühe wieder stark an Beliebtheit gewonnen, weil sich gerade Mittelstands- und Kleinbrauereien damit profilieren können. Übrigens passieren solche Änderungen der Vorlieben zum Leidwesen der Bauern. Denn für sie bedeutet ein Sortenwechsel, dass sie die alten Sorten roden, neue anpflanzen und für mindestens ein Jahr auf jeglichen Ertrag des neu gepflanzten Hopfengartens verzichten müssen.

**98 *Vielfach wird einem in den Brauereien gesagt, dass mit Pellets gebraut werde – ist das auch eine bedeutende Hopfensorte?***

Nein, das ist ein Missverständnis – übrigens eines, das selbst von manchen Brauern in Großbrauereien geteilt wird, denen die Hopfensorte egal ist, mit der sie brauen.

Pellets bezeichnet vielmehr die Verarbeitungsart des Hopfens – die getrockneten Hopfendolden werden gekühlt, vermahlen und durch eine Art Fleischwolf gedreht, bei dem kleine fest gepresste Stückchen – eben die Pellets – herauskommen.

Das muss nicht schlecht für den Hopfen sein (er wird dadurch vor allem haltbarer). Da diese Verarbeitungsweise sortenrein erfolgt, könnte man durchaus auch mit Hopfenpellets sortentypische Biervariationen brauen. Das passiert auch, heute allerdings hauptsächlich in Kleinbrauereien.

So ist die in Yakima in Washington seit 1972 gezüchtete Sorte

Cascade zu einer der am häufigsten verwendeten Sorten für die Spezialitäten amerikanischer Kleinbrauereien geworden. Für englisches Ale dagegen gilt der Goldings-Hopfen aus Kent als stilspezifisch; für Pils war lange Zeit das Aroma des Saazer stilprägend.

**99** ***Man hört so viel von Genmanipulation – sind da auch Gerste und Hopfen betroffen?***

In Europa sind die Brau-Rohstoffe bisher nur in geringem Ausmaß betroffen – und auch das scheint derzeit rückläufig zu sein. Bei Gerste und Hopfen ist von gentechnisch manipulierten Sorten bisher nichts bekannt worden, wohl aber bei Mais. Mais wird in vielen Ländern als Bierzutat verwendet. Weil aber die europäischen Konsumenten sehr sensibel auf die Gentechnik-Diskussion reagieren, haben dänische Brauereien inzwischen begonnen, auf die genmanipulierten amerikanischen Maisimporte zu verzichten. Carlsberg will überhaupt den Maiseinsatz überdenken.

**100** ***Ist Hefe nicht ein ständiges Objekt der Genforschung?***

Und ob! Relevant ist tatsächlich vor allem die Genmanipulation bei der Hefe. Sie könnte durch entsprechende Veränderung des Erbguts zur Produktion bestimmter Enzyme oder Aromakomponenten angeregt werden. So könnten bestimmte, von den Technologen als »unerwünscht« erkannte Geschmackssubstanzen vermieden oder zumindest rasch abgebaut werden, während »erwünschte« Aromen ins Bier hineingezwungen werden könnten. Die Hefe ist als Einzeller, der sich schnell vermehrt, besonders geeignet für gentechnische Experimente. »Ein solches Bier ist unverkäuflich. Das schmeckt sofort jeder«, zeigte sich der Weihenstephaner Biertechnologie-Professor Eberhard Geiger noch 1997 überzeugt. Er argumentiert: Die Gene seien zwar leicht einzusetzen, was dann aber durcheinander gerate, sei der Aminosäuren-Stoffwechsel. Die Folge: Die Gärungsnebenprodukte sind nicht mehr die, die sie sein sollten. Geigers Experimente zeigen: »Das Aroma ändert sich, und das Bier schmeckt nicht mehr nach Bier.« Dies zu beherrschen, ist allerdings nur eine Frage der Zeit.

### 101 *Gibt es also kein »gentechnisch hergestelltes« Bier?*

Doch, das gibt es, nämlich in England. Das erste mit solcher manipulierter Hefe hergestellte Gentechnik-Bier ist das Nutfield Lyte Lager. Es hat bereits 1995 den Segen der britischen Aufsichtsbehörden bekommen, wird aber auch auf der sonst gentechnik-freundlichen Insel derzeit nur in kleinen Mengen produziert. Aber wer weiß, was daraus noch wird?

Um angesichts dieser Entwicklung auch in Zukunft ideologisch reines Bier zu garantieren, fordert der Deutsche Bund für Naturschutz, das Verbot des Einsatzes gentechnischer Methoden bei der Bierherstellung ausdrücklich in das Reinheitsgebot aufzunehmen. Auf Bierfilzen mit dem Aufdruck »Prost Mahlzeit« zeigen süddeutsche Brauereien und Naturschützer augenfällig, was sie von Hopfen und Malz aus dem Genlabor halten: nämlich gar nichts.

### 102 *Umgekehrt: Gibt es auch Bio-Bier?*

Fragt man Funktionäre von Brauereiverbänden, ob es denn eigentlich ein »Bio-Bier« gebe, so bekommt man mit ziemlicher Sicherheit zur Antwort: »Freilich – jedes Bier ist bio. Schließlich werden ja nur natürliche Rohstoffe verwendet, es gibt keine chemischen Zutaten, und überhaupt ist der ganze Brauvorgang ein einziger Reinigungsprozess. Vom Einmaischen angefangen wird immer nur versucht, die Teile der Bierwürze auszuscheiden, die dem Geschmack abträglich wären – bis zum Schluss reines, trinkfertiges Bier übrig bleibt. Und da ist es ganz unerheblich, ob die Rohstoffe aus Bio-Anbau sind oder nicht – es können eigentlich keine Rückstände im fertigen Bier übrig bleiben.« – Da ist was dran. Aber es trifft nicht den Kern der Sache.

**103** ***Wenn aber doch Bio-Bier angeboten wird – worin unterscheidet sich Bio-Bier von normalem Bier?***

Man weiß, dass zum Bierbrauen dreierlei vonnöten ist: Hopfen, Malz und schließlich reines Brauwasser. In Zusammenhängen gedacht: Werden Hopfen und Braugerste beim Anbau mit der chemischen Keule behandelt, so darf man sich nicht wundern, wenn die Chemie sich im Grundwasser wiederfindet. Und das Grundwasser ist dann möglicherweise das Brauwasser. In diesen Zusammenhängen denkt Franz Ehrnsperger schon seit dem Braujahr 1987/88. Damals brachte er das erste Öko-Bier Deutschlands auf den Markt. Die Branche stand Kopf – und die Brauereifunktionäre hatten alle Hände und Telefonleitungen voll zu tun: nämlich mit der Verbreitung der Legende, dass ohnehin jedes Bier irgendwie bio sei.

Ehrnsperger, der eine kleine Landbrauerei in Neumarkt in der Oberpfalz betreibt, ließ es sich nicht verdrießen, auch wenn ihm alle denkbaren bürokratischen Schikanen angetan wurden: So darf er bis heute nicht auf die Zutatenliste seines Neumarkter Lammsbräu schreiben, dass die bei ihm verbrauten Rohstoffe vom Bio-Bauern kommen. Und es sind nicht irgendwelche Rohstoffe: Es sind die dickbauchigen und seit Jahrzehnten eingeführten Gerstensorten Steffi und Aura, die ihm rund hundert Biobauern aus der Umgebung liefern. »Da müssen wir immer schauen, dass die überhaupt in der Zulassung bleiben«, erklärt Ehrnsperger, denn die EU-Agrarpolitik lässt nur jene Kulturpflanzen zu, die auch hohe Erträge bringen. Aber auf hohe Erträge kommt es den Bio-Bauern gar nicht so an, denn die Braugerste für das Öko-Bier wird ohnehin teurer bezahlt als normale Gersten. Und sie wird auch aufwändiger verarbeitet: Ehrnsperger betreibt sogar eine eigene Mälzerei.

Ähnlich ist es mit dem – gegen Schädlingsbefall besonders empfindlichen – Hopfen: Hier müssen die Bauern mit enormen Ausfällen rechnen, wenn sie auf Chemie verzichten. Und das hat seinen Preis: »In unserem Pils kostet der Hopfen sieben Mark pro Hektoliter, bei anderen sind es nur 70 Pfennig«, sagte Ehrnsper-

ger schon in den neunziger Jahren. Andererseits weiß er dann auch, mit welchen Hopfen (es sind der Hersbrucker Spät und der legendäre Hallertauer Mittelfrühe) er es zu tun hat, während viele andere Brauer nur mehr nach dem Alphasäure-Gehalt standardisierte Hopfenprodukte einsetzen.
Dabei geht es Ehrnsperger nicht nur um das Bier: »Mit den Rohstoffen, die ich einsetze, wird auf 3500 Hektar Landschaftsschutz betrieben.«

### 104 *Ist Bio- oder Öko-Bier ein eigener Bierstil?*

Nein – »bio« oder »öko« bezieht sich nur auf die Rohstoffseite – man kann aus den Rohstoffen aus ökologischem Landbau genauso Ales herstellen (etwa das Golden Promise von Caledonian in Edinburgh), Weizenbiere (wie jenes der Brauerei Krieger im Altmühltal), das Lammsbräu Pils oder sogar ein Öko-Hanf, wie es die Emmerberg-Brauerei in Niederösterreich herstellt: Take Hemp kommt in der Bügelflasche, die ein rotes Dreieck mit einem Hanfblatt ziert. Daraus schenkt man ein hellgelbes, leicht nach Hanf und stärker noch nach Hefe riechendes Bier ein, dessen kräftiger Schaum auffällt. Ein gerade noch nicht zu vollmundiger Antrunk, eine leichte, dann stärker werdende Bittere, in der der Hanfton am ehesten durchkommt, und ein von der Bittere dominierter Nachtrunk zeichnen dieses Bier aus.

### 105 *Stimmt es also, dass sich die Brauereien besonders um Umweltschutz bemühen?*

Ja, denn er sichert ihre Lebensgrundlagen. Und das betrifft nicht nur die Rohstoffe, sondern auch das Wasser.
Es wird immer wieder darauf verwiesen, dass die älteste Umweltschutzbestimmung des Brauwesens laute: »Es ist ab sofort verboten, in den Bach zu scheißen, weil der Rat vorhat, am Donnerstag Bier zu brauen.« Dies ist bloß eine witzige Erfindung unserer Zeit – denn es war weder üblich, mit Wasser aus offenen Gewässern zu brauen, noch diese offenen Gewässer als Aborte zu nutzen. Allerdings wäre selbst eine Kontamination mit

Fäkalkeimen nicht wirklich problematisch, weil diese den Brauprozess nicht überstehen würden.
Tatsächlich überliefert ist eine Stellungnahme des Bürgerlichen Brauhauses in Pilsen aus dem Jahr 1880, mit der gegen die Errichtung eines Gaswerkes in der Nähe protestiert wurde, weil man das Eindringen übelriechender Gase in das Malz und das Bier befürchtete.

### 106 *Wann sind Hopfen und Malz verloren?*

Diese Redewendung, die bereits im 18. Jahrhundert gängig war, besagt: Da ist alle Mühe vergeblich – ein Gefühl, das Brauer sicher oft hatten, als sie noch nicht so genau gewusst haben, was in ihren Brauhäusern mikrobiologisch abgelaufen ist:

> »Gesegnet sei der Gerstensaft,
> So er gebraut mit Meisterschaft.
> Ein schlecht's Gebräu zu Gottes Zorn,
> Sind Malz und Hopfen dran verlorn.«

Man meinte damals, es wäre schon recht, wenn von zehn Suden sieben gelängen. Die restlichen wurden einfach für die Essigproduktion herangezogen.

### 107 *Wie kann man Malzessig herstellen?*

Ohne dem nächsten Kapitel vorgreifen zu wollen: Bei der Bierbrauerei wird zunächst aus der Getreidestärke Zucker, dann aus dem Zucker Alkohol (und Kohlendioxid) hergestellt. Der nächste Schritt des Abbaus verläuft vom Alkohol zu Essigsäure und Wasser.
Heutzutage wird Malzessig aus einer ungehopften Würze hergestellt. Früher aber hat man jedes ungenießbare oder ungenießbar gewordene Bier zu Essig weiterverarbeitet. Gerade Brauereien, die viel experimentiert haben, wie die Drehersche Brauerei in Schwechat bei Wien, hatten eine schwungvolle Essigproduktion, bei der misslungene Sude weiterverarbeitet wurden.

**108** ***Kann man auch daheim Bieressig machen?***

Ja, das geht relativ einfach. Essigsäurebakterien sind in der Luft ausreichend vorhanden, um ein offen stehendes alkoholisches Getränk zu besiedeln. Schüttet man einen Liter Bier in eine Suppenschüssel, so passiert einen Tag lang gar nichts, weil das $CO_2$ als eine Schutzgasschicht über dem Bier liegt.

Wenn sich das $CO_2$ verflüchtigt hat, beginnen sich die ersten Bakterien auf der Oberfläche des Bieres zu zeigen – sie bilden kleine, bald mit freiem Auge erkennbare Kolonien, später ein feines Netz, dann eine mehr oder weniger dicke Schicht, die Essigmutter. Nach einer Woche ist das Bier schon stark gesäuert. Wie sauer es wird, hängt natürlich vom Alkoholgehalt des Ausgangsproduktes ab: Alkoholfreies Bier ergibt gar keinen Bieressig, Bockbier einen relativ sauren.

Wenn man daheim Bier hat, das aus irgendeinem Grund zu alt geworden ist, kann man es gut zu Essig verarbeiten – der Essig wird mit der Zeit immer besser, was man nicht von jedem Bier sagen kann.

# ... gibt gute Tropfen

**109** ***Wie wird nun aus Hopfen und Malz Bier?***

In der Brauerei sind dazu mehrere komplexe Arbeitsgänge notwendig: Die erste Gruppe von Arbeitsschritten umfasst das Schroten und Maischen. Dann wird abgeläutert, es werden also die flüssigen Bierbestandteile, die sogenannte Würze, von den Rückständen des Malzes getrennt. Im dritten Schritt wird die Würze gekocht. Am Ende der Sudhausarbeit, wenn die Bierwürze mit Hopfen versetzt ist, müssen noch Eiweißtrübungen entfernt werden. Dazu wird die Würze gekühlt und mit Hefe versetzt. Schließlich lässt man das Jungbier vergären und reifen.

**110** ***Was sind die wichtigsten Geräte im Sudhaus?***

Zunächst unterscheidet man in Bottiche und Pfannen. Braupfannen sind beheizbare Gefäße, während Bottiche unbeheizt sind. Ursprünglich gab es in den meisten Brauereien überhaupt nur ein metallenes Gefäß, den Braukessel. Andere Gefäße waren einfach aus Holz.

Die Grundausstattung einer Brauerei besteht aus einer Schrotmühle, einem Maisch- und Läuterbottich (das kann auch ein kombiniertes Gefäß sein), einer Sudpfanne, einem Kühlschiff oder Whirlpool und einem Würzekühler.

**111** ***Womit beginnt die Sudhausarbeit?***

Im Sudhaus kommt der mengenmäßig wichtigste Rohstoff des Bieres zum Malz und zum Hopfen: das Brauwasser. Mit dem Erwärmen des Brauwassers beginnt der eigentliche Brauvorgang im Sudhaus.

**112** ***Stimmt es, dass die Qualität des Brauwassers entscheidend für die Qualität des Bieres ist?***

Ja, das gilt nach wie vor. Allerdings kann man heute die Zusammensetzung des Brauwassers technisch beeinflussen, was Braumeistern früherer Jahrhunderte nicht möglich war.

**113** ***Wie soll gutes Brauwasser beschaffen sein?***

Allgemein gilt, dass Brauwasser natürlich rein und keimfrei sein muss. Häufig hört man, dass Brauwasser sehr weich sein muss. Das stimmt für helle Biere Pilsner Art – das Brauwasser in Pilsen hat eine Gesamthärte von nur 1,6 Grad deutscher Härte (°dH), Münchner Wasser hat 20,3 °dH, das Dortmunder Wasser 39,3 °dH. Ein Grad deutscher Härte bedeutet, dass in einem Hektoliter Wasser ein Gramm an Kalzium- und Magnesium-Ionen gelöst ist.

Ein Hektoliter sind hundert Liter, in der Brauwirtschaft (und in diesem Buch) werden Flüssigkeitsmengen meist in Hektolitern angegeben und als hl abgekürzt.

**114** ***Heißt das, dass Biere aus verschiedenen Gegenden auch verschieden schmecken?***

Ursprünglich war das tatsächlich so. Da das Brauwasser in verschiedenen Städten unterschiedlich war, schmeckte das helle Dortmunder Versandbier deutlich anders als das Pilsner Bier, das etwa die gleiche Farbe hat. Es spielt aber auch eine Rolle, wie sich die Härte zusammensetzt: Karbonat- und Bikarbonat-Ionen erhöhen den pH-Wert und bringen das Wasser damit in den alkalischen Bereich – man spricht von Karbonat-Härte. Daneben gibt es aber auch pH-senkende Ionen, die die Sulfat-Härte darstellen.

In München etwa hat das Wasser mit 16 °dH die gleiche Karbonat-Härte wie das Dortmunder Wasser, die Sulfat-Härte ist in Dortmund aber etwa fünfmal so groß wie in München.

Das hat zur Ausbildung von verschiedenen lokalen Bierstilen (Dortmunder Export, Münchner Dunkles, Wiener, Pilsner, Burton Ale, Kulmbacher) ebenso beigetragen wie die für die einzelnen Bierstile typischen Malze.

**115** ***Hat man die Aufbereitung des Wassers inzwischen vereinheitlicht?***

Ja, weil sich weltweit ein heller, pilsartiger Bierstil durchgesetzt hat. Im letzten Viertel des vorigen Jahrhunderts haben sich die Erkenntnisse des irischen Chemikers Cornelius O'Sullivan verbreitet, der in Burton on Trent 1876 der Bedeutung der Sulfat-Härte auf die Schliche gekommen war. O'Sullivan hatte erkannt, dass das Wasser von Burton teilenthärtet war, weil es über einen Gipsstock läuft. Daraufhin haben viele Brauereien begonnen, mit Hilfe von Gips das Wasser zu enthärten.

Eine weitere Möglichkeit besteht darin, dem Wasser so lange Kalkmilch zuzusetzen, bis es gesättigt ist – dann nämlich fällt die gesamte Karbonat-Härte aus, es entsteht ein besonders weiches Wasser.

Solche aufbereiteten Wässer sind die Grundlage für die Herstellung der meisten modernen hellen Biere – so wird längst auch in Dortmund mit aufbereitetem Wasser Bier Pilsner Brauart hergestellt. Nur wenige Großbrauereien brauen noch mit völlig unaufbereitetem weichen Wasser – und zeigen das dann auch entsprechend stolz her, wie etwa die Stiegl-Brauerei in Salzburg.

**116** ***Wie wirkt sich hartes Wasser auf den Biergeschmack aus?***

Vor allem lässt hartes Wasser die Hopfenbittere kräftiger hervortreten, das Bier bekommt einen »härteren«, »kratzigeren« Geschmack, was vor allem von deutschen Brauern kritisch gesehen wird, weil es sich mit der »weicheren« Bittere des original Pilsner Bieres nicht gut verträgt.

**117** ***Haben weiche Wässer auch Nachteile?***

Natürlich: »Weiche Wässer – Hopfenfresser« lautet ein alter Brauerspruch: Richtet man das Wasser darauf ein, Biere im Pilsner Stil zu brauen, muss man auch damit rechnen, mehr vom feinen Hopfen verwenden zu müssen. Andererseits kommen in vielen Ales die robusten Hopfenbitterstoffe gar nicht richtig zur Geltung, wenn das Wasser zu weich ist.

**118** ***Wo kommt nun das Brauwasser zum Bier?***
Das beginnt beim Einmaischen. Dazu wird Brauwasser mit dem aus der Mälzerei angelieferten Malz vermischt – »maischen« und »mischen« gehen auf denselben Wortstamm zurück. Das Wasser, mit dem eingemaischt wird, nennt man den »Guss«.

**119** ***Wird da einfach Wasser auf das Braumalz geschüttet?***
Nein, so einfach ist das nicht. Zuerst muss das Braumalz geschrotet werden. Das ist schwieriger als es klingt, denn in der Schrotmühle muss dafür gesorgt werden, dass der Malzschrot die richtige Feinheit hat. Wird er zu fein vermahlen, entsteht ein schlecht zu verarbeitender Mehlpapp, bleibt der Schrot zu grob, dauert das Auflösen der Stärke im Wasser zu lange. Das Ganze soll womöglich unter Luftabschluss passieren, denn ein unangenehmer Alterungsgeschmack im Bier hat seine Ursache oft schon in der Oxidation des Malzschrotes in der Schrotmühle. Außerdem müssen beim Schroten die harten Schalen des Gerstenkorns, die Spelzen, erhalten werden.

**120** ***Welche Bedeutung haben die Spelzen im Brauprozess?***
Intakte Spelzen werden beim Trennen der flüssigen und festen Bestandteile der Maische im Läuterbottich benötigt.
Die Spelzen dürfen aber auch aus einem anderen Grund nicht zu fein vermahlen werden: Es soll nämlich kein Spelzengeschmack ins Bier kommen – es würde sonst einen unangenehm bitteren Getreideton annehmen.

**121** ***Bei welcher Temperatur wird der Malzschrot eingemaischt?***
Das kommt auf den Bierstil an – nach dem klassischen böhmischen Dreimaisch-Verfahren erfolgt das Einmaischen bei 36 Grad Celsius. Das ist Körpertemperatur und damit eine der drei Tem-

peraturen, die man auch in den altmodischen Brauereien ohne Thermometer problemfrei feststellen konnte (die anderen waren der Gefrierpunkt und der Siedepunkt des Wassers, die beide ebenfalls wichtige Maßgrößen in der Brauerei sind).

### 122 *Was passiert mit der frischen Maische?*

Während des Maischprozesses wechseln Phasen des Erhitzens und des Rastens ab – das Rasten gibt den Enzymen des Malzes Zeit, die Inhaltsstoffe des Malzes im Brauwasser aufzulösen.
Die erste Phase ist gleich eine des Rastens: Bei 36 Grad Celsius sinkt der pH-Wert der Maische ab, weil sich in dieser Phase Milchsäurebakterien in der Maische ausbreiten.

### 123 *Was bedeutet Dreimaisch-Verfahren – wird da dreimal gemaischt?*

Nein – das bedeutet, dass dreimal ein Teil der Maische erhitzt wird. Versuchen wir erst einmal, diesem klassischen Dekoktionsverfahren zu folgen. Es entspricht den klassischen Erfahrungswerten, die auch ohne Thermometer ermittelt werden konnten: Zuerst wurde von der 36 Grad warmen Maische ein Teil aus dem Maischbottich in eine Pfanne gepumpt und dort gekocht.
Diese Kochmaische wurde dann zur rastenden Maische zugebrüht – sie erreichte damit eine Temperatur von etwa 55 Grad.
Nun wurde eine zweite Teilmaische in die Pfanne umgepumpt und gekocht: Sie wurde der Maische im Bottich zugebrüht, die damit eine Gesamttemperatur von etwa 72 Grad erreicht hatte.
Zog man nun eine dritte Teilmaische, um sie zu kochen und wieder zuzubrühen, so konnte man eine Temperatur von etwa 76 Grad erreichen. Bei Temperaturen über 76 Grad Celsius hören die Aktivitäten der Malzenzyme auf, sie werden abgetötet.

### 124 *Welche Bedeutung haben die verschiedenen Temperaturen der Maische?*

Bei den Temperaturen der Maische geht es vor allem um die Enzymaktivitäten des Malzes. Erinnern wir uns kurz: In der Mälzerei werden die Enzyme des Getreidekorns aktiviert, die die Inhaltsstoffe des Samenkorns auflösen sollen, um dessen optimales Wachstum zu gewährleisten. Während des Maischprozesses werden genau diese Enzyme in den Dienst der Auflösung des Malzes für die Würzebereitung gestellt: Zunächst bewirken sie, wie schon angedeutet, ein Ansäuern der Maische (technisch gesehen: einen Abfall des pH-Wertes).

Auf der zweiten Temperaturstufe (bei etwa 50 bis 55 Grad Celsius) werden eiweißabbauende Enzyme aktiv: Sie zerlegen die Eiweiß-Moleküle des Malzes in kleinere Bestandteile, die später im fertigen Bier für den Bierschaum verantwortlich sein werden.

Die dritte Temperaturstufe (etwa 72 Grad) bedeutet die Umwandlung der Getreidestärke in vergärbaren Malzzucker. Dafür ist das Wichtigste der im Malz gebildeten Enzyme verantwortlich, die Diastase.

Die vierte Temperaturstufe, die sogenannte Abmaischtemperatur, liegt bei fast 80 Grad Celsius: Die eiweißabbauenden Enzyme sind jetzt fast völlig inaktiviert – und die Diastase, das stärkeabbauende Enzym, bildet nun kaum mehr vergärbare Zucker, wohl aber schwer vergärbare Dextrine. Diese geben dem fertigen Bier Vollmundigkeit und Körper.

Die Maische ist nun ein heißer Getreidebrei, der für den weiteren Brauprozess weiterverarbeitet werden muss.

### 125 *Gibt es noch andere Verfahren, die Maische zu behandeln?*

Ja, das in diesem Zusammenhang wichtigste Verfahren ist das sogenannte Infusionsverfahren. Während beim vorher beschriebenen Dekoktionsverfahren jeweils Teilmaischen in der Pfanne erhitzt werden, während der Rest der Maische in einem unbeheizten Bottich rastet, basiert das Infusionsprinzip auf einer Erwärmung der gesamten Maische in einer Maischepfanne.

In der Praxis wird die Maische für eine gewisse Zeit erhitzt, dann erfolgt eine Rast, um die Enzymaktivität zuzulassen. Anschließend wird weiter erhitzt – die Temperaturen und Rastzeiten sind dabei etwa gleich.

**126** ***Sind nach dem Dekoktionsverfahren hergestellte Biere besser als Biere nach dem Infusionsverfahren?***

Das kann man so nicht sagen. Wenn das Dekoktionsverfahren angewendet wird, werden die Biere etwas vollmundiger – für die Brauerei profitabler sind in der Regel Infusionsverfahren, weil dabei die Inhaltsstoffe des Malzes etwas besser ausgenutzt werden.
Es hängt von lokalen Gebräuchen ab, welche Verfahren von den jeweiligen Brauern bevorzugt werden: In Mitteleuropa sind Dekoktionsverfahren üblich (und werden selbst in Gasthaus-Brauereien angewendet), in anderen Ländern wird vorwiegend das Infusionsverfahren angewendet.

**127** ***Gibt es spezielle Maischverfahren für spezielle Biere?***

Die Maischverfahren variieren erheblich. Zunächst muss man wissen, dass englische und amerikanische Ales üblicherweise nach dem Infusionsverfahren gebraut werden.
Außerdem macht es auch bei Dekoktionsverfahren einen Unterschied, ob nach dem klassischen böhmischen Dreimaisch-Verfahren bei 36 Grad Celsius eingemaischt wird oder ob (wie es heute üblich ist) die Einmaisch-Temperatur bei 54 Grad liegt – in diesem Fall wird der Säurewert künstlich abgesenkt, indem der Brauer der Maische Milchsäure zusetzt. (Diese Milchsäure vermehrt sich im fertigen Bier nicht mehr, weil die säurebildenden Bakterien während des weiteren Brauprozesses abgetötet werden.)
Durch Variationen des Maischverfahrens kann man auch beeinflussen, wie weit die Malzenzyme das Eiweiß abbauen oder welche Zucker sie bilden. So kann es in einer Gasthaus-Brauerei erwünscht sein, dass im Bier mehr Eiweiß enthalten ist, weil dies einen intensiveren Geschmack ergibt – ohne dass die Gefahr besteht, dass sich diese Eiweiße zersetzen, weil das Bier ohnehin nicht lange halten muss. Unterschiedliche Temperaturen bei der Verzuckerungsrast können auch steuern, ob mehr oder weniger vergärbare Zucker gebildet werden – was sich auf die Vollmundigkeit des fertigen Bieres auswirkt.

**128** ***Wir haben gehört, dass im Bier außer Gerste auch andere Getreide verwendet werden können. Werden die genauso eingemaischt?***
Das kommt auf das Getreide an. Bei Weizen-, Roggen- und Dinkelbieren geht man generell genauso vor wie bei Gerstenbieren: Es wird das betreffende Getreide vermälzt und das Malz (meistens gemeinsam mit Gerstenmalz) geschrotet und eingemaischt. Anders ist es, wenn man mit unvermälztem Getreide, sogenannter Rohfrucht, arbeitet – wenn man also etwa Reis oder Mais mitverarbeitet.

**129** ***Was ist der Unterschied zwischen Rohfrucht und Malz?***
Rohfrucht ist unvermälztes Getreide, sie enthält also sehr wenig Enzyme.

**130** ***Wie kann die Stärke aus unvermälztem Getreide verzuckert werden?***
Dazu reichen üblicherweise die Enzyme des Gerstenmalzes aus – schonend produzierte Gerstenmalze haben mehr Enzyme als für die Verzuckerung der Stärke notwendig wären. Wenn man also zusätzliche Stärke verzuckern will, muss man diese Stärke nur zur Maische dazugeben. Das ist in vielen Ländern erlaubt, man ersetzt zwischen zehn und dreißig Prozent der Malzschüttung durch Rohfrucht. In der Praxis wird in einem eigenen Kochgefäß, dem sogenannten Cooker, ein Brei aus zerkleinertem Reis oder entkeimtem Mais (der Maiskeim enthält zu viel Fett, das später bei der Gärung stören würde) hergestellt und bei der Verzuckerungsrast der Maische zugesetzt.
Es ist auch möglich, die Stärke der Rohfrucht mit technisch gewonnenen Enzymen zu verzuckern – dies ist aber nicht sehr verbreitet und in vielen Ländern auch nicht zulässig.

**131** ***Wie kann man feststellen, dass die Verzuckerung der Stärke gelungen ist?***
Dazu macht der Brauer die Jodprobe: Wenn man einen Tropfen Jod und einen Tropfen Maische zusammenbringt, darf sich das

Jod nicht verfärben – verfärbt es sich, ist noch Stärke in der Maische enthalten, die Verzuckerung also noch nicht abgeschlossen.

### 132 *Wie wird nun aus der Maische Bier?*

Im nächsten Produktionsschritt wird der flüssige Malzextrakt, die Würze, von den festen Bestandteilen des Malzes, den Trebern, getrennt. Diesen Vorgang nennt man Abläutern, das dazu verwendete Gerät den Läuterbottich. (In einigen Brauereien verwendet man dazu auch einen Maischefilter.)

### 133 *Wie funktioniert der Läuterbottich?*

Der Läuterbottich ist ein unbeheiztes Gefäß mit doppeltem Boden: Er besitzt einen siebartigen Schlitzboden, auf dem sich die Malztreber absetzen. Hier kommt die Qualität der Schrotmühle zum Tragen: Denn die Biertreber sollten gut mit den Spelzen durchsetzt sein, um auf dem Schlitzboden eine natürliche Filterschicht zu bilden.

Unterhalb des Schlitzbodens befinden sich Ablaufrohre, durch die die Bierwürze aus dem Läuterbottich in die Würzepfanne ablaufen kann. Früher ist das über den sogenannten Läutergrant passiert – also über Hähne, aus denen die heiße Bierwürze gelaufen ist und an denen man die Würzequalität unmittelbar beobachten konnte. In modernen, sehr hellen Pilsbieren würde diese Technologie aber eine zu satte Farbe und eine zu schnelle Alterung bewirken. Daher hat man in modernen Sudhäusern geschlossene Systeme des Abläuterns installiert.

### 134 *Wie schmeckt das, was aus dem Läuterbottich gewonnen wird?*

Diese sogenannte Vorderwürze ist eine etwa 80 Grad Celsius heiße, etwas trübe und getreidig-süß schmeckende Flüssigkeit. Man kann diese Würze trinken – die darin enthaltenen Extrakte gelten als bewährtes Hausmittel gegen Erkältungen. Und da die Würze ja noch nicht vergoren ist, kann sie bedenkenlos auch einem erkälteten Kind verabreicht werden.

**135** ***Kann die beim Abläutern gewonnene Würze schon zu Bier vergoren werden?***

Theoretisch ja – und es gibt einen Bierstil, bei dem man das tatsächlich so macht, nämlich beim finnischen Sahti. Vergärt man die Vorderwürze, fehlt aber noch etliches, was für ein Bier notwendig ist: Vergorene Vorderwürze enthält noch keine Bitterstoffe, dafür sind zu viele Eiweißverbindungen darin und auch noch Malzenzyme, die ein solches Bier rasch verderben ließen.

Um alle diese Effekte auszuschalten, wird die Bierwürze gekocht und dabei mit Bitterstoffen versetzt, wobei die Bitterstoffe in modernen Bieren vom Hopfen kommen.

**136** ***Was passiert mit den Biertrebern, die im Läuterbottich verblieben sind?***

Diese Biertreber enthalten noch Reste des Malzextraktes. Man muss die Treber daher noch einmal lockern und mit heißem Brauwasser, dem »Nachguss«, auslaugen. Der Brauer nennt das »anschwänzen«. Die ausgelaugten Biertreber werden zur Viehmast verwertet, können aber auch verheizt werden.

**137** ***Was passiert mit dem Wasser, mit dem man die Treber angeschwänzt hat?***

Dieses Wasser ist ebenfalls eine Zuckerlösung, allerdings eine viel weniger konzentrierte als die Vorderwürze. Üblicherweise wird diese Würze zur Vorderwürze in der Würzepfanne gemischt. Das ergibt die sogenannte »Pfannenvollwürze«, die dann gekocht wird. Es gibt aber ältere Verfahren, bei denen die Vorderwürze und die aus dem Nachguss gewonnene Würze getrennt gekocht werden – damit kann man ein sehr starkes und ein relativ leichtes Bier aus einem einzigen Maischvorgang gewinnen. Bei Fuller's in London wird dieser Trick genutzt, um unterschiedlich starke und unterschiedlich kräftig gehopfte Biere zu bekommen, die dann nachher in verschiedenen Mischungsverhältnissen miteinander verschnitten werden, um sogar noch mehr unterschiedliche Biere als verkaufsfertiges Endprodukt zu bekommen.

**138** ***Wozu wird die Würze gekocht?***

Die wichtigsten Vorgänge beim Kochen der Würze sind

- das Eindampfen auf die gewünschte Würzekonzentration (die sogenannte Stammwürze),
- das Sterilisieren und damit Abtöten aller im Wasser, Hopfen und Malz enthaltenen Keime und Enzyme,
- das Auslaugen des Hopfens, der in dieser Phase zugegeben wird,
- die Bruchbildung, also das Ausfällen von Eiweißverbindungen
- und schließlich eine Geschmacksverbesserung, die ähnlich jener ist, die beim längeren Kochen von Suppe eintritt.

**139** ***Wann kommt der Hopfen zur Würze?***

Die Hopfengaben erfolgen je nach Braurezept zu sehr unterschiedlichen Zeitpunkten. Es gibt Brauereien, die einen beträchtlichen Teil der Hopfengabe bereits zur Vorderwürze oder zur Pfannevollwürze geben. Dadurch ergibt sich eine milde, von vielen Konsumenten als angenehm empfundene Bittere und nur ein schwaches Aroma – ein Großteil der Hopfenaromen ist sehr leicht flüchtig und verschwindet bei diesem Verfahren aus dem Bier.

Wird ein feines Hopfenaroma angestrebt, wird eine zweite (oder dritte) Hopfengabe erst kurz vor Kochende gegeben. Dabei wird die Bittere des Hopfens zwar nicht so gut ausgenutzt, dafür bleiben die feinen Aromakomponenten viel besser erhalten.

**140** ***Wie lange dauert dieser ganze Sudvorgang?***

Die Bereitung eines Sudes vom Einmaischen bis zum Ausschlagen beim Kochende dauert – je nach dem Stand der Technik bei den verwendeten Geräten – etwa acht Stunden, wobei gut zwei Stunden auf das Einmaischen, jeweils ein bis zwei Stunden auf das Abläutern und die Nachgüsse und gut eineinhalb Stunden auf das Kochen entfallen. Schließlich müssen in einer letzten Phase das beim Würzekochen gefällte (also in Flocken vorliegende) Eiweiß und womöglich auch noch feste Hopfenbestandteile aus der Bierwürze abgeschieden werden.

**141** ***Wie werden die Feststoffe aus der Würze entfernt?***

In jenen Brauereien, die noch mit Naturhopfen (also mit ganzen Hopfendolden) arbeiten, läuft die Würze über einen Hopfenseiher – wenn nur Hopfenpellets oder Hopfenharz-Extrakte verwendet werden, kann das entfallen.

Den flockigen Eiweißtrub hat man früher auf einem Kühlschiff abgeschieden, heute verwendet man dafür ein Whirlpool. Das ist ein großer zylindrischer Tank, in den die heiße Bierwürze durch eine Düse tangential eingespritzt wird – dadurch entsteht im Whirlpool eine schnelle kreisende Bewegung, die festen Bestandteile der Würze setzen sich in der Mitte des Gefäßes als Trubkegel ab. Die hier wirkenden Zentripetalkräfte können am besten nachvollzogen werden, wenn man in einer Teetasse umrührt: Ungelöster Zucker und allfällige Teeblätter sammeln sich ebenfalls in der Mitte der Tasse.

**142** ***Kann man die von den Trubstoffen befreite Würze nun vergären?***

Ja, jetzt ist die Würze fertig zum Vergären – allerdings muss man sie zuerst auf die Anstelltemperatur kühlen, denn noch ist die Würze ja kochend heiß. Würde man die heiße Würze auf die Hefe drauf lassen, würde die Hefe absterben.

**143** ***Wie wird die Würze gekühlt?***

Früher ist das im Zusammenspiel des Kühlschiffes – einem sehr flachen Schaff, in dem die Würze von knapp kochender Temperatur auf etwa 70 Grad Celsius abgekühlt ist und dabei den Heißtrub zurückgelassen hat – und einem Berieselungskühler passiert. Der Berieselungskühler ist ein eindrucksvolles System von Kupferrohren, in denen Eiswasser fließt, während an der Außenseite die heiße Würze herunter läuft.

Heute sind diese Geräte durch geschlossene Kühlsysteme ersetzt

worden – diese sind effizienter und verhindern, dass die heiße Würze mit Luft und Bakterien in Kontakt kommt.
Die Würze muss aber nicht nur für die Gärung gekühlt werden. Proben der Würze werden auch gekühlt, um mit dem Saccharometer die Stammwürze zu bestimmen.

**144** ***Wozu dient das Saccharometer?***

Mit dem Saccharometer wird das spezifische Gewicht der Bierwürze ermittelt. Die Würze muss dazu auf genau 20 Grad Celsius gekühlt werden. Das Saccharometer besteht aus einer gläsernen Spindel, in die ein Thermometer und eine Skala für den Stammwürze-Gehalt eingebaut sind. Der untere Teil des Saccharometers besteht aus einem Schwimmkörper, in dem sich auch das Quecksilber des Thermometers befindet.
Zum Spindeln senkt man das Saccharometer in die Bierwürze, deren Grädigkeit man bestimmen will. Je nachdem wie dicht die Würze ist, sinkt das Saccharometer mehr oder weniger tief ein, und man kann an der Spindel ablesen, wie stark die Würze ist.
Zur Vollständigkeit für technische Feinspitze: Mit dem Saccharometer bestimmt man auch den scheinbaren und den wirklichen Extrakt des Bieres. Der scheinbare Extrakt ist eine Messgröße, die angibt, wie viel Extrakt im Bier vorhanden zu sein scheint. Diese »scheinbare« Größe ist aber immer zu klein, weil Alkohol und Kohlensäure mit ihrem geringen spezifischen Gewicht dieses bei der Saccharometer-Probe »dünner« erscheinen lassen, als der Extraktgehalt tatsächlich ist. Um den wirklichen Extraktgehalt bestimmen zu können, muss man der Probe im Labor Alkohol und Kohlensäure entziehen und sie mit destilliertem Wasser auf das ursprüngliche Gewicht auffüllen. Bestimmt man nun das spezifische Gewicht, erhält man den wirklichen Extraktgehalt.

**145** ***Welche Bedeutung hat das spezifische Gewicht der Bierwürze?***

Das spezifische Gewicht der Bierwürze sagt aus, ob in der Würze mehr oder weniger Malzzucker gelöst ist. Man kann das in Stammwürze-Graden angeben, wie bei uns im deutschen Sprachraum üblich, oder auch als Maßzahl des spezifischen Gewichts. So hat eine Stammwürze von 12 Grad ein spezifisches Gewicht von 1,0488. Reines Wasser hat eine Stammwürze von null Grad und ein spezifisches Gewicht von 1,0000.

**146** ***Im englischen Sprachraum wird immer nur die »Original Gravity« angegeben – wie kann man daraus auf die Stammwürze schließen?***

Um einen leichteren Vergleich zu ermöglichen, kann man sich an die folgende, vereinfachte Tabelle halten, die der Prager Chemiker Carl Joseph Napoleon Balling (1805–1868) erstellt hat:

| *Original Gravity* | *Stammwürze* | *Original Gravity* | *Stammwürze* |
|---|---|---|---|
| 1,0000 | 0 | 1,0488 | 12 |
| 1,0040 | 1 | 1,0530 | 13 |
| 1,0200 | 5 | 1,0572 | 14 |
| 1,0281 | 7 | 1,0657 | 16 |
| 1,0322 | 8 | 1,0744 | 18 |
| 1,0363 | 9 | 1,0832 | 20 |
| 1,0404 | 10 | 1,0967 | 23 |
| 1,0446 | 11 | 1,1200 | 28 |

*Anmerkung:* Original Gravity und spezifisches Gewicht sind dasselbe.

**147** ***Sind Medium- und Leichtbiere einfach dünnere Biere?***

Ja, das sind sie. Sie unterscheiden sich von stärkeren Bieren prinzipiell dadurch, dass weniger Malz pro Hektoliter verwendet wird. Allerdings reicht es nicht einfach aus, fertiges Bier beliebig zu verdünnen, um daraus Leichtbier zu machen – wie das in den achtziger Jahren bei der ersten Leichtbier-Welle tatsächlich versucht worden ist. Da gilt der alte Spruch »Wasserreich und hopfenarm ist ein Bier, das Gott erbarm'«.

Für ein gutes Leicht- oder Mediumbier braut man am besten einen eigenen Sud, in dem schon während des Maischverfahrens mehr Dextrine (also unvergärbare Zucker) gebildet werden. Das lässt das fertige Bier vollmundiger wirken. Außerdem sind die Brauer gut beraten, ein Leichtbier auch kräftiger und aromati-

scher zu hopfen als gewöhnliche Biere – denn auch Bittere und Hopfenaromen tragen zur Vollmundigkeit bei.
Schließlich zeigt sich, dass obergärige Leichtbiere viel eher einen vollen Biergenuss mit wenig Alkohol versprechen als untergärige – denn die obergärigen Hefen bringen üblicherweise mehr Aromen ins Bier ein. Und damit mehr Bier-Charakter. So gibt es leichte Weizenbiere, denen man gar nicht anmerkt, wie leicht sie sind – bis hin zum (fast) alkoholfreien Hefeweizen aus Weihenstephan.

### 148 *Wenn wir schon dabei sind: Ist alkoholfreies Bier »richtiges Bier«?*

Ja, das ist nun auch rechtlich abgesichert – selbst im regelungswütigen Österreich ist die Bezeichnung »alkoholfreies Hopfen- und Malzgetränk«, die früher auf Clausthaler- und Schlossgold-Etiketten stehen musste, durch »alkoholfreies Bier« ersetzt worden. Allerdings haben alkoholfreie Biere eben nur fast keinen Alkohol. Der zulässige Grenzwert liegt im deutschsprachigen Raum bei 0,5 Volumsprozent, ebenso in den USA, wo Marktführer O'Doul's von Anheuser-Busch 0,4 Volumsprozent hat. Nur in Frankreich wird ein Volumsprozent Alkohol noch als »alkoholfrei« toleriert.

### 149 *Und wie wird alkoholfreies Bier hergestellt?*

Das kommt vor allem auf den Bierstil an, der im jeweiligen alkoholfreien Bier nachempfunden werden soll – und auf die Technologie, die der Braumeister dafür als am besten geeignet ansieht. Zwei Verfahren sind dafür generell geeignet:
Bei dem einen wird Bier des jeweiligen Stils fertig gebraut und anschließend entalkoholisiert. So kann man etwa einem stark gehopften Pilsbier durch Umkehrosmose nachträglich den Alkohol entziehen – es entsteht ein noch schlanker und pilsiger schmeckendes Pils, wie etwa das Jever Fun. Auch das schon erwähnte alkoholfreie Hefeweizen aus Weihenstephan beruht auf dem Prinzip des nachträglichen Alkoholentzuges.

Das andere gebräuchliche Verfahren setzt damit an, es bei der Gärung gar nicht erst so weit kommen zu lassen, dass Alkohol in nennenswerten Mengen entsteht. Dazu wird schon beim Maischverfahren auf die Bildung von viel Dextrinen und wenig Maltose geachtet. Beim deutschen Marktführer Clausthaler geschieht das, indem im Maischprozess die Verzuckerungsrast übersprungen wird. Bei Temperaturen um die 75 Grad Celsius bildet die Diastase keinen vergärbaren Zucker, wohl aber unvergärbare Dextrine. Das bedeutet, dass man die fertige Bierwürze zwar mit Hefe zusammenbringen kann, dass dabei aber kein Alkohol entsteht.

### 150 *Warum haben viele alkoholfreie Biere einen so getreidigen Geschmack?*

Im alkoholfreien Bier fehlen die alkoholischen Begleitstoffe – also jene Alkohole, die dem Bier den typischen Bier-Flavour geben. Stattdessen treten in vielen alkoholfreien Bieren Dextrine und andere Geschmacksstoffe des Malzes (etwa der leicht bittere Spelzengeschmack) deutlicher hervor. Dem kann man abhelfen, indem man das alkoholfreie Bier mit mehr Hopfen versetzt und versucht, vor allem Hopfenaromen in das Bier zu bringen. Clausthaler Extra Herb ist ein besonders gut gelungenes Beispiel für diese Geschmacksverbesserung.

Manches alkoholfreie Bier enthält unter anderem auch die Restsubstanz Methional, die bei der Herstellung von normalem Bier vergoren wird. Der entscheidende Unterschied entsteht durch die Temperatur bei der Gärung. Viele Brauereien lassen die Maische – die Mischung aus Malz, Hopfen, Zucker und Wasser – für alkoholfreies Bier viel kühler gären als für normales Bier. Dabei entsteht eine andere Mischung von Estern, Zuckern und Alkoholen, hat Philippe Perpete von der belgischen Universität Louvain (Leuven), der Stadt, in der Inbev daheim ist, herausgefunden. Sein Team trennte die Stoffe in einem Gas-Chromatographen und lud vier Versuchspersonen zum Schnüffeltest. Dabei sei vor allem das Methional unangenehm aufgefallen. Bei der Gärung für alkoholhaltiges Bier werde Methional dagegen größtenteils zerstört. Der Geruch von Methional erinnert an gekochte Kartoffeln. Es ist auch für den veränderten Geschmack von Milch, die zu lange in der Sonne steht, verantwortlich. Die Substanz steckt unter anderem in Kartoffelchips, Rindfleischbrühe und Weißbrotkruste.

**151** ***Ist ein Diätbier das Gleiche wie ein alkoholfreies Bier?***

Ganz und gar nicht. Diätbiere haben im Verhältnis zur Stammwürze einen eher hohen Alkoholgehalt. Während ein Pils mit 11,5 Grad Stammwürze einen Alkoholgehalt von etwa 4,8 Volumsprozent erreichen kann, reichen bei einem Diätbier schon 9,3 Grad Stammwürze für diese Menge Alkohol. Es wird also besonders viel vom Malzextrakt in Alkohol umgesetzt. Damit haben Diätbiere einen deutlich niedrigeren Gehalt an »belastenden Kohlenhydraten« als andere Biere, sie sind für Diabetiker geeignet. (»Belastende Kohlenhydrate« für Diabetiker sind D-Glukose, Invertzucker, Disaccharide, Stärke und Stärke-Abbauprodukte – Diätbiere dürfen in einem Liter nur 7,5 Gramm dieser Stoffe aufweisen, in gewöhnlichen Bieren ist bis zur dreifachen Menge davon enthalten.)

**152** ***Wie unterscheidet sich ein Diätbier von anderen Bieren?***

Üblicherweise ist es viel heller und im Geschmack viel »trockener« als ein gewöhnliches Bier. Leider hält auch der Schaum nicht so gut wie bei einem Pils – und es ist etwas weniger aromatisch. Damit ist das Diätbier dem neuen Dry-Bier-Stil ähnlich.

**153** ***Sind Diätbiere ober- oder untergärig?***

Derzeit gibt es nur untergärige Diät- und Dry-Biere.

**154** ***Worin unterscheidet sich die Obergärung prinzipiell von der Untergärung?***

Wir haben schon gehört, dass obergärige Hefen schneller vergären als untergärige. Das hängt damit zusammen, dass Obergärung bei höheren Temperaturen abläuft – das ergibt in der Regel auch etwas aromatischere Biere. In der Brauereipraxis brauchen obergärige Biere mehr Platz im Gärgefäß, weil die Schaumdecke, die sich über dem gärenden Bier bildet, deutlich höher steigt als das bei untergärigen Bieren der Fall wäre.

**155** ***Kann man obergärige und untergärige Biere in derselben Brauerei herstellen?***

Selbstverständlich. Entgegen den Aussagen einiger besonders vorsichtiger Braumeister kann man das sogar in demselben Gärkeller – vorausgesetzt, man arbeitet so sauber, dass kein Jungbier aus dem einen Gärgefäß in ein anderes gelangen kann.

**156** ***Was wäre so schlimm daran, wenn sich obergäriges und untergäriges Bier bei der Gärung vermischten?***

In den modernen Brauereien arbeitet man mit Reinzuchthefen – man achtet also darauf, dass für die Vergärung jedes Bieres nur eine einzige Hefekultur verwendet wird.

Wenn fremde Hefen in ein Bier gelangen, verfälschen sie das Aroma. Diesem Effekt wirkt allerdings nicht nur die Hygiene in der Brauerei entgegen, sondern auch die Tatsache, dass ober- und untergärige Hefen andere Temperaturen als optimale Lebensbedingungen empfinden – daher vermischen sich die Kulturen nicht sehr stark. Dennoch würde ein verantwortungsbewusster Braumeister eine Hefe, die mit Fremdhefen durchsetzt ist, durch eine neu herangezüchtete ersetzen.

**157** ***Wie wird die Gärung in der Brauerei eingeleitet?***

Wenn die Würze aus dem Sudhaus ausgeschlagen und gekühlt wurde, kommt als nächster Schritt eine kräftige Belüftung: Dies ist die einzige Phase im Brauprozess, in der wirklich reichlich Sauerstoff zum Produkt kommen muss.

Die belüftete Bierwürze wird nun mit dickbreiiger Hefe versetzt – »angestellt«, wie der Brauer sagt. Auf einen Hektoliter Bierwürze kommt ein halber bis ein Liter dickbreiige Anstellhefe.

**158** ***Wie viele Hefezellen sind im Jungbier im Anstellbottich?***

Pro Milliliter enthält die Anstellwürze etwa 15 Millionen Hefezellen – in einem Hektoliter Würze sind das 1.500.000.000.000 Zellen.

Der Brauereiwissenschafter Wolfgang Kunze hat einmal ausgerechnet, dass die Oberfläche all dieser mikroskopisch kleinen Zellen 22 500 Quadratmeter betragen würde – in der Anstellwürze zeigt sich das jedoch bloß als eine kräftige Trübung.

**159** ***Was passiert während der Gärung?***

In der allerersten Phase vermehrt sich die Hefe sehr rasch – durch Zellteilung sprießen immer neue Zellen, die alle die gleichen Eigenschaften haben, weil sie von derselben Mutterzelle abstammen. Im Durchschnitt vervierfacht sich die Zahl der Hefezellen während dieser ersten Stunden im Gärkeller. Sobald der Sauerstoff aufgebraucht ist, beginnt die anaerobe (luftfreie) Phase, in der die eigentliche Umsetzung des Malzzuckers stattfindet. Louis Pasteur hat diese Phase treffend beschrieben: »Gärung ist Leben ohne Luft.«

**160** ***Ernährt sich die Hefe also von der Bierwürze?***

Ja, aber nicht nur vom Zucker, den sie zu Alkohol und Kohlendioxid umsetzt, sondern auch von den Eiweißbestandteilen des Malzes und von Mineralstoffen, die sie zum Aufbau eigener Zellsubstanz benötigt.

**161** ***Warum braucht die Hefe eine bestimmte Gärungstemperatur?***

Für jede Heferasse gibt es bestimmte Temperaturen, bei denen sie ideale Geschmackskomponenten bildet – neben dem Trinkalkohol Äthanol enthält ein typisches Pils über 300 verschiedene Einzelsubstanzen. Dabei handelt es sich unter anderem um Glyzerin (1448 mg/l), höhere Alkohole, Ester, Säuren, Aldehyde, Ketone und Schwefelverbindungen.

Alle diese Substanzen sind in geringen Mengen erwünscht – die »richtigen« Mengen können je nach Biertyp variieren. Werden

sie aber überschritten, ergibt das unangenehme Fehlgeschmäcker – manche Gärungs-Nebenprodukte sind auch arge Kopfwehmacher.
Je höher aber die Gärtemperatur ansteigt, desto mehr Gärungs-Nebenprodukte kommen vor.

### 162 *Wie stark muss man die Anstellwürze kühlen?*

Die Würze wird mit Temperaturen zwischen sechs und acht Grad Celsius mit untergäriger Hefe angestellt. Für obergärige Biere wird die Würze etwa mit Zimmertemperatur angestellt.
Bei der Vergärung von einem Kilo Zucker entstehen 745 Kilojoule (kJ) Wärme, die durch mit Eiswasser gefüllte Kühlschlangen im Gärbottich oder durch die Mantelkühlung eines Gärtanks abgeführt werden muss.

### 163 *Worin unterscheidet sich ein Gärbottich von einem Gärtank?*

Gärbottiche sind die klassischen Gärgefäße, hier kann man beobachten, wie sich auf dem gärenden Jungbier eine Schaumdecke bildet, die sogenannten Hochkräusen.
Dasselbe passiert natürlich auch in den modernen ZKGs – eine Abkürzung, die für zylindro-konische Gärtanks steht. Das sind Tanks, die mehr als 1000 Hektoliter fassen können und ihren Namen von ihrer Zylinderform haben, die unten in einen Spitz (Konus) ausläuft. In diesem Konus setzt sich die untergärige Hefe am Ende der Hauptgärung ab.

### 164 *Ist es für das Bier besser, wenn es in einem klassischen Gärbottich vergoren wird?*

Brauer schwören gerne auf ihre »klassischen« Verfahren – und das ist nun einmal in Mitteleuropa die Bottichgärung. Sie hat den unbestreitbaren Vorteil, dass der Braumeister unmittelbar sehen kann, wie sich die Gärung entwickelt. Außerdem kann man auf einfache Weise gegen Ende der Hauptgärung die Kräusendecke entfernen – sie enthält unerwünschte Geschmacksstoffe, wie etwa die Hopfenharze.

Der Nachteil der Gärbottiche ist, dass sie schwer zu reinigen sind und dass auch die Temperaturkontrolle viel schwieriger ist. Ein moderner ZKG hält das gärende Jungbier auf einer exakt definierten Temperatur, man kann das Bier am Ende der Hauptgärung auch problemlos herunterkühlen und den ZKG anschließend gleich als Lager- oder Reifungstank verwenden.

**165** ***Wie lange dauert die Gärung?***

Das kommt, wie gesagt, auf die Hefe und auf die Temperatur an. Untergärige Biere brauchen für die Hauptgärung etwa eine Woche bei einer Temperatur von etwa sieben Grad Celsius, wobei die Gärtemperatur in den letzten Tagen etwas ansteigen kann. Bei obergärigen Bieren dauert die Hauptgärung etwa drei Tage.

**166** ***Ist das Bier nach der Hauptgärung schon trinkbar?***

Nein, das Jungbier schmeckt nach der Hauptgärung noch »grün« (hefig) und unreif. Es enthält nicht nur unedle Geschmacksstoffe, sondern auch noch sehr viel Hefe – auch wenn sich der Großteil der Hefe bereits oben (bei obergärigen Bieren) oder unten im Gärgefäß gesammelt hat. Das Bier muss jedenfalls erst bei kälterer Temperatur nachgären und reifen.

**167** ***Entsteht bei der Gärung eigentlich mehr Alkohol oder mehr Kohlendioxid?***

Die Mengen sind annähernd gleich – aus 180 Gramm Zucker entstehen 92 g Äthanol und 88 g $CO_2$.

**168** ***Was passiert mit dem Kohlendioxid?***

Das bei der Gärung entstehende Kohlendioxid ist früher zum Großteil in die Atmosphäre entwichen – in den alten Gärkellern ist es von den Bottichen zu Boden gesunken und hat eine ziemliche Gefahr für die Leute dargestellt, die den Gärkeller betreten haben. In modernen Gärkellern wird das $CO_2$ gesammelt – man kann es bei der Abfüllung gut gebrauchen. Da in vielen Brauereien auch Limonaden hergestellt werden, wird die Kohlensäure auch dafür verwendet.

### 169 *Ist Kohlensäure dasselbe wie Kohlendioxid?*

Chemisch genau genommen ist Kohlendioxid ein flüchtiges Gas und Kohlensäure seine wässrige Lösung. Meistens spricht man aber immer dann von Kohlensäure, wenn man eigentlich das Gas meint, das so schön prickelt.

### 170 *Wie kommt nun das Prickeln ins Bier?*

Das passiert während der Nachgärung. Dazu wird der Tank mit einem Überdruckventil, dem sogenannten Spundapparat, verschlossen. Dadurch wird $CO_2$ im Bier angereichert – je nachdem, wie hoch der Spundungsdruck eingestellt wird, mehr oder weniger. Beim ungespundeten Bier, einer Spezialität aus Franken, wird der Lagertank gar nicht gespundet (es reichern sich dennoch kleine Mengen Kohlensäure an, die ein leichtes Mousseux ergeben). Bei Weißbieren und Dry-Bieren wird dagegen ein hoher Spundungsdruck eingestellt, so dass besonders viel $CO_2$ im Bier gelöst wird.

### 171 *Was passiert während der Nachgärung?*

Da während der Hauptgärung meist nur ein Teil der Zucker aus der Bierwürze vergoren wird, haben die im nachgärenden Bier noch vorhandenen Hefezellen genügend Nahrung, um mehr Alkohol und $CO_2$ zu bilden. Außerdem werden während der Nachgärung noch unangenehme Geschmackskomponenten im Bier zurückgebildet. Die Hefe verfügt über dreißig verschiedene Enzyme, die teilweise auch dafür verantwortlich sind, dass unangenehm schmeckende Gärungs-Nebenprodukte (wie etwa Diacetyl) in späteren Phasen der Gärung wieder abgebaut werden.

### 172 *Wie lange dauert die Nachgärung?*

Beim klassischen untergärigen Lagerbier geht man von einer Lagerzeit von 20 bis 60 Tagen bei Temperaturen knapp über null

Grad Celsius aus – bei untergärigem Bock noch deutlich länger. Obergärige Biere brauchen meistens eine geringere Zeit zum Reifen, vielfach werden sie schon nach wenigen Tagen ausgeliefert. Englisches Real Ale kommt schon weniger als eine Woche nach dem Brauvorgang in die Ausschankfässer und reift dann im Keller der jeweiligen Pubs bei einer Temperatur von etwa 12 Grad nach. Andererseits gibt es obergärige Biere, die man sehr kalt und entsprechend lange nachgären lässt – das trifft sowohl für Kölsch als auch für Altbier zu.

**173** ***Man hört manchmal, dass es untergärige Biere gibt, die schon nach wenigen Tagen trinkreif sind – kann das stimmen?***

Es gibt Schnellverfahren, mit denen Brauereien Platz und Kosten sparen können. Vielgepriesen ist etwa eine Technologie, bei der man das Jungbier nach einwöchiger Hauptgärung filtriert und pasteurisiert, um es anschließend in einem Reaktor mit immobilisierter Hefe einer Schnellreifung zu unterziehen. Statt mehrerer Wochen dauert die »Lagerung« des Bieres dann nur mehr zwei Stunden. Legal und extrem kostensparend ist so ein Verfahren wohl, aber das hohe Tempo wird mit weniger Aroma und weniger Individualität des Bieres bezahlt.

**174** ***Wie verändert sich das Bier bei der Nachgärung?***

Bei der Nachgärung reift das Bier nicht nur geschmacklich – es wird auch geklärt, weil sich bei längerer Lagerung die Hefezellen am Boden des Lagertanks absetzen. Bis ins späte 19. Jahrhundert musste die Nachreifung des Bieres ausreichen, um die Hefe aus dem Bier zu entfernen. Wenn die Nachgärung abgeschlossen war, hat sich die Hefe als Geläger auf dem Boden der Lagerfässer abgesetzt. Mit dem Zwicklhahn hat der Braumeister geprüft, ob das Bier schon klar und trinkreif war.

**175** ***Ist Zwicklbier nicht ein trübes Bier?***

Ja, aber eben kein sehr trübes. Die frühere Bezeichnung »Kräusenbier« ist vielleicht weniger verwirrend. Heutzutage wird Zwicklbier als hefetrübe Spezialität angeboten – aber ursprünglich sollte die Zwicklprobe ein eher klares Bier zeigen.

**176** ***Ist Zwicklbier ein eigener Bierstil?***

Nein, Keller-, Kräusen- oder Zwicklbier ist stets die unfiltrierte Version eines anderen Bieres – daher kann es ein Zwickl-Pils, einen Zwickl-Bock oder auch ein Keller-Schwarzbier geben.

**177** ***Wenn das Bier im Lagerkeller schon geklärt ist, warum wird es dann überhaupt noch filtriert?***

Das hängt mit geänderten Konsumentenwünschen zusammen. Im späten 19. Jahrhundert, als sich Biergläser gegenüber Bierkrügen und anderen undurchsichtigen Trinkgefäßen durchgesetzt haben, haben die Brauereien darum gewetteifert, besonders klare und »glanzfeine« Biere auszuliefern.

Dazu kommt, dass in einem unfiltrierten hefetrüben Lagerbier die biologischen Vorgänge weiterlaufen könnten, dass also der Geschmack durch eine unkontrollierte Nachgärung oder eine beim Abfüllen eingeschlichene Infektion verändert würde. Daher gibt es nur ganz wenige Zwicklbiere aus der Flasche – wie das Hofstettner Kübelbier oder das Schwechater Zwickl, das allerdings von der Brauerei bis zum Konsumenten in einer geschlossenen Kühlkette bleiben soll, damit die darin lebenden Mikroorganismen ja keinen geschmacklichen Schaden anrichten können.

**178** ***Stimmt es, dass man früher zur Bierklärung Buchenholz-Späne ins Bier gegeben hat?***

Ja – und der Biergigant Anheuser-Busch wendet dieses Verfahren heute noch als Beechwood-Aging-Process für sein Budweiser an. Das Prinzip dahinter: Die Buchenholz-Späne vergrößern die Fläche in den Lagertanks, die mit dem nachgärenden Bier in Berührung kommt – und die Hefe neigt dazu, sich auf den Holzstückchen abzusetzen. Geschmacklich hat das keinen Einfluss auf das Bier.

**179** ***Gibt es noch andere Mittel, um die Bierklärung zu fördern?***

Vor allem in britischen Brauereien ist es üblich, Hausenblase in die Fässer zu füllen. Die Hausenblase wird aus den Schwimmblasen tropischer Fische gewonnen – auch hier liegt der Effekt darin, dass der Hefe Kontaktflächen angeboten werden. Hefezellen legen sich an die winzigen Hausenblase-Partikel an und sinken auf den Boden des Fasses, wo sie auch bleiben (dieser Bodensatz wird daher nicht mitgetrunken). Auch die Hausenblase hat auf den Biergeschmack keine Auswirkung.

**180** ***Wie wirkt sich die Temperatur der Nachgärung auf die Klärung des Bieres aus?***

Je kälter das Bier reifen kann, desto weniger aktiv wird die Hefe. Sie sinkt auf den Boden des Gärtanks. Seit man mit künstlicher Kühlung die Biertemperatur im Lagerkeller unter null Grad Celsius bringen kann, kann man der Klärung deutlich nachhelfen: Bei Temperaturen unter null setzen sich die Hefereste ebenfalls gut im Tank ab.

**181** ***Friert das Bier nicht bei Temperaturen unter null ein?***

Nein, denn erstens steht es im Lagertank unter Druck, zweitens hat es ja mit einem Alkoholgehalt von rund fünf Prozent einen »Frostschutz« eingebaut. Allerdings kann man mit sehr kalten Lagerkeller-Temperaturen aus einem untergärigen Lagerbier Ice-Beer herstellen.

**182** ***Worum handelt es sich bei Ice-Beer?***

Ice-Beer ist eine ursprünglich kanadische Erfindung. Sie basiert auf der schon seit Jahrzehnten als »Chill-Proofing« praktizierten Erfahrung, dass durch Ausfrieren gewisse Geschmackskomponenten aus dem Bier (aber auch aus Wein) entfernt werden können. Bei Temperaturen unter null Grad Celsius flocken Polyphenole (die sich durch einen herben Geschmack bemerkbar machen) aus – und können abgeschieden werden. Es gibt verschiedene Methoden, das Bier teilweise frieren zu lassen. Allen ist ein Prinzip gemeinsam: Da das Bier Alkohol enthält, frieren zunächst nur kleine Wasserkristalle; und als Kristallisationskern dienen jene relativ großen Moleküle, die man entfernen will.

**183** ***Worin unterscheidet sich der Geschmack von Ice-Beer von anderem Bier?***

Labatt als Erfinder des Ice-Brewing-Process ist stolz auf den weichen Biergeschmack – tatsächlich schmecken Labatt Ice und viele andere amerikanische Ice-Biere für die Zunge eines europäischen Biertrinkers leer und unaromatisch.

**184** ***Warum strebt eine Brauerei überhaupt an, geschmacksarme Biere wie Ice-Beer herzustellen?***

Um neue Konsumentenschichten anzusprechen. Vor allem junge Erwachsene haben die Tugenden eines guten, nach Malz und Hopfen schmeckenden Bieres noch nicht kennen gelernt. Da ein Ice-Beer nur sehr geringe Bitterwerte und kaum Vollmundigkeit besitzt, wird es eher als alkoholisches Erfrischungsgetränk gesehen denn als Geschmackserlebnis. Außerdem ist Ice-Beer durch das Entfernen der Eiskristalle relativ stärker als ein nicht vor dem Abfüllen gefrorenes Bier, was vor allem in den USA ein Verkaufsargument für Produkte wie Bud Ice und Icehouse (von SAB-Miller) ist.

**185** ***Wird auch in Europa Ice-Beer gebraut?***

Nach dem Erfolg des Ice in Kanada und den USA haben viele europäische Brauereien den Trend aufzugreifen versucht. Relativ gut haben ihn die Schweizer Großbrauereien (Feldschlösschen Ice) getroffen, die meisten deutschen Braumeister hatten allerdings Hemmungen, ein Bier zu brauen, das nicht so recht nach Bier schmeckt – Produkte wie Binding Ice oder Zwettler Ice haben sich kaum von den Lagerbieren der jeweiligen Brauerei unterschieden. Die Brauerei Hopf in Miesbach stellt allerdings ein extrem mildes Eis-Weizenbier her.

**186** ***Ist nicht auch ein Eisbock ein Ice-Beer?***

Die Methode des Ausfrierens von Wasser aus dem fertigen Bier hat das »bayerisch G'frorns«, den Kulmbacher Eisbock, auf die Welt gebracht – allerdings nicht unbedingt in der Absicht, das Bier nach weniger schmecken zu lassen, sondern eher nach mehr. Der Legende nach soll er erfunden worden sein, als ein Brauerlehrling an einem kalten Abend zu faul war, ein im Hof liegendes Fass mit Bockbier in die Halle zu bringen. Die außergewöhnliche Kälte habe einen Teil des Bieres frieren lassen, worauf das Fass gesprengt wurde. Im Inneren der Eisblase aber blieb flüssiges, aufkonzentriertes Bockbier, das mild und kräftig schmeckte.

Nach dieser Methode wird nicht nur Eisbier, sondern auch das so genannte Winterbier der Brauerei Puntigam hergestellt: Hier ist die Basis nicht ein Bockbier, sondern ein bernsteinfarbenes Lagerbier, das durch Ausfrieren beinahe Bockbierstärke erreicht.

**187** ***Gibt es auch ein obergäriges Starkbier, das durch Ausfrieren gewonnen wird?***

Ja, aber das ist eine besondere Rarität. Die Schneider Weisse konzentriert ihren ohnehin schon in Doppelbock-Stärke eingebrauten Aventinus durch Ausfrieren auf – so entsteht ein Weizen-Eisbock von gut zwölf Volumsprozenten – er hat eine braun-burgunderrote Farbe und ein sehr rundes, volles Aroma mit Spuren von Bananen-, aber auch Schokoladen-, Karamell- und Vanillearomen. Es gibt den Aventinus Weizen-Eisbock in einigen ausgewählten Locations in den USA, in Europa aber nur im Ausschank der Weissen Brauhäuser in München und Kelheim sowie im Café Abseits in Bamberg, dessen Chef sich das Bier persönlich in Kelheim beschafft.

## Von den ältesten Bieren

**188** ***Stimmt es, dass das Bierbrauen vom heiligen Gambrinus erfunden wurde?***

Das ist gleich in zweifacher Hinsicht falsch. Erstens ist Gambrinus kein Heiliger, auch wenn er im Studentenlied »Salve Gambrinus« als solcher tituliert wird:

»Wenn sich der Abend mild zu Ende senket,
Von Hause fort mein Schritt freudig sich lenket,
Im roten Lichterschein ladet mich freundlich ein
Sanktus Gambrinus, Sanktus Gambrinus!«

Zweitens hat sicher nicht er das Brauen erfunden, auch wenn es im Gedicht heißt:

»Gambrinus im Leben ward ich genannt,
ein König in Flandern und Brabant,
Aus Gersten hab ich Malz gemacht
Und das Bierbrauen daraus erdacht.
Drum können die Brauer mit Wahrheit sagen,
Dass sie einen König zum Meister haben.«

Wie gesagt: Das ist eine nette Legende. Ebenso wie die, dass das Bier vom ägyptischen Gott Osiris oder vom germanischen Wotan den Menschen gegeben worden wäre. Gewiss: Bier ist ein göttliches Getränk. Doch davon später.

**189** ***Wer hat das Bierbrauen nun wirklich erfunden?***

Man hört oft, dass die alten Germanen die ersten Bierbrauer gewesen seien. Oder die Kelten. Oder die Ägypter. Oder die Assyrer. Oder die Chinesen. Tatsächlich haben alle diese Völker »erste« Bierbrauer hervorgebracht. Genau genommen: Es gibt kaum ein Volk, das nicht gemeinsam mit dem Ackerbau auch die Bierbrauerei »erfunden« (oder sagen wir bescheidener: »entdeckt«) hätte. Diese Biere hatten aber nicht viel mit dem zu tun, was wir heute kennen, wenn wir ein Pils bestellen.

**190** ***Man hört aber oft, dass das Pils von einem Deutschen erfunden wurde. Stimmt das?***

Ja, das ist wahr. Pilsner Bier ist das einzige Bier, das einen konkreten Geburtstag und einen konkreten Erfinder hat. Offiziell wurden die ersten 37 Hektoliter des modernen Pilsner Biers (das wir heute als Urquell kennen) am 5. Oktober 1842 im damals neuen Brauhaus der Bürgerlichen Brauerei in Pilsen eingebraut. Schon am 11. November 1842 präsentierte Josef Groll in Pilsen sein neues, für damalige Verhältnisse sehr helles und feines Bier. Eine Festschrift von 1892 berichtet von »allgemeinem Jubel« und einem Bier mit »goldheller Farbe, mit seinem kräftigen Mousseux und dem dicken, schneeweißen Schaum«. Braumeister Groll wurde am 21. August 1813 geboren und galt als ein besonders ruppiger Kerl aus Vilshofen an der Donau. Groll brachte die Kenntnis des baierischen Bieres mit, das zu jener Zeit im gesamten deutschsprachigen Raum besonders populär war: Man verstand darunter ein untergäriges Braunbier. In Pilsen wurde das Verfahren der kalten Gärung verfeinert, denn Groll fand in Pilsen mit dem weichen Wasser, dem aromatischen Saazer Hopfen und dem hellen böhmischen Malz ideale Ingredienzen für den neuen Bierstil.

Aber es war ein langer Weg von den primitiven Bieren zu unseren gewohnten hellen Bieren.

**191** ***Wo ist zum ersten Mal Bier gebraut worden?***

Der Ackerbau ist etwa 10 000 vor Christus im Nahen Osten betrieben worden – im »fruchtbaren Halbmond«, der vom Nildelta über Israel, den Libanon bis ins Tigrisbecken reicht.

Funde haben bewiesen, dass mit dem Getreideanbau auch die Bierbrauerei Hand in Hand gegangen ist.

### 192 *Stimmt es, dass Bierbrauen ursprünglich Frauensache war?*

Ja – und nicht nur im Nahen Osten und in Afrika, sondern durchaus auch bei uns. Das Bierbrauen war ein Bereich der ländlichen Hauswirtschaft und gehörte zum Lebensbereich der Frauen. Auch im Refektorium des Lutherhauses in Wittenberg stand ein großer Tisch, wo Katharina von Bora, Martin Luthers Ehefrau, die eigene Familie, außerdem Freunde, Studenten und Gäste mit selbst gebrautem Bier und wohlschmeckenden Mahlzeiten bewirtete.

In Afrika ist es teilweise heute noch üblich, dass Frauen einfache Biere daheim brauen und ausschenken. Das Geld, das sie dafür erhalten, gehört ihnen und bildet oft das einzige private Einkommen, das sie nicht mit der Familie teilen.

### 193 *Wie kann man sich die Biere der ältesten Kulturvölker vorstellen?*

Während unsere Biere in erster Linie Durstlöscher sind, waren die Ur-Biere zunächst einmal Nahrungsergänzung für die ersten Brauer. Ihnen ging es darum, die Nährstoffe des Getreides zu konservieren. Ihr Bier war im wahrsten Sinne »flüssiges Brot« und ist möglicherweise parallel zur Brotherstellung entdeckt worden.

### 194 *Wie ist es nun im alten Babylon in einer Bierschenke zugegangen?*

Diese Schenken wurden von Gastwirten oder – was recht häufig gewesen sein muss – von Wirtinnen betrieben, die zum Teil in Naturalien bezahlt wurden. Die Kunden brachten Gerste und erhielten dafür Bier – so wie man früher auch bei uns Getreide zur Mühle bringen konnte und dafür eine kleinere Menge Mehl erhielt. Die Differenz war der Gewinn des Müllers oder (im Fall der babylonischen Schankwirtin) der Bräuwirtin. Das konnte sogar auf Kredit geschehen, was der Schenkin einen schönen Gewinn

brachte, da hohe Zinsen zu bezahlen waren. Der berühmte »Kodex Hammurabi«, eine Sammlung von Rechtsentscheiden aus der Zeit des babylonischen Königs Hammurabi, der zirka 1728 bis 1685 vor Christus regierte, bestimmt in seinem § 111, dass einer Schenkin für ein Maß Bierkonzentrat, das später vom Käufer mit Wasser verdünnt wurde, fünfzig Liter Gerste oder zirka ein Drittel des Monatslohnes eines Bauern bezahlt werden musste. Man sollte das allerdings auf dem Hintergrund der allgemeinen Kreditbedingungen sehen, die hart waren und stets hohe Zinsen verlangten. Zu bestimmten Zeiten, etwa beim Regierungsantritt eines Königs, gab es deshalb auch Regelungen, die solche Schulden – gerade gegenüber der Schankwirtin – erließen.
Die Kneipen, die sich übrigens gelegentlich auch archäologisch mit ihren großen Vorratsgefäßen nachweisen lassen, waren allerdings zwielichtige Etablissements. Hier trafen sich Ganoven aller Art; oft waren wohl auch leichte Mädchen hier anzutreffen, so dass es ehrbaren Bürgerinnen nicht angeraten, den Priesterinnen gar bei Todesstrafe verboten war, sich hier sehen zu lassen. Für den Babylonier war die Kneipe allerdings ein Ort der Lebensfreude.

**195** ***Hat man in Babylon das Bier als Droge gebraucht?***

Das hat man nicht nur in Babylon getan, sondern auch in vielen anderen Kulturen, in denen dem Bier zusätzlich berauschende und als Aphrodisiakum wirkende Kräuter beigemengt wurden. Dass Bier und Sex im alten Babylon eng zusammengehangen sind, ist jedenfalls nachweisbar: Eine Terrakotta-Arbeit aus dem Mesopotamien des frühen zweiten Jahrtausends vor Christus stellt ein kopulierendes Paar, das sich gleichzeitig an Weizengebräu berauscht, dar – sie wurde 1999 in einer Ausstellung im Israel-Museum gezeigt.
Wie sinnenfreudig der babylonische Mensch war, zeigt auch eine Szene, in der sich Gilgamesch mit einer Schankwirtin unterhält. Der Held ist auf der Suche nach dem ewigen Leben – aber die Schenkin namens Siduri weiß, dass das auf Erden nicht zu fin-

den ist. Gilgamesch sagt zu ihr, nachdem er ihr sein trauriges Schicksal geschildert hat: »Nun, Schenkin, habe ich dein Antlitz erblickt – möchte ich den Tod, den ich fürchte, nicht sehen!« Sie aber belehrt ihn auf ihre Weise:

»Gilgamesch, wohin läufst du?
Das Leben, das du suchst, wirst du nicht finden!
Als die Götter die Menschen erschufen,
Teilten den Tod sie den Menschen zu,
Nahmen das Leben für sich in die Hand.
Du, Gilgamesch – dein Bauch sei voll.
Ergötzen magst du dich Tag und Nacht!
Feiere täglich ein Freudenfest!
Tanz und spiel bei Tag und Nacht!
Deine Kleidung sei rein, gewaschen dein Haupt,
Mit Wasser sollst du gebadet sein!
Schau den Kleinen an deiner Hand,
Die Gattin freue sich auf deinem Schoß!
Solcher Art ist das Werk des Menschen!«

Eine solche Art des Lebensgenusses schloss natürlich den reichlichen Konsum von Bier mit ein. Und es konnte nichts Schlimmeres geben, als dass »die Schenkin der Stadt ihre Theke vollkommen zerschlug«, wie es bedauernd in einem Text über die Belagerung der Gilgamesch-Stadt Uruk heißt.

**196** ***Moment einmal: Haben die ältesten Kulturvölker Bier nicht einfach als Nahrungsmittel hergestellt?***

Natürlich, das haben sie. Aber auch diese Biere waren klarerweise mehr oder weniger berauschend – und das hat dazu geführt, dass man sich in Bierhäusern zusammengesetzt hat. Oder in Tempeln.

**197** ***In Tempeln? Hatte Biertrinken denn eine religiöse Komponente?***

Ja, man darf nicht übersehen, dass Alkohol in vielen Kulturen eine überragende, heilige Rolle spielt. Bewusstseinsveränderung gehört zu vielen religiösen Kulten – von den Tänzen der soge-

nannten Primitiven, die durch den Rhythmus und die Bewegung schwindlig machen, bis hin zu Alkohol und anderen Rauschmitteln. Stets soll die Bewusstseinsveränderung dazu führen, dass man sich Gott oder den Göttern näher fühlt. Nach den Überlieferungen des antiken griechischen Historikers Herodot war auch die Katzengöttin durchaus dafür bekannt, gelegentlich einen Schluck über ihren Durst getrunken zu haben.
Der ägyptische Pharao Ramses III. gestattete seinen Tempelpriestern, jährlich 466 308 Bierkrüge zu leeren – ob das viel oder wenig ist, kann man aus der zitierten Quelle nicht schließen, weil sie die Zahl der Priester und die Größe der Krüge nicht anführt.

**198** ***Welche Bedeutung hatte Bier in der ägyptischen Mythologie?***
Laut dem Mythos der alten Ägypter war einst die Göttin Hathor ausgezogen, um der Menschheit den Garaus zu machen. Fast wäre es ihr gelungen, hätte nicht der Gott Ra Sektet befohlen, die mysteriöse Frucht Dada mit Bier und Menschenblut zu mischen und 7000 Krüge dieses Gebräus vorzubereiten. Dort, wo Hathor mit ihrem Zerstörungswerk begonnen hatte, ließ Sektet die Felder mit diesem Bier fluten. Als Hathor am nächsten Morgen zurückkehrte, nahm sie einen großen Schluck des Gebräus und wurde so betrunken, dass sie die Menschen nicht mehr erkannte. Die Menschheit war noch einmal mit dem Schrecken davon gekommen.
Glücklicherweise hatten die alten Pharaonen bereits von der Kunst des Bierbrauens gewusst. Henket, wie das Bier unter den Pharaonen genannt wurde, war ein wichtiger Bestandteil ihrer Diät, gleich nach dem Wasser, wie es im Kleinen Wörterbuch der Ägyptologie heißt.

**199** ***Ist kultisches Trinken ein gotteslästerlicher, heidnischer Brauch?***
Nein. Wir sollten nicht übersehen, dass auch für uns Christen Alkohol eine wesentliche Rolle in unserem Kult spielt: Die Wandlung von Wein zum Blut Christi ist ein zentrales Geheimnis un-

seres Glaubens. Ein Biertrinker mag bedauern, dass es sich da um Messwein statt um Messbier handelt. Aber das ist leicht erklärt: Jesus Christus war Jude, und sein Volk war in der damals noch gut erinnerlichen Geschichte immer wieder der Verfolgung durch Völker ausgesetzt, die nicht nur eine ausgeprägte Bierkultur gehabt haben, sondern ihren Göttern auch Bier geopfert haben, wie es von den Ägyptern und den Babyloniern bekannt ist.

**200** ***Wie passen Trinken und Beten zusammen?***

Bei den alten Hochkulturen wohl nicht viel anders als bei uns, wo man sich bei der Messe ja auch nicht mit Messwein besäuft. Überhaupt wurde schon im alten Ägypten vor übermäßigem Biergenuss gewarnt. In einer Hieroglyphenschrift heißt es zirka 1500 vor Christus: »Mach dich nicht selber hilflos durch Trinken in der Bierkneipe, damit sich die Worte deiner Rede nicht wiederholen und aus deinem Mund herausquellen, ohne dass du weißt, dass du sie geäußert hast. Du fällst hin, brichst dir die Knochen, und keiner deiner Saufkumpane gibt dir die Hand, um dir zu helfen. Sie werden aufstehen und sagen: ›Raus mit dem Trunkenbold!‹«

**201** ***Gibt es noch heute solche urtümlichen Biere?***

In Afrika gibt es noch heute einfache Sorghum-Biere, die entweder von den Frauen in den Dörfern hergestellt werden oder nach mehr oder weniger traditionellen Rezepten in industriellem Maßstab gebraut werden.

Allerdings setzt sich in Afrika mehr und mehr das Flaschen- und Dosenbier durch, weil es mehr Prestige hat und der moderne Biergeschmack damit auch auf die Dörfer gekommen ist. Das hat massive Auswirkungen auf die Sozialstruktur: Die Einnahmen der Frauen aus dem hausgebrauten Bier sind nämlich oft deren einziges Einkommen. Wenn die Männer Flaschenbier trinken, geht dieses Geld nicht nur den Frauen verloren, es verschwindet auch aus dem dörflichen Wirtschaftskreislauf und fließt in die industriellen Zentren.

**202** ***Wie wird so ein Sorghum-Bier hergestellt?***

Man kann das etwa in der südafrikanischen Stadt Rustenburg beobachten, wo der Weltkonzern South African Breweries (SAB-Miller) unter dem Titel Traditional Beer Investments eine Braustätte betreibt. Mitten in einem schwarzen Township steht eine 40000-Hektoliter-Brauerei, an der für einen Europäer »nichts zu stimmen« scheint. Nicht nur, dass ein Beschäftigtenstand von 240 Personen für diese Größe etwas übertrieben erscheint – es wäre auch wenig praktikabel, für eine solche Mittelstandsbrauerei eine eigene Mälzerei zu betreiben. Das aber tut man in Rustenburg – man macht ja auch kein gewöhnliches Malz hier. Vermälzt wird eben Sorghum, wobei Braumeister Arthur Lerwit die Körner 18 Stunden weichen und vier Tage ankeimen lässt – dabei entwickelt sich ein zentimeterlanger Keim, der auch nach dem Darren erhalten bleibt.

Zum traditionellen Brauverfahren gehört, dass dieses Malz gemeinsam mit etwa der doppelten Menge zerkleinertem Körnermais (eine Hammermühle entfernt Schale und Keimling) eingemaischt wird. Dieser Maischebrei wird mit Milchsäure 13 bis 14 Stunden lang erhitzt und dann auf ein Rüttelsieb gepumpt. Dort bleiben die gröbsten Teile zurück, die grobfiltrierte Flüssigkeit wird auf 30 Grad gekühlt und mit Hefe versetzt. Das Angären dauert nur sechs bis 24 Stunden – sobald sichergestellt ist, dass die Gärung angekommen ist, kommt das Getränk bereits in Kartonverpackungen oder in große Plastikkanister, in denen es weitervergären kann. Jetzt muss alles sehr schnell gehen, denn die Gärung geht noch weiter – und zwar sowohl eine alkoholische als auch eine milchsaure Gärung.

**203** ***Und wie schmeckt so ein Sorghum-Bier?***

Die in Rustenburg gebraute Marke Chibuku hat eine hell-milchige Farbe, und auch der Geschmack erinnert ein wenig an sauer gewordene Trinkschokolade. In frischem Zustand ist dieses Bier ein recht erfrischendes Getränk mit süßlichen und sauren Komponenten, die zunächst auch den alkoholischen Effekt überdecken. Zunächst hat das Sorghum-Bier auch nur etwa 3,5 Prozent Alkohol – es wird von Tag zu Tag stärker. Aber eben auch saurer: Nach etwa einer Woche ist es bereits ungenießbar.

**204** ***Ist die südamerikanische Chicha mit dem afrikanischen Sorghum-Bier verwandt?***

Auch Chicha ist ein frisches, oft im bäuerlichen Haushalt oder in kleinen Ausschankstellen hergestelltes Bier – seine wesentliche Basis ist Mais.

**205** ***Stimmt es, dass Chicha mit menschlichem Speichel hergestellt wird?***

Das entspricht jedenfalls der Tradition – und dem Namen: Die Spanier belegten das Getränk mit dem Wort für Speichel, »chichal«, weil sie die Produktionsweise bei den Inkas beobachtet hatten – die südamerikanischen Ureinwohner nannten den Drink »aqa« oder »kusa«. Zur Zeit des Einfalls der Spanier wurde Chicha auf kommerzieller Basis hergestellt – ein Sud soll etwa fünf Hektoliter groß gewesen sein.

**206** ***Wie wurde der Mais mit Speichel verarbeitet?***

Die Frauen, die Chicha hergestellt haben, haben Maiskörner zerkaut und dabei nicht nur die Oberfläche vergrößert (was bei einer modernen Brauerei die Schrotmühle zu besorgen hat), sondern auch Enzyme auf den Mais gebracht. Das Zwischenprodukt, der eingespeichelte Maisschrot, wird »muko« genannt, er ist das Äquivalent zum Malz im modernen Bier.

Die Enzyme im menschlichen Speichel wirken ganz ähnlich wie die Diastase des Malzes: Sie beginnen, die Stärke aufzuschließen beziehungsweise zu verdauen. Es ist derselbe verzuckernde Effekt, den man erlebt, wenn man ein Stück Weißbrot länger im Mund zerkaut.

Womöglich entspricht dieses Kauen der Maiskörner dem ursprünglichen Verzuckerungsprozess, den auch vor-antike Brauer in Gang gesetzt haben.

**207** ***Könnte man Mais nicht auch vermälzen?***

Das kann man. Die Maiskörner müssen befeuchtet und gewendet werden – dann beginnen sie anzukeimen, und es entsteht ein Malz, das »jora« genannt wird. Es gibt auch amerikanische Homebrewer, die aus selbstgemachter Jora, braunem Zucker, Gewürzen wie Curaco (Bitterorange), Anis, Minze und Zimt eine Chicha-Maische herstellen. Nach traditioneller Methode wird aus der Maische eine Würze, »upi«, gewonnen, die man erst einen Tag stehen lässt (wobei eine Milchsäure-Infektion stattfindet), bevor man die Würze kocht und mit Gewürzen versetzt. Oft wird die gärende Chicha mit Früchten (etwa Erdbeeren) versetzt, dann spricht man von einer »frutillada«.

Die Chicha muss innerhalb weniger Tage getrunken werden, sie erreicht nach etwa drei Tagen Trinkreife und sollte nicht älter als fünf Tage werden.

**208** ***Gibt es heute kommerzielle Chicha-Produktion?***

Nicht in großem Maßstab oder als »Markenbier«, wohl aber wird Chicha nach verschiedenen Hausrezepten in kleinen Ausschankstätten in Peru hergestellt – Muko, also eingespeicheltes Maismehl, wird dabei aber kaum mehr verwendet.

**209** ***Braut man auch in Europa noch bäuerliche Hausbiere?***

Davon ist man weitgehend abgekommen – aber ein bisschen von dieser Tradition ist noch erhalten. In Finnland gibt es sogar einen eigenen Bierstil, den Sahti, der aus der bäuerlichen Hausbrauerei hervorgegangen ist.

**210** ***Worum handelt es sich bei Sahti?***

Es gibt in Finnland verschiedene Sahtis, aber stilprägend ist die erste kommerzielle Sahti-Brauerei, betrieben von Pekka Kääriäinen. Er nimmt zu einem Sud von 13 hl 500 kg Gerstenmalz und 20 kg Roggenmalz, eingemaischt wird bei 55 Grad Celsius, eine Rast wird bei 65 Grad gehalten und dann die gesamte Maische langsam bis auf 80 Grad erhitzt.

Abgeläutert wird über Wacholderzweigen, die Vorderwürze läuft mit 19 bis 20 Grad Plato ab, und es wird auf Nachgüsse verzichtet. Auch wird die Vorderwürze nicht gekocht, sondern sofort gekühlt – all ihre Bittere kommt nur aus dem Wacholder.
Als Hefe wird einfache Bäckerhefe verwendet, die bei 20 bis 25 Grad Celsius innerhalb von drei Tagen ein Jungbier erzeugt, das dann weitere zehn Tage im Kühlraum liegt, damit sich das Bier klären kann. Das fertige Bier hat einen Alkoholgehalt von 7,5 Volumsprozent, ist rötlich-bernsteinfarben und duftet stark nach Weizenbier und Hefe. Im Antrunk ist Sahti süßlich und nur wenig rezent – geschmacklich erinnert frischer Sahti am ehesten an Weizenbock, wobei das Wacholderaroma durchkommt. Übrigens wird Sahti traditionell aus Wacholderholz-Krügen getrunken.

**211** ***Bereiten sich Bauern ihr Malz selbst?***

Das passiert teilweise noch heute. In Finnland hat man dafür die sogenannte »Mallas Sauna«, die Rauchsauna, erfunden. Sie besteht aus einem nicht völlig isolierten Blockhaus, in dem Steine über offenem Feuer erhitzt werden. Der Rauch verbreitet sich natürlich im gesamten Haus – und wird zunächst dazu genutzt, Fleisch zu räuchern. Wenn das Fleisch fertig ist, werden Tabletts mit angekeimtem Getreide – also Grünmalz – auf die Saunabänke gestellt, und die Hitze wird zum Darren des Malzes ausgenutzt, das damit einen leicht rauchigen Charakter bekommt.
Wenn das Malz fertig ist, kommt es heraus – aber die Resthitze ist nun, mehrere Tage nach dem Einheizen der Sauna, noch groß genug, dass man sie für einen normalen Saunagang nutzen kann. Der Rauchgeruch liegt dann natürlich immer noch in der Luft, und man genießt danach das selbst gebraute Sahti-Bier.

**212** ***Wie lange ist bäuerliches Bier haltbar?***

Sehr kurz. Sahti ist, ebenso wie Chicha oder Sorghum-Bier, ein Frischbier, das sich von Tag zu Tag verändert. Da die Bierwürze des Sahti nicht gekocht wird, sind darin auch die Malzenzyme enthalten, die das Bier rasch sauer und verdorben schmecken lassen. Allerdings kann man Sahti dann noch weiter lagern – ähnlich wie manche sauren belgischen Ales gewinnt er nach mehreren Jahren eine eigentümliche, weinige Fruchtigkeit, die durchaus reizvoll ist.

### 213 *Wann ist die erste Braugerste kultiviert worden?*

Auch wenn in den frühesten Bieren andere Getreidesorten mitverbraut wurden, ist Gerste eine sehr alte Kulturpflanze: Von den Sumerern wurde sie sicher schon 5000 vor Christus angebaut. Der älteste Fund von zweizeiliger Wildgerste (Hordeum spontaneum) stammt aus Mureybit in Nordsyrien, zirka 8000 vor Christus, weitere Gerstenfunde datieren aus zirka 6000 vor Christus in Catalhüyük in der Zentraltürkei, wo schon die modernere Variante, Hordeum vulgare, gefunden wurde. Zirka 5750 vor Christus wurde in Es-Sawwan im heutigen Irak die erste zweizeilige Gerstenvariante, Hordeum distichon, angebaut – sie ist schon recht eng mit unserer zweizeiligen Sommergerste verwandt.
Gerste dürfte aber in den frühen Zeiten einen mehrfachen Nutzen gehabt haben, sie wurde für Brote ebenso wie für Bier herangezogen, möglicherweise dienten Überschüsse (wie auch heute Biertreber oder Futtergerste) bereits zur Viehmast.

### 214 *Stimmt es, dass man bei den alten Hochkulturen auch schon Weißbier gekannt hat?*

Nicht ganz, weil die heutigen Formen der Weizenpflanze anders sind als die damaligen – und auch die Weißbiere anders geworden sind. Man hat aber Emmer angebaut, eine Getreideart, die als eine Vorform des Weizens gilt. Die Sumerer haben zunächst aus angekeimtem Getreide und Datteln Brote (»Bappir«) hergestellt und diese dann verbraut. In den Krügen hat dann wohl ein mehr oder weniger dicker Brei gegoren.
Es sind Bilder überliefert, auf denen man Biertrinker mit Trinkhalmen trinken sieht – so blieben die Brotreste im Gefäß. Im Grab der Lady Pu-abi in Ur (zirka 2650–2550 vor Christus) hat man Trinkhalme aus Gold und Lapislazuli gefunden. In einer

Hymne an Ninkasi (zirka 1800 vor Christus) ist ein Braurezept überliefert, das Miguel Civil von der Universität Chicago 1964 ins Englische übersetzt hat – und nach dem Fritz Maytag von der Anchor Brewing Company in San Francisco 1989 ein Ninkasi-Bier gebraut hat. Allerdings, wie er zugibt, unter Verwendung von zwei Dritteln Malz und nur einem Drittel Bappir-Brot, weil die Maische sonst die moderne Brautechnik lahm gelegt hätte.

**215** ***Kann man heute noch Emmer-Bier trinken?***

Das scheitert daran, dass Emmer praktisch nicht mehr angebaut wird. Zu Versuchszwecken hat allerdings der Berliner Professor Reinhold Schildbach im Jahr 1997 ein paar Kilo Emmer aus Kleinasien importiert. Er hatte so lange nach dem urtümlichen Getreide gesucht, bis ihm jemand den Hinweis auf »Eselsfutter« gegeben hat. Bier wird jedenfalls in den Gebieten, wo Emmer noch wächst, nicht mehr daraus gebraut.

Der Professor hat aber einen Brauversuch an der Versuchs- und Lehranstalt in Berlin unternommen und an der »Bier-Fakultät« (einem inzwischen leider verschwundenen Lokal am Strausberger Platz) zur Verkostung angeboten.

**216** ***Wann haben die Ägypter begonnen, Bier zu brauen?***

Etwa zur gleichen Zeit wie die anderen Hochkulturen. Aus dem Sudan sind Funde eines unter den damaligen Ägyptern weit verbreiteten Bieres bekannt, die auf 9000 Jahre datiert wurden.

Alte Reliefe zeigen getrocknete Gerstenkuchen, die auf ein Sieb über einen Bottich gelegt und mit Wasser übergossen wurden, bis sie sich aufgelöst hatten. Die so entstandene Masse wurde dann in der Hitze den Gärprozessen überlassen. Anstelle von Hopfen wurde das Gebräu allerdings mit Datteln gewürzt. Der Zucker aus den Datteln und die an ihrer Oberfläche gesammelten Hefen haben die Gärung in Gang gebracht.

**217** ***Wie haben die Biere der alten Ägypter geschmeckt?***

Auch die ägyptischen Bierrezepte zeigen eine gewisse Vielfalt, weil Gerste, Hirse und Dinkel (auch dies eine Weizen-Variante) verbraut wurden – sicher ist auch, dass sie diverse Gewürze (Zimt, Nelken und Ingwer) enthalten haben und »hake heti« genannt wurden, was als »Gefangennahme des Herzens« übersetzt wird. In einer modernen Nachempfindung kann man das Pharaonenbier von Marc Strubbe aus der gleichnamigen Brauerei in Ichtergem (Belgien) verkosten. Es entspricht in vielem einem vollmundigen belgischen Wit-Bier, hat eine starke Gewürznote, in der Anis sehr deutlich durchkommt.

**218** ***Wann ist das erste Mal in Europa Bier gebraut worden?***

Das ist weit mehr als 3000 Jahre her. Der älteste Fund eines europäischen Bieres datiert zwischen 1300 und 1200 vor Christus aus der Ausgrabungsstätte Geno in Katalonien (Spanien). Der Fundort beherbergte zur Bronzezeit etwa hundert Menschen. Nach einem Feuer wurde die Ansiedlung jedoch aufgegeben. Der Geschichtsprofessor José Luís Maya und seine Kollegen ließen das Bier in der nahe gelegenen Stadt San Miguel nachbrauen – Untersuchungen an den archäologischen Funden hatten gezeigt, dass in der Bronzezeit Gerste und eine lokale Sorte von Weizen verbraut wurde, als Konservierungsmittel wurden Kräuter hinzugefügt.

**219** ***Warum ist nichts von griechischen und römischen Brauereien überliefert?***

Die Griechen und später die Römer waren stolz auf ihren Weinbau – und hielten die Völker, die sich ihre Rauschtränke auf der Basis von Getreide verschafften, für kulturell unterlegen. Beim Auftauchen der Gallier vor Rom im Jahre 390 vor Christus heißt es, dass die Gallier einen »übel riechenden Saft aus verfaultem Getreide tranken«. 79 nach Christus meckerte Plinius der Ältere über das Gerstengebräu: »Was dieses Getränk angeht, ist es besser, gleich zum Wein überzugehen.« Immerhin eine nützliche

Eigenschaft konnte der Meckerer Plinius dem Bierschaum nicht absprechen: »Er erhält die Reinheit im Gesicht der Frauen.« Diese auch in Ägypten praktizierte äußerliche Anwendung des Bieres hat etwas für sich – doch unsereins trinkt es ja eher. Ein Ausbruch des Vesuvs ließ den Kritiker Plinius dann endlich verstummen. Aber er hatte richtig beobachtet: Die gallischen Fürsten schlürften wie die Römer Wein, die Minderbemittelten gossen sich Bier mit Honig und die Armen pures, mit Kümmel gewürztes Bier hinter die Binde.

**220** ***Gab es denn im Europa des klassischen Altertums gar keine hoch stehende Bierkultur?***

Am ehesten noch bei den Thrakern. Ihr Gott Dionysos dürfte zuerst ein Getreide-, wenn nicht Biergott gewesen sein, bevor er von den Griechen als Weingott gefeiert wurde. Die Römer nannten die Thraker »sabaiarii«, was »Biertrinker« bedeutet.

**221** ***Man sagt ja auch den alten Germanen nach, dass sie das Bier erfunden hätten. Was ist da dran?***

Sicher haben auch die Germanen – wie viele andere Völkerschaften – das Bierbrauen für sich entdeckt. Die Biere der Germanen unterschieden sich aber gleich in mehrfacher Hinsicht von unseren.

Zum einen verwendeten sie auch andere Bitterstoffe für ihre Biere. Zum anderen verstärkten sie den alkoholischen Effekt, indem sie ihrem Gebräu Honig zusetzten. Damit war es halb Met und halb Bier. Allerdings ist in manchen Quellen auch davon die Rede, dass der Met, ähnlich wie das Bier, mit Getreide (in diesem Fall mit Hafer) und Hopfen versetzt wurde: »nim denne ein halpmezzigen hafen, unde tuo in halp vol hoppen unde ein hantvol salbey unde siede daz mit der wirz« – wobei aus dem Kontext dieses Rezeptes zu schließen ist, dass Würze hier nicht Bierwürze, sondern unvergorener Met bedeutet.

**222** ***Gibt es auch heute noch Honigbiere in Deutschland?***
Ja, nur darf ein mit Honig versetztes Bier nach den Bestimmungen des Reinheitsgebots in Deutschland nicht »Bier« genannt werden. Von der Met-Brauerei Schmitt in Zeutern wird das mit Wasser, Honig, Malz, Hopfen und Hefe gebraute Getränk daher Met-Bräu genannt. Es ist dunkelbraun, riecht und schmeckt eher süßlich, wenn auch nicht besonders honigaromatisch – aber vielleicht kommt der Effekt, wenn man es etwas altern lässt.

**223** ***Stimmt es, dass die alten Germanen ihren Bieren auch Baumrinde zugesetzt haben?***
In den frühesten Bieren hat man mit allen möglichen Bitterstoffen experimentiert – und Eichenrinde gilt als eine gerbstoffhaltige Zutat, die sich bei den alten Germanen bewährt haben soll.

**224** ***Haben die alten Germanen auch Bieropfer gekannt wie die Babylonier und Ägypter?***
So wird es in den Legenden überliefert. In der Vita Columbani findet sich folgende Beschreibung der Missionierung der Sueben um 610: »Als er hier verweilte und sich bei den Bewohnern der Stadt aufhielt, bemerkte er, dass sie sich daranmachten, ein heidnisches Opfer darzubringen. Sie stellten nämlich ein großes Gefäß, das in ihrer Sprache Kufe heißt und ein Fassungsvermögen von etwa zwanzig Scheffel hat, angefüllt mit Bier in der Mitte des Ortes auf. Der Mann Gottes aber schritt auf diesen Krug zu und fragte, was mit ihm geschehen solle. Sie erwiderten, sie wollten ihrem Gott namens Wodan, den sie, wie andere berichten, auch Merkur nannten, ein Opfer darbringen. Als jener von ihrem verderblichen Vorhaben hörte, blies er erzürnt auf das Gefäß, worauf dieses auf wunderbare Weise mit großem Lärm zerbrach und in Stücke barst. Das Bier aber strömte in raschem Fluss heraus. Daraus war klar zu ersehen, dass in diesem Gefäß der Teufel versteckt gewesen war, um durch den heidnischen Opfertrank die Seelen der Opfernden zu umgarnen. Als die Heiden das sahen, staunten sie und meinten, der Mann Gottes besitze einen

gewaltigen Atem, mit dem er sogar dieses mit starken Verstrebungen zusammengehaltene Gefäß zerstören könnte. Er aber tadelte sie mit den Worten des Evangeliums, sie sollten solche Opfer in Zukunft unterlassen, und hieß sie dann nach Hause gehen. Viele von ihnen wurden hierauf, sei es durch die Überzeugungskraft oder durch die Lehre des heiligen Mannes, zum Glauben an Christus bekehrt und empfingen die Taufe.«

**225** ***War der heilige Columban also ein Verächter des Bieres?***

Der heilige Columban lehnte das übermäßige Trinken ab, so viel ist sicher. Denn der Alkohol war bei den irischen Mönchen so beliebt, dass sich der Abt Columban schließlich gezwungen sah, drastische Strafmaßnahmen anzudrohen: Konnte ein Priester aufgrund ausgiebigen Alkoholgenusses die »Gebete nur noch lallen«, so musste er zwölf Tage bei Wasser und Brot zubringen. Gar vierzig Tage dieser Buße drohten einem Bischof, der »so besoffen war, dass er bei der Messe die Hostie auswürgte«. Das hieß aber nicht, dass man deswegen abstinent zu leben hatte.
In der populären Erinnerung wird der Heilige auch ganz anders zitiert:

»Ihr opfert Bier den Göttern?
Ei, ei, was ficht Euch an?
Schickt's lieber uns ins Kloster,
So ruft Sanct Columban.«

Um der Wahrheit die Ehre zu geben, muss man sagen, dass der Heilige durchaus ein Kenner des Bieres gewesen ist – in den von ihm und seinen Schülern (darunter der heilige Gallus) gegründeten Klöstern gab es stets auch Brauereien. In der von Jonas von Bobbio verfassten Vita Columbani heißt es ausdrücklich: »Sie brauten sich das Bier aus dem Getreide oder dem Safte der Gerste zum Getränke, welches damals nicht nur bei den skordischen und dardanischen Völkern, sondern auch in Gallien, Britannien, Irland und Germanien und bei verwandten Völkern im Gebrauch war.«

**226** ***Warum hat man in Klöstern Bier dem Wein vorgezogen?***

Erstens war Wein, wie schon erwähnt, ein heiligeres Getränk – und es war nördlich der Alpen teuer. Bei einer Synode in Aachen wurde daher beschlossen, dass Mönche an Tagen, da sie keinen Wein bekommen konnten, die doppelte Menge guten Bieres zu bekommen hatten.

Außerdem scheint man gerade in den Klöstern gewusst zu haben, dass Bier das gesündeste damals erhältliche Getränk war.

**227** ***Hat man zu jedem Kloster eine Brauerei dazu gebaut?***

So war es im etwa 820 entworfenen Idealplan des Klosters von St. Gallen vorgesehen, der in der überlieferten Form aber nie ausgeführt worden ist.

Viele Klöster dieser Zeit ließen sich das Bier aber noch von Bauern aus der Umgebung zuliefern, ohne selbst zu brauen. 1299 wurde zu Kremsmünster ein Bierregister angelegt, darin waren 145 Bauerngüter verzeichnet, die zum »Bierdienst« verpflichtet waren, insgesamt 102 Fuder und 5 Eimer, was nach heutiger Menge 173 417 Liter wären. Die durchschnittliche Abgabenhöhe erreichte einen Wert von nicht ganz 1200 Liter pro Hof, vom einen mehr, vom anderen weniger. Allein diese gewaltige Menge in Empfang zu nehmen, bedurfte einiger Mühe, die ein Amtmann auf sich nehmen musste. Dafür bekam er für jeden Eimer ein Ei und für zehn Eimer zwei Maß Bier. Kremsmünster besaß 16 Ämter. – Machte für jeden Amtmann 191 Eier und 38 Maß Bier für diese Schufterei.

**228** ***Wäre es für die Klöster nicht bequemer gewesen, sich weiterhin die Biere von den Untertanen brauen zu lassen?***

Bequemer vielleicht, aber die Bierqualität der Bauernbiere wird beträchtlich geschwankt haben – und besonders gut wird das Bier generell nicht geschmeckt haben, weil die Bauern eine viel schlechtere Technologie hatten als sie in einem Großbetrieb wie in einem Kloster eingerichtet werden konnte.

Der Klosterplan von St. Gallen zeigt, dass man gleich drei Brauereien eingeplant hat – und manche meinen, dass für dreierlei verschiedene Zielgruppen dreierlei verschiedene Biere gebraut werden sollten. Dies konnte man aber einfacher haben, wie ein bezeichnendes Gedicht über die verschiedenen aus Vorderwürze, Nachguss und dem letzten über die Malztreber gegossenen Glattwasser gewonnenen Biere klarstellt:

»Das erste ist ein Bier vom Kern,
das trinken d'Herrn und d'Frauen gern.
Das zweite ist ein Mittelbier,
Trinkst drei Maß, so pieselst vier.
Das dritte ist ein Plempel,
der den Bauern d'Hosen z'sprengt:
Andern zum Exempel.«

**229** ***Welche Biere hat man in den Klöstern gebraut?***

In den Benedictiones ad mensas des Abtes Ekkehart (980 bis 1060) wird auf das Starkbier, die »Celia«, der Segen des unbesiegten Kreuzes herabgerufen, über die »Cervisia«, den Alltagstrunk der Brüder, wird ebenfalls der Segen gesprochen – schlecht bereitete Biere aber werden verdammt.
Das gängige Bier in den Klöstern wird das Kofent-Bier gewesen sein, ein nicht zu stark alkoholisches, als Nahrungsergänzung dienendes Bier.

**230** ***Stimmt es, dass man im Kloster in Fastenzeiten ausschließlich von Bier gelebt hat?***

Vielleicht nicht ausschließlich, aber in hohem Maß: Im Mittelalter galt – viel stärker als heute – der Grundsatz, dass man in Fastenzeiten nichts oder wenigstens nicht sättigend essen durfte. Fastenbiere waren daher besonders kräftig eingebraut, denn es galt der Grundsatz »liquidem non frangit ieiuniam« – Flüssiges bricht das Fasten nicht.

**231** ***Haben die mittelalterlichen Mönche zu Weihnachten Bockbier getrunken?***

Ja, aber sie haben es nicht so genannt. Denn die Bezeichnung Bockbier kommt aus dem bürgerlichen Brauwesen. Und einen Weihnachts- oder Osterbock hat es damals auch nicht gegeben, denn die Starkbiere waren nicht für die Feiertage, sondern für die davor liegenden Fastenzeiten gedacht.

**232** ***Hat man in mittelalterlichen Klöstern schon Hopfen verwendet?***

Das ist sicher, weil die erste Erwähnung von Hopfen in Frankreich in Verbindung mit einem Kloster aus einer Schenkung Pippins aus dem 8. Jahrhundert stammt – das Kloster St. Dénis bei Paris erhielt damals einen Hopfengarten geschenkt. 768 soll auch das Kloster Freising schon Hopfen bezogen haben. Sehr wahrscheinlich wurde er nicht nur als Heilkraut (also als Schlafmittel), sondern auch als Bierzutat gebraucht.

Wahrscheinlich war bekannt, dass Hopfen in größeren Mengen auch den Sexualtrieb dämpft. Das Biertrinken könnte den Mönchen also die Keuschheit erleichtert haben.

**233** ***Und was ist nun wirklich dran an Gambrinus?***

Noch einmal zurück zu Gambrinus: Als »Heiliger« ist er ein unsicherer Patron für die Brauer – aber eine historische Figur gibt es doch, auf die die Beschreibung des »Königs in Flandern und Brabant« passen würde. Es handelt sich um Johann I. (= »Jan Primus«), Sohn Heinrichs III. von Brabant. Er war ebenso bedeutend als Ritter (er gewann siebzig Turniere) wie als Minnesänger: Jan Primus dichtete 92 Minnelieder und soll angeblich ebenso viele Kinder gezeugt haben. Auch im Zechen blieb er Held: 388 Humpen Bier soll der lebensfrohe Herzog bei einer einzigen Kneipe getrunken haben. Diese Legende taucht erstmals 1543 in einem Gedicht von Burkart Waldis in Nürnberg auf. Das Gelage ist allerdings nicht historisch verbürgt, wohl aber, dass der historische »Gambrinus« 1294 im Alter von 43 Jahren in einem Turnier tödlich verwundet worden ist.

Und noch etwas wissen wir vom Herzog Jan (wenn auch möglicherweise nicht dem Jan Primus, sondern dem Jan II.): Er war, wie viele andere hochgestellte Persönlichkeiten, Ehrenmitglied einer Zunft – in seinem Fall der Brauerzunft in Brüssel. Die Brauer haben also tatsächlich einen Herzog (wenn schon nicht einen König) als Meisterkollegen. Und sie haben ihm ein Denkmal gesetzt: Auf dem Giebel des Zunfthauses der Brauer auf der Grande Place in Brüssel findet sich eine vergoldete Figur: Gambrinus hoch zu Ross.

# Aus alten Brauhäusern

**234 *Welche Brauerei ist die älteste der Welt?***

Als älteste Brauerei der Welt gilt Weihenstephan bei Freising. Das ist ein uraltes Klostergelände – das Kloster wurde vom heiligen Corbinian im Jahr 725 gegründet. Eine Urkunde scheint zu belegen, dass dieses Kloster das älteste Braurecht der Welt besitzt: Sie besagt, dass im Jahre 1040 dem Benediktinerkloster Weihenstephan unter Abt Arnold das Recht verliehen wurde, in Freising Bier zu brauen und auszuschenken.

Selbst die nach Aufhebung des Klosters während der napoleonischen Kriege als Staatsbrauerei geführte Brauerei Weihenstephan räumt Zweifel an jener Urkunde ein – sie wurde wie viele andere mittelalterliche Dokumente gefälscht. Was man zu jener Zeit aber nicht fälschte, sind Aufzeichnungen der eigenen Ansprüche an die zehentpflichtigen Bauern. Dort steht, was wo angebaut wurde. Und da ist nachgewiesen, dass im Jahre 768 in der Nähe des Klosters Weihenstephan bereits ein Hopfengarten existierte, sein Besitzer war dem Kloster mit Hopfen zehentpflichtig. Also wurde hier viel früher als heute »offiziell« angegeben, Bier gebraut.

**235 *Wir haben gehört, dass sich die Kirche früh ins Brauwesen eingemischt hat – wann hat der weltliche Adel damit begonnen?***

Das begann früh, blieb aber lange auf die eigenen Bedürfnisse beschränkt. Karl der Große hat in seinem »Capitulare de vilis« anno 795 die Organisation der Pfalzhofdienste in siebzig Artikeln geregelt. Im Artikel 61 heißt es, dass jeder Amtmann während seines Hofdienstes von seinem Malz zur Pfalz bringen lassen solle und zugleich einen Braumeister mitzuschicken habe, damit man dort ein gutes Bier brauen könne: »Brauerleute, die Bier, Apfel- und Birnenmost und andere gute Getränke zuzubereiten verstehen.« (Art. 45). Auch ein guter Bäcker ist befohlen. »Artikel 34 ist dann fast ein Reinheitsgebot«, hat der Schweizer Bierbrauer und Bierforscher Martin Hürlimann herausgefunden. Er zitiert: »Mit ganz besonderer Sorgfalt ist darauf zu achten, dass alles, was mit Händen zubereitet wird, wie Speck, Rauchfleisch, [...] Malz, Malzbier, Met, Honig, [...] mit der größten Sauberkeit hergestellt wird.«

**236** ***War Bier eigentlich früher ein Getränk armer Leute?***

Nein, im Gegenteil: Jahrhundertelang haben sich gerade die armen Leute den Tag damit vertrieben, harte Getränke zu konsumieren. Moralisten haben dagegen immer wieder versucht, Bier als Getränk der Mäßigung anzupreisen.

Hogarth zeichnete die berühmten Bilder von »Biergasse« und »Branntweingasse«, wobei in der ersten das Leben florierte, in der zweiten aber das Elend daheim war. Georg Christoph Lichtenberg pries an dieser Darstellung, die »Absicht [...] dem Englischen Porter, diesem flüssigen Brot, dem wahren Nahrungssaft der Nation, wenigstens der mittleren und untern Classe, ein Ehrendenkmal zu errichten«.

Fast zwei Jahrhunderte vorher lobte William Shakespeare: »For a quart of ale is a dish for a king« – eine Kanne (das britishe Quart entspricht 1,136 Litern) Bier ist also ein Königstrunk.

Shakespeare erwähnt allerdings »ale« 14-mal in seinen Stücken, »beer« fünfmal – was den Schluss nahe legt, dass das Bier zu seiner Zeit (1564–1616) doch ein sehr gängiges Getränk war, wenn auch in verschiedenen Qualitäten für verschiedene »Zielgruppen«, wie man heute sagen würde.

**237** ***Wir haben gerade gehört, dass Shakespeare zwischen »beer« und »ale« unterscheidet. Was ist der Unterschied?***

Heutzutage ist es relativ einfach zu erklären: »Ale« bezeichnet in der englischen Sprache immer ein obergäriges Bier, »Lager« ein untergäriges, und »Beer« ist der Oberbegriff. (Zu dieser Regel gibt es eine einzige Ausnahme, die der Vollständigkeit halber erwähnt sei: In Texas ist es vorgeschrieben, »Ale« als Bezeichnung für alle Biere über 5 Volumsprozent Alkohol zu verwenden – dafür darf »Bock« auch für das unter 5 Prozent starke Shiner Bock-Lager verwendet werden.)

Zur Shakespeare-Zeit dürfte es aber noch etwas andere Begriffe gegeben haben: In England ist es erst im Spätmittelalter üblich geworden, Bier mit Hopfen zu würzen. Der erste Beleg dafür findet sich im Wörterbuch Promtorium Parevulorem aus dem Jahr 1440. In den folgenden Jahren hat man die modernen, meist von flämischen und niederländischen Immigranten gebrauten gehopften Biere als »beer« bezeichnet, die ungehopften aber traditionell als »ale«. Obergärig waren beide.

**238** ***Hat also der König anderes Ale getrunken als die Untertanen?***

Sehr wahrscheinlich. Gegen gehopftes Bier gab es in England starke Vorbehalte, gerade bei Hof. 1426 wurde in England eine Person aus Maidstone in Kent angezeigt, »for putting into beer an unwholesome weed called hoppe« – also dafür, »ein ungesundes Kraut namens Hopfen ins Bier zu tun«. 1519, als in Bayern bereits die städtischen Brauordnungen durch das Reinheitsgebot von 1516 vereinheitlicht waren und Hopfen als einziger Bitterstoff im Bier vorgeschrieben war, 1519 also hat man in der Stadt Shrewsbury die Verwendung des Hopfens im Bier streng verboten.

**239** ***Wann hat man in England die Vorzüge des Hopfens entdeckt?***

Es wird oft argumentiert:

»Hops and turkeys, carp and beer
Came into England all in one year.«

Flämischer Hopfen, amerikanischer Truthahn, böhmischer Karpfen und deutsches Bier seien allesamt in ein und demselben Jahr in England bekannt geworden – und dieses Jahr sei 1520 gewe-

sen. Das kann nach neueren Erkenntnissen bestenfalls für den Truthahn stimmen. Karpfen, Hopfen und gehopftes Bier hat es in England schon vor der Entdeckung Amerikas gegeben. Dennoch wollen wir einen weiteren Text aus der Tudor-Zeit (von Ford Madox Hueffer) zitieren, weil er uns einen schönen Einblick in die Zusammenhänge zwischen englischer und deutscher Braukultur eröffnet: »The Almains call the plant ›hopfen‹, but ›hop‹ is a good enough word for me. From Bohemia cometh this goodly vine that I am minded to plant in the country of Kent. With its aid is made that good drink that we call Brunswick Mum. But the Almains call it ›bier‹, for it is made from the bere or barley plant. It is like our ale, but not so sweet.«
Der Autor berichtet also, dass er die aus Böhmen stammende, von den Deutschen »Hopfen« genannte nützliche Rebe »hops« nennen und sie in Kent anpflanzen wolle. Sie dient dazu, das »gute Getränk, das wir Braunschweiger Mumme nennen« zu brauen – aber die Deutschen nennen es einfach Bier, weil es aus der Gerste (englisch: »barley«) gebraut wird: »Es ist wie unser Ale, aber nicht so süß.«

**240** ***Hat man also in Deutschland schon immer mit Hopfen gebraut?***
Nein, so wenig wie in England. Hopfen war jahrhundertelang einfach eine unter mehreren möglichen Bierzutaten. Der Vorteil, den Hopfen gegenüber anderen Zutaten hatte – nämlich seine besondere konservierende Wirkung – hat ihn vor allem in den Bier exportierenden Städten und Ländern zum Erfolg geführt. Braunschweiger Mumme war im Spätmittelalter und in der frühen Neuzeit ein wichtiges Welthandelsgut. Es war ein schwarzes, sehr bitteres Bier – es gilt als eines der Vorbilder des Stout-Bieres.

**241** ***Wenn man keinen Hopfen verwendet hat, was hat man dann ins Bier getan?***
Man hat im Mittelalter und in der frühen Neuzeit noch ganz ähnlich mit Bier experimentiert wie im Altertum. Wichtig war, dass man Biere brauen wollte, die eine längere Haltbarkeit haben

sollten. Und dafür waren drei Komponenten verantwortlich: hoher Alkoholgehalt, niedriger pH-Wert (üblicherweise durch einen hohen Anteil von Milchsäure im Bier) und viele Bitterstoffe.

**242** ***Stimmt es, dass man früher statt Hopfen Rindergalle ins Bier getan hat?***

Die Rindergalle geistert immer wieder durch die Beschreibung von Bierzutaten, wenn man die Biere aus fremder (oder früherer) Produktion schlecht machen wollte – eine der ersten Erwähnungen findet sich im *Betrugslexicon* des fürstlich sächsischen Rates Georg Paul Hönn im Jahr 1720. So wurde auch den nach Berlin zugewanderten hugenottischen Franzosen zur Zeit Friedrichs II. nachgesagt, dass sie in ihr Bier Ochsengalle gegeben hätten. Derselbe Vorwurf wurde dann den Brauern der DDR gemacht. Dieser westdeutsche Propagandavorwurf war so wirksam, dass die Planbehörden nachfragten, ob man nicht doch Hopfenersatzstoffe verbrauen könnte – was die Brauereien ablehnten, weil es eben für Hopfen keinen Ersatz gibt.

**243** ***Aber bevor man Hopfen verwendet hat, hat man doch etwas anderes genommen?***

Vorher hatte man zum Würzen des Bieres unter anderem Wacholder, Gagel, Schlehe, Eichenrinde, Wermut, Kümmel, Anis, Lorbeer, Schafgarbe, Stechapfel, Fichtenspäne und Kiefernwurzeln verwendet. Besondere Bedeutung hatten Gagel (Myrica gale) und Porse (Ledum palustre), die auch Brauerkraut, wilder Rosmarin oder Porst genannt wurde. Es handelt sich bei der Porse um ein Heidekrautgewächs, das vor allem in Norddeutschland und Skandinavien verbreitet ist.

**244** ***Wenn Porse ein Heidekrautgewächs ist, ist dann Heather Ale mit Porse-Bier verwandt?***

In Schottland hat man jahrhundertelang das Heidekraut (vulgo Erika) genutzt – bis den Schotten im 18. Jahrhundert eine englische Version des Reinheitsgebots aufgezwungen wurde. Nicht

gar so streng im Hinblick auf die verwendeten Getreide, wohl aber strikt in der Vorschrift, dass Hopfen als Bitterstoff verwendet werden muss. 1996 hat eine Brauerei in Glasgow mit dem Heather Ale die wahrscheinlich 4000 Jahre alte Tradition wiederbelebt und ein Ale nach dem alten, auf die Pikten zurückgehenden Rezept gebraut. Es ist ein hellbernsteinfarbenes, blumig duftendes obergäriges Bier mit wenig Kohlensäure und einem dennoch sehr rezenten, pfeffrig-bitteren Antrunk. Der Körper ist gerade noch nicht vollmundig zu nennen und der Nachtrunk erinnert zunächst am ehesten an trockenen Sherry, geht dann aber in eine scharfe, lang anhaltende Bittere über.
Sicher kein Bier für den durchschnittlichen Biertrinker. So wenig wie etwa ein Wermut-Wein den Erwartungen eines durchschnittlichen Weintrinkers entspricht. Während aber Gewürzweine – allen voran die seit 1780 als Vermouth di Torino bekannte Mischung – immerhin ihre Nische behauptet haben, sind Gewürzbiere fast unbekannt.

### 245 *Hat man auch mit Wermut Bier gebraut?*

Ja, vor allem im süddeutschen Raum. Weise Stadträte haben aber schon vor dem berühmten Reinheitsgebot von 1516 erkannt, dass die Bierbrauer Zusätze verwendeten, die zwar den Rausch verstärkten, den Biertrinker aber möglicherweise töteten, wenn er »einen über den Durst« trank. So war auch der (schon in der Bibel als Bitterstoff erwähnte) Wermut als Bierzutat gebräuchlich. Wobei das im Wermut enthaltene Gift Thujon gelegentlich schwere Nervenschädigungen hervorgerufen haben muss – es ist dasselbe Gift, das dem Absinth seine berauschende (und verblödende) Kraft gibt. Wohldosiert ist Wermut dagegen heilsam: Wermutbier wurde als magenstärkend empfohlen, »macht Lust zu essen, vertreibt die Verstopfung von Leber und Miltzes, vertreibt und tödtet die Würm mit seiner Bitterkeit, hindert die Fäule«.

**246** ***Was war in Medizinalbieren enthalten?***

Neben Wermut waren auch Tollkirsche, Fliegenpilz sowie über 150 (!) andere Zutaten in Gebrauch – manche mit bloß entwässernder Wirkung (wie die Erika-Gewächse), andere mit aphrodisischem Effekt (wie Safran und der heute noch in manch belgischem Bier verwendete Kardamom) und schließlich echte Rauschgifte, wie Lupine, Ololiuqui und Stechapfel. Der Ethnopharmakologe Christian Rätsch hat sie alle in seinem Buch *Urbock – Bier jenseits von Hopfen und Malz* (AT-Verlag) aufgelistet.

**247** ***War die Porse eine harmlose oder eine gefährliche Bierzutat?***

Eine relativ harmlose. Porse verstärkt in höheren Gaben die berauschende Wirkung des Bieres, sie macht gereizt und soll die Kampfeswut der Berserker (der »Bärenfellträger« der nordischen Sagen) erst richtig angestachelt haben.

**248** ***Gibt es auch heute noch Porse-Biere?***

Eine Brauerei in Dänemark – Thisted Bryghus – braut gelegentlich Porse-Bier, das 5,8 Volumsprozent starke Porse Guld. Es ist aber weitgehend unserem Biergeschmack angepasst und wohl kaum mit den Porse-Bieren des Mittelalters vergleichbar. Auch das unmittelbar am Tivoli in Kopenhagen gelegene Brewpub »Apollo Bryggeriet« braut saisonal (üblicherweise im September) ein Porse-Bier, das im Wesentlichen auf dem Rezept des Apollo Lager basiert. In Deutschland wurde die Porse mehrfach verboten, nicht nur durch das Reinheitsgebot von 1516 in Bayern, sondern auch durch Vorschriften in Mecklenburg von 1623 und 1661.

Während Porse in der Bierbereitung kaum mehr eine Rolle spielt, gibt es noch Bitterliköre, in denen Porse sehr wohl mitverarbeitet wird, oft sogar als geschmacksbestimmende Komponente.

Der Porse-Geschmack ist am ehesten mit dem Aroma von Tannennadeln oder dem von Harz zu vergleichen, die Bittere ist geringer oder jedenfalls milder als die von Hopfen.

**249** ***Welche Bedeutung hatte Porse im mittelalterlichen Bier?***

Porse war neben Gagel wahrscheinlich der mengenmäßig bedeutendste Hauptbestandteil der Grut, der würzenden Basis im Grut- oder Gruitbier. In der in Dortmund Ende des 14. Jahrhunderts üblichen Mischung der Grut dürften sich 873 Teile »portze«, 263 Teile Gersten- und Hafermalz, 83 Teile Hopfen, etwas Harz und Lorbeer befunden haben.

**250** ***Was sollte die Grut im Bier bewirken?***

Im Mittelalter (und bis weit ins 19. Jahrhundert) hatte man noch keine richtige Vorstellung davon, was die Gärung denn eigentlich auslöst. Zwar hatten die Brauer die Gewohnheit, Hefe zu ernten und dem nächsten Sud wieder als »Zeug« zuzusetzen. Die eigentliche Gärkraft vermutete man aber fälschlicherweise in der Grut. Sie wurde dem Sud nicht nur als Würzung, sondern auch als Gärstoff (daher der Malzanteil, der natürlich nicht das gesamte Malz des jeweiligen Sudes ausgemacht haben kann) zugegeben. Und diese Grut war teuer.

**251** ***Was bedeutete das Grutrecht?***

Die städtischen Obrigkeiten haben festgelegt, dass in der Stadt »zünftiges« Bier nur mit einer bestimmten Menge Grut gebraut werden durfte. Diese auf Porse und Gagel basierende Mischung durfte aber nur in städtischen Gruthäusern gekauft werden – sie bildete die Basis der städtischen Bierbesteuerung.

In Dortmund werden erstmals in der zweiten Hälfte des 13. Jahrhunderts eine Besteuerung auf das »fermentum« (wie man die Grut lateinisch nannte) und »denarii cerivisialis« (also Bierpfennige) erwähnt. 1266 hat der Graf von Dortmund dem Erzbischof von Köln die Hälfte seiner Einnahmen aus diesen beiden Steuern übertragen – doch am 22. August 1293 erhielten die Dortmunder das königliche Recht, auf eigene Rechnung Grutbier zu brauen.

**252** ***Hatten die Bierzutaten in der Grut auch eine konservierende Wirkung wie der Hopfen?***

Nein, die Grut wirkte viel weniger konservierend als der Hopfen und seine Extrakte. Daher wird das Bier seinerzeit auch viel saurer geworden sein. Andererseits ist Milchsäure auch ein gutes Konservierungsmittel, das (im Zusammenwirken mit dem Hopfenanteil der Grut und mit dem Harz) andere schädliche Keime unterdrückt haben dürfte.

**253** ***Werden in Europa immer noch solche milchsauren Biere gebraut?***

Ja, die besten Beispiele für milchsaure Biere kommen aus Belgien. Am bekanntesten ist das Lambic, der traditionelle Bierstil von Brüssel und Umgebung. Ursprünglich war Lambic-Brauerei nicht mehr als eine einfache Methode, Getreide lagerfähig und Wasser unbedenklich zu machen: Durch das einmalige Aufkochen im Brauprozess war das Wasser sterilisiert, durch die traditionelle Form der Gärung und die darauf folgende langjährige Lagerung wurde das Getreide vor Schimmelpilz und Mäusefraß bewahrt. Mäuse trinken kein Bier – das ist uns Menschen vorbehalten. Wie einfach eine solche traditionelle Brauerei sein kann (und wie urtümlich ihr Bier schmeckt) lässt sich im Musée de la Gueuze nachvollziehen. Es liegt recht zentral – zu Fuß kaum mehr als eine Viertelstunde von der Grande Place – und ist eigentlich nichts anderes als die seit den zwanziger Jahren nie umgebaute Brauerei Cantillon. Wer nun den Eindruck hat, dass hier etwa ebenso lange auch nicht mehr Großreinemachen angesagt war – in österreichischen und deutschen Brauereien wird mindestens einmal pro Woche alles blitzblank geputzt und desinfiziert – der hat schon recht. Weil eben keine Kulturhefe verwendet wird, ist die Mikroflora der scheinbar »verschmutzten« Räume entscheidend für den Brauerfolg und den Hausgeschmack des Cantillon-Bieres. Denn in dieser Mikroflora kommt der Brettanomyces bruxellensis vor, der eine edle milchsaure Vergärung bewirkt.

Das Grundprodukt für die Lambic-Herstellung ist eine Maische für helle Weizenbiere – wobei ein gutes Drittel der Schüttung aus Rohfrucht, genau genommen: aus unvermälztem Weizen besteht. Die daraus gewonnene Würze wird mit sehr viel altem (und damit kaum mehr aromatischen) Hopfen versetzt und spontan vergoren.

**254** ***Was bedeutet »spontane Vergärung« bei einem Lambic?***

Spontane Gärung ist ein natürlicher Vorgang des Angärens, den wir kurz im Einleitungskapitel gestreift haben: In der Luft kommen Hefezellen vor, die eine süße Flüssigkeit befallen und vergären können. (Auf diese Art kann aus Fruchtsaft Wein werden.) Die Bierwürze für ein Lambic wird auf ein Kühlschiff, also ein flaches Gefäß mit großer Oberfläche, ausgeschlagen, wo sie einen Tag lang abkühlen und gleichzeitig Keime aus der Umgebung aufnehmen kann. Darunter sind nicht nur wilde Hefen, sondern auch verschiedene Milchsäure- und Brettanomyces-Stämme.

Wenn die Bierwürze anschließend in Fässer gefüllt wird, kommt es zu einer heftigen, etwa eine Woche dauernden Gärung, bei der die Brauer das Jungbier sich selbst überlassen, es wird also nicht gekühlt. Die Nachreifung ist ähnlich unspektakulär, sie erfolgt ebenfalls in Holzfässern – oftmals in ungepichten Weinfässern, die einen Teil der bei der Gärung entstehenden Kohlensäure entweichen lassen. Nach etwa drei Monaten ist das Lambic trinkreif.

Das geschmacklich Besondere daran: Während der spontanen Gärung konkurrieren die wilden Hefen mit säurebildenden Bakterien um die Malzzucker in der Bierwürze beziehungsweise dem jungen Lambic.

**255** ***Ist Lambic das Gleiche wie Gueuze?***

Lambic, der Name leitet sich von der Ortschaft Lambeek ab, ist die Vorstufe zum Gueuze. Woher der Name Gueuze kommt, liegt im Dunkeln – es gibt aber die Vermutung, dass er aus dem

am 8. April 1566 von niederländischen Adeligen gegen die Inquisition geschlossenen und mit einem großen Gelage begossenen Gueuzen-Bund (wörtlich: Bettler-Bund) abgeleitet ist.
Unter Gueuze versteht man Lambics, die entweder miteinander oder mit anderen zuckerhaltigen Zutaten verschnitten werden. So entsteht ein Gueuze-Lambic, wenn man altes Lambic mit noch nicht völlig durchgegorenem jungen Lambic verschneidet: Das junge Bier wirkt quasi als »Speise«, nährt die Hefe im alten Bier neu und spornt sie zu einer neuen Vergärung an. Man nennt diesen Vorgang, der früher auch bei untergärigen Bieren angewendet wurde, auch »aufkräusen«. Dabei wird relativ viel Kohlensäure gebildet, ein junges Gueuze-Lambic ist daher sehr erfrischend.

**256** ***Würde derselbe Effekt auch eintreten, wenn man Zucker zum Bier gibt?***

Auch Zucker wäre als Speise zum Aufkräusen geeignet – und beim Lambic entsteht dann ein Faro-Lambic. Dies ist ein mehr oder weniger saures Getränk, je nachdem, ob es jung oder schon etwas nachgereift ist und der zugesetzte Kandiszucker stärker vergoren wurde.
Ein gutes Beispiel für ein Faro wäre das bernsteinfarbene, weinig-süßlich duftende und im Antrunk sehr saure Faro-Lambic von Lindemans, das trotz der erwähnten Säure einen zuckrigen Nachtrunk hat.

**257** ***Ist das Brüsseler Champagnerbier auch ein Gueuze?***

Das ist dasselbe. Brüssel hatte im 19. Jahrhundert eine reiche Bourgeoisie, die viel Champagner getrunken hat. Daher hatten die Brauer billige Einwegflaschen zur Hand, die hohen Druck ausgehalten haben. Eine geniale Idee der Wiederverwertung des Luxus-Mülls war, Gueuze-Biere in die Champagnerflaschen zu füllen und als Brüsseler Champagner zu vermarkten.

**258** ***Bei uns bekommt man oft Fruchtbiere in Champagnerflaschen – warum steht da auch Gueuze drauf?***
Auch für die Brüsseler Fruchtbiere ist die Basis ein Lambic, das durch den Fruchtzucker aufgekräust wird. (Streng genommen ist jener Anteil an Alkohol, der aus den Früchten vergoren wird, als Wein zu bezeichnen.)

**259** ***Ist es wahr, dass das ursprüngliche Fruchtbier ein Kirschbier ist?***
Dies trifft jedenfalls beim Lambic zu, aus dem das sogenannte Kriekenbier oder Kriek hergestellt wird.
Entstanden ist dieser urtümliche Fruchtbiertypus angeblich im 19. Jahrhundert, als in einem Jahr eine große Weichselernte eingebracht wurde und man versuchte, die Sauerkirschen (ähnlich wie in einem Rumtopf) in Bier zu konservieren. Die Milchsäure hat dabei die Schale und das Fruchtfleisch aufgelöst. Im Fass blieben nur die Kirschkerne übrig – und ein harmonisch-säuerliches Bier, in dem sich die Aromen der Fruchtsäure mit denen der Milchsäure verbunden hatten.
Später hat man dann Versuche mit allen möglichen anderen Früchten gemacht – vor dem Ersten Weltkrieg hat es mehr »Framboos-Biere« mit Himbeeren als Kriekenbiere gegeben. 1972 war der Himbeer-Stil aber ausgestorben und wurde erst danach wiederbelebt, allerdings vielfach an den modernen süßlichen Publikumsgeschmack angepasst. Liefmans macht ein recht interessantes Framboise, und das Rosé de Gambrinus von Cantillon ist die vielleicht trockenste und weinigste Version eines solchen Fruchtbieres.
Weitere Fruchtbiervarianten enthalten Cassis (etwa bei Mort Subite), Pfirsich (Lindemans), Trauben (Cantillon) und sogar Bananen (de Troch).

**260** ***Auch in Amerika gibt es neuerdings Fruchtbiere. Haben die etwas mit den alten belgischen Traditionen zu tun?***
Selten, aber doch. Hervorzuheben ist das New Glarus Belgian Red aus New Glarus in Wisconsin. Dieses sehr intensiv nach

Kirsche und Mandel (vielleicht von den Kirschkernen?) schmeckende Bier hat sich mehrfach in Vergleichsverkostungen gegen belgische Originale durchgesetzt.
Die meisten amerikanischen Fruchtbiere sind aber bloße Experimente mit Fruchtmark, das gegen Ende der Gärung einem Weißbier zugegeben wird und ein leichtes Aufkräusen bewirkt – fast immer fehlt der milchsaure Charakter. Beispiele dafür wären das Cherry Wheat von Samuel Adams, das Blackberry Wheat von Boston Beer Works, das Apricot Ale von Pyramid oder das mit Himbeere versetzte Thomas Kemper Weizenberry.

**261** ***Ist eine Berliner Weisse mit Schuss mit solchen Bieren vergleichbar?***
Zwischen Berliner Weisse und dem amerikanischen Fruchtbier besteht der wesentliche Unterschied, dass die Berliner Weisse einen hohen Anteil an Milchsäure enthält (rund 0,35 Prozent reine Milchsäure gegenüber dem niedrigen Alkoholgehalt von 3 Prozent). Mit ihrer Milchsäure- und Brettanomyces-Gärung sowie dem pH-Wert von etwa 3,3 ist sie einem Gueuze wesentlich ähnlicher als jedem anderen Bier.
Und dann die Sache mit dem »Schuss«: Auch wenn es in den letzten Jahren bei allen drei Produzenten (Berliner Bürgerbräu, Berliner Kindl und Schultheiss) aufgekommen ist, die Weisse mit Schuss fertig gemixt in Flasche oder Dose anzubieten – der »Schuss« von Himbeer-, Kirsch- oder Waldmeistersirup kommt immer erst zum fertigen Bier, es kommt also (anders als bei einem Gueuze oder einem Kriek) zu keiner Gärungsreaktion.
Nun ist aber die Sache mit dem »Schuss« auch kein wirklicher Renner: »Hilfe, keiner will mehr Berliner Weisse trinken!«, schrieb die *Berliner Zeitung* im September 2004. Überall in Deutschland liebten die Menschen ihr Bier genauso wie ihre Stadt – nur eben nicht in Berlin! Kaum ein Wirt werde noch seine Berliner Weisse los! Das saure Bier mit dem Schuss Himbeer- oder Waldmeistersirup ist nach den Recherchen des Blattes in kaum einem Berliner Supermarkt oder Kiosk zu finden (ich kaufe sie üblicher-

weise in einem Supermarkt am Bahnhof Zoo) und werde eher als Folklore für Touristen denn als lokaler Biertypus geschätzt. Die in dem Artikel formulierte These: »Zu süß!« weist darauf hin, dass der Bierstil besser rasch zu seinen Wurzeln zurückkehren sollte.

**262** ***Was ist der wesentliche Unterschied zwischen einem Lambic und einer Berliner Weisse?***

Erstens wird in der Berliner Weisse weniger Hopfen eingesetzt, zweitens werden ausschließlich vermälzte Gerste und vermälzter Weizen verwendet (in die Bierwürze des Lambic kommt viel Weizen-Rohfrucht), und schließlich ist Berliner Weisse üblicherweise schwächer eingebraut als ein Lambic. Auch wenn es früher stärkere Weisse gegeben hat, so ist der Stammwürze-Gehalt heute mit etwa acht Prozent definiert (das sind acht Grad Stammwürze).

**263** ***Kann man Berliner Weisse auch pur trinken?***

Ja, bei der von Schultheiss empfiehlt sich das sogar sehr, weil sie einen sehr ausgewogenen weinigen Charakter hat.

**264** ***Tritt so ein Geschmack auch spontan in anderen Bieren auf?***

Früher war das recht häufig – erwünscht war es wohl nie, weil es ja bei anderen Bieren nicht stilgerecht wäre. Ein Beispiel ist der Bier Company in Berlin-Kreuzberg 1995 gelungen (oder sollte man besser sagen: »passiert«?). Das Bier war ursprünglich als heller Maibock eingebraut und damit wenigstens doppelt so stark wie die traditionelle Berliner Weisse. Braumeister Asbjörn Gerlach hat vorgeschlagen, diesen Sud als Berliner Gueuze in den Verkostungsnotizen zu führen – also als Berliner Version des »wilden«, spontan vergorenen Bieres aus Brüssel. Mit dem Brüsseler Gueuze hat es tatsächlich vieles in Aussehen und Geschmack gemeinsam: sehr helle Farbe, leichte Trübung, fast kein Schaum, eine leicht fruchtig-säuerliche Nase, kräftig säuerlicher Antrunk mit fruchtigen Aromen, die etwas an Mostäpfel erinnern. Und nicht zu viel Vollmundigkeit, dafür einen reinen, gerade nicht zu sauren Nachtrunk. Ein ganz großes Bier, wenn auch wahrscheinlich aus einem nicht wiederholbaren Versuch – es sei denn, die Bier Company würde es wagen, noch einmal nach demselben Rezept zu brauen und die Bierwürze dann mit Teilen des Bodensatzes aus den übrig gebliebenen Flaschen zu infizieren.

So ganz abwegig wäre das gar nicht: Das Weiterziehen der Mischung von Hefen und Milchsäure-Stämmen ist das wesentliche Produktmerkmal der Berliner Weisse, vor allem jener aus der Schultheiss-Brauerei. Die Schultheiss-Brauerei pflegt ihre spezielle Kultur von Mikroorganismen bereits seit der Zwischenkriegszeit – und lässt das damit vergorene Bier in der Flasche nachreifen.

Gerlach, der sich auch mit dem Hanfbier Turn als Rebell gegen das Reinheitsgebot erweist, hat übrigens einige Flaschen seines Berliner Gueuze mit Kirschmark versetzt und daraus ein ebenfalls sehr interessantes Berliner Kriek hergestellt.

**265** ***Haben solche Zusätze Tradition? Gab es auch im deutschen Bier früher andere Zutaten als die bekannten Bitterstoffe?***

Auch wenn die Gerb- und Bitterstoffe stets die bedeutendsten Gewürze des Bieres waren, hat man dem Bier in Deutschland ebenfalls alle möglichen anderen Zutaten beigemengt: Den Honig, der dem Bier mehr Alkoholgehalt verschaffte, haben wir schon erwähnt. Ebenso versuchte man mit Früchten, die man bei der Nachgärung zusetzte, den Alkoholgehalt und wohl auch den Geschmack zu verstärken. So gab es in Braunschweig eine Kirsch-Mumme – wer jemals ein Cherry Stout getrunken hat, wie es von manchen amerikanischen Kleinbrauereien angeboten wird (etwa das Chocolate Cherry Stout, für das Boston Beer Works ganze Kirschen mitvergären lässt), kann sich vorstellen, wie lecker das war. Ein weiterer gar nicht so abwegiger Zusatz war Salz: Die Leipziger Gose wurde traditionell aus etwas salzhaltigem Wasser gebraut – und wo das Salz nicht in der Natur vorgekommen ist, hat man es einfach ins Brauwasser getan. Das hat nicht nur einen »trockeneren« Geschmackseindruck bewirkt, sondern vor allem dafür gesorgt, dass der Durst nicht wirklich gelöscht wurde.

**266** ***Sind solche Zutaten gesundheitsgefährdend?***

Abgesehen von den schon erwähnten Medizinalkräutern stellt der Zusatz von Früchten, Gewürzen und Salz keine Gesundheitsgefahr dar. Der einzige gesundheitliche Effekt, der bei den milchsauren Bieren auftreten kann, ist eine deutlich beschleunigte Verdauung, weil Hefen und Milchsäurebakterien der Darmflora nachhelfen. Als besonders stark abführend galt die Leipziger Stöpselgose, die bei der traditionellen Nachgärung in offenen Flaschen mit langem Hals (der sich durch einen Hefe-Stöpsel verschloss) besonders viele Mikroorganismen enthielt:

»Wennste probst der Gose Saft,
Wappne dich mit Heldenkraft,
Denn de weest nich, wärd dei Magen
Ja und Amen derzu sagen?
Drum bevor de rechte Hand
Noch ums Stengelglas sich wand,
Leg aus Vorsicht deine linke,
Uf de Stuwendhiereklinke!«

**267** ***Gibt es heute noch Leipziger Gose?***

Nicht mehr in der ursprünglichen Form, in der die Gose im Fass angegoren wurde und mit alkoholischer sowie milchsaurer Gärung in der Flasche weiterreifen konnte. Aber der Bierstil wird nur mehr von zwei Brauereien gepflegt: Die Familienbrauerei Bauer braut eine Ritterguts-Gose und am Bayerischen Bahnhof ist ein Brewpub, das die Gose als Spezialität ausschenkt. Von den Leipziger Gosenschenken ist allerdings nur eine übrig geblieben – zur Blüte dieses Bierstils im ersten Viertel des 20. Jahrhunderts waren es an die siebzig. Sie heißt »Ohne Bedenken«, und der In-

haber Hartmut Hennebach weiß nur zu genau um die Nebenwirkungen des Gebräus.
Drum weist er seine Gäste vorsichtshalber ein, wo das »Stille Örtchen« zu finden ist, und gibt ihnen den alten Spruch mit auf den Weg:

»Es ist zwar ein sehr gutes Bier,
die Goslarische Gose;
doch wenn man meint, sie sei im Bauch,
so liegt sie in der Hose.«

**268** ***Ist Gose das angestammte Bier von Leipzig oder von Goslar?***
Gose stammt aus Goslar – und auch wenn der Name Gose dem belgischen Gueuze ähnlich klingt, haben die beiden Bierstile außer der milchsauren Gärung und der Verwendung von Gewürzen nichts gemeinsam. Das ursprüngliche Leipziger Bier war das Rastrum, und erst als die städtischen Brauprivilegien fielen, konnte Gose eingeführt werden.
Rastrum ist, wie so viele alte Biere, längst ausgestorben. Überliefert ist, dass es um 1800 »ein dickes, schweres Bier« gewesen sein muss. In einem lateinischen Scherzvers heißt es: »Non propter rastrum, sed propter amabile rostrum virginis, ad rastrum plebs studiosa venit.« Zu Deutsch: »Nicht wegen des Rastrum, sondern wegen der lieblichen Schnäbel der Jungfrauen kommt das studierende Volk zum Rechen.« Der »Rechen« (lat. »rastrum«) war nämlich das Zeichen für die Bierschenken in Leipzig, so wie anderswo der Brauerstern.

**269** ***Warum kann man auf manchen Darstellungen alter Brauhäuser einen Davidstern sehen?***
Das Zeichen, das vielfach bei Bierbrauereien und Bierschenken gezeigt wird, sieht tatsächlich dem Davidstern ähnlich. Es hat aber nichts mit dem Judentum zu tun. Der sechszackige Stern aus zwei ineinander verschlungenen Dreiecken ist ein alchimistisches Symbol, das Siegel Salomons, das sich in die vier Grund-

elemente Feuer, Wasser, Erde und Luft zerlegen lässt, die auch bei der Bierherstellung eine entscheidende Rolle spielen.
Dieser Stern gehört zu den Berufsgeheimnissen der Brauerzunft.

**270** ***Was bedeutete »zünftiges« Bierbrauen?***

»Zünftig« arbeiten bedeutete stets, sich an die hergebrachten Regeln des Handwerks zu halten. Das hieß vor allem, ausschließlich die von der Zunft zugelassenen Werkzeuge zu gebrauchen, nicht mehr als die mit den Zunftgenossen vereinbarten Mengen herzustellen und selbstverständlich die Rezepte einzuhalten.
Alle diese Regeln waren extrem wettbewerbsfeindlich, sie verhinderten Innovationen – aber sie ließen auch ein in sich geschlossenes Brauergewerbe entstehen.

**271** ***Hatte nicht jeder das Recht, Bier zu brauen?***

Die Bauern, Klöster und Schlossherren konnte man nicht daran hindern (obwohl man es bei den Bauern Oberösterreichs und wohl auch anderswo immer wieder versucht hat) – in den Städten war das Braurecht aber ein Privileg.

**272** ***Was bedeutete das Brauprivileg?***

Das Brauprivileg gestattete den Bürgern, Bier zu brauen oder in ihrem Namen brauen zu lassen. Es war auf die alteingesessenen Bürger der jeweiligen Stadt beschränkt – auf Patrizier, die feste Häuser aus Stein besaßen.

**273** ***Wenn Bierbrauen ein Bürgerrecht war, hat dann jeder Bürger gebraut?***

In größeren Haushaltungen war das eine Selbstverständlichkeit, zumal die Bürgerhäuser im Mittelalter zumindest zeitweise (etwa bei Messen) als Gasthäuser dienten. Man ist dann dazu übergegangen, das Brauwesen zu reglementieren. Zunächst kam das sogenannte »Reihebrauen« auf, es haben also die Bürger nach der Reihe den Braumeister mitsamt der Braupfanne ins Haus kommen lassen, ihre Getreidevorräte verbrauen lassen und dieses Gebräu dann wieder im eigenen Keller eingelagert. Schließlich haben die Bürger ihre Braurechte in Kommunen (wie in der noch heute bestehenden Braucommune Freistadt) zusammengelegt oder zumindest auf wenige professionelle Brauer übertragen, die dann eben »zünftig« gebraut haben.

**274** ***Was war das Kennzeichen der zünftigen Brauer?***
Der wichtigste Unterschied zum nicht zünftigen Bier bestand darin, dass die handwerklichen Brauer zumindest eine Braupfanne oder einen metallenen Sudkessel hatten.

**275** ***Aus welchem Material musste ein solcher Sudkessel sein?***
Kupfer entspricht nach heutigen Vorstellungen wohl am ehesten einem »zünftigen« Material für Braugefäße – und so war es ja auch jahrhundertelang, weil Kupfer wegen seiner Wärme-Leitfähigkeit besonders geeignet war. In den mittelalterlichen Braustätten gab es aber meistens eine eiserne Sudpfanne.
Heutzutage ist Kupfer im Wesentlichen von Edelstahl abgelöst worden – Kupfer ist viel schwieriger zu reinigen (man nimmt dazu Schwefelsäure, die man mit Hefe mischt – was auch von der Arbeitssicherheit her nicht ganz unproblematisch ist).

**276** ***Wie haben Bauern gebraut, wenn sie keinen Sudkessel hatten?***
Wer keine metallenen Gefäße hatte, musste sich mit hölzernen begnügen. Das führte zu einer eigenen Brautechnik, dem Steinbierbrauen. Um die Maische oder die Würze in einem hölzernen Schaff zu erhitzen, musste man Steine im Feuer heiß machen und dann in die Flüssigkeit werfen. Natürlich eignet sich nicht jeder Stein dafür (die meisten würden zerspringen), besonders bewährt hat sich die Grauwacke.

**277** ***Wie wirkt sich die Steinbierbereitung geschmacklich aus?***
Im Steinbier gibt es zwei wesentliche Effekte: Erstens wird mit dem Stein ein gewisser Rauchgeschmack in die Bierwürze gebracht. Zweitens kommt es durch den Hitzeaustausch zwischen

der süßen Bierwürze und dem glühend heißen Stein zu einer Karamelisierung des Zuckers in der Bierwürze.

**278** ***Gibt es heute noch Steinbiere?***

In der traditionellen Weise – mit Holzschaff und heißem Stein – wird bestenfalls noch bei folkloristischen Anlässen gebraut. Für das Rauchenfels Steinbier werden allerdings noch Grauwacke-Steine über Feuer erhitzt und in die Sudpfanne getaucht, was den Karamelisierungs-Effekt sicherstellt. Auch der Brauer Chuck Skypeck von Boscos Brewery in Nashville, Tennessee, bietet gelegentlich ein Steinbier (das erfrischende, aber kaum rauchige Famous Flaming Stone Beer) an.

**279** ***Welche Bedeutung hatte das städtische Brauprivileg, wenn doch jeder Bauer rundum auch Bier gebraut hat?***

Das bürgerliche Braurecht war viel bedeutender als die Hausbrauerei bei den Bauern: Bürger hatten nämlich nicht nur das Recht, Bier zu brauen, sie hatten nicht nur eine überlegene Technologie. Sie durften es vor allem auch gegen Geld ausschenken.
Nehmen wir das Beispiel von Burgkunstadt: Bischof Philipp von Bamberg, Graf von Nennberg (1475–1487), bewilligte 1480 seinen getreuen Burgkunstadtern die Bitte, die angeblich beim Stadtbrand 1460 verloren gegangene Urkunde aus dem Jahr 1410 neu anzufertigen und bestätigte die alten Bierprivilegien. In dieser Urkunde steht, dass »niemand im Amt Burgkunstadt mehr mulzen und brauen darf, als er in seiner Behausung trinken kann«. Das Kommunbier der Burgkunstadter war das einzige Bier, das zum allgemeinen Trunk und für besondere Feiern im Amt ordnungsgemäß zum Verkauf gestellt werden durfte.
Dieses Privileg stellte die eigentliche »Braunahrung« dar – also den wahren Vorteil, den die Bürger gegenüber den einfachen Leuten hatten.
Andererseits gab es kein Privileg ohne Gegenleistung: Die bürgerlichen Privilegien gingen mit Pflichten einher; etwa der Pflicht, die Stadtbefestigung zu erhalten und eine Wache zu stellen.

**280** ***Hat die »Braunahrung« der städtischen Braubürger ihren Mann genährt?***

Ziemlich sicher, sonst wäre sie nicht so erbittert bis ins 18. Jahrhundert verteidigt worden: Der Rechtsstreit der Bürgerschaft von Burgkunstadt gegen die Konkurrenz in Weismain und Altenkunstadt ging 1780 bis vor das damalige Reichskammergericht – am Urteil soll sogar der eben damals zum Geheimrat ernannte Goethe mitgewirkt haben. Das Urteil bestätigte die Rechte von Burgkunstadt.

Um das Biermonopol ging es auch im Oberlausitzer Bierstreit von 1662. Damals hatte die Stadt Löbau in ihrem Stadtwald am Kottmar ein Försterhaus errichtet, um Holz-Diebstählen vorzubeugen. Und der Förster machte ein schönes Nebengeschäft daraus, Löbauer Bier auszuschenken. Das Häuschen lag nämlich nicht weit vom Dorf Eibau, das im Meilenbezirk von Zittau lag. Daher wurde dort traditionell Zittauer Bier verzapft. Die Zittauer protestierten beim Landesfürsten – und ihr Protest hatte zunächst auch Erfolg: Dem Förster wurden fünfzig Taler Strafe für Löbauer Bierausschank angedroht, da »weit und breit kein Löbauer Unterthan wohne«.

Dem aber halfen die Löbauer ab – sie errichteten 1676 »etliche Häuser und also ein Dörfel«; die Zittauer dagegen drohten den Eibauern mit Geld- und Haftstrafen, wenn sie auf ein Löbauer Bier gingen. Erst 1691 wurde die Lage rechtlich saniert: Am 12. November dieses Jahres bekam das von Löbau errichtete Kottmarsdorf eine Gemeindeverfassung und damit das eigene Schankrecht von Löbau.

**281** ***Wann war die Blüte des deutschen Brauwesens?***

Die Bierbrauerei war immer wieder konjunkturellen und klimatischen Zyklen unterworfen. Nachdem das Klima im 17. Jahrhundert für den Weinbau ungünstiger geworden war, dürfte das 18. Jahrhundert ein recht günstiges für das Bier gewesen sein. Nicht nur, weil es dem Wein nun immer öfter qualitativ überlegen war, sondern auch, weil es in den Seuchenzeiten das einzig gesunde Getränk gewesen ist: Bier war ja im Unterschied zu Wasser und Milch keimfrei – zumindest können im Bier keine gesundheitsschädlichen Keime wachsen.

### 282 *Wie ist man im 18. Jahrhundert mit Bier umgegangen?*

Dazu gibt uns der *Haus-Vater*, ein 1729 von Jacob Schuster in Leipzig verlegtes, eintausend Seiten starkes praktisches Hilfsbuch für den Alltag, Hinweise: »Was zu einem guten Biere gehöret. Zu einem guten Biere gehöret ein guter Brau-Meister, ein gut Maltz, gut Wasser, guter Hopffen, gute Luft, und denn gut, rein und sauber Geschirre und Fässer.«

Bierbrauerei war damals noch so verbreitet, dass man in jedem Haushalt wissen sollte, wie man mit Gärungsproblemen umgeht: »Wenn ein Bier im Bottich nicht gähren, auch wenn es im Fasse nicht aufstossen will, oder wenn es schaal geworden ist, so nehme man eine neue Pflug-Schaar oder Kiesel-Steine, mache sie glühend und heiß, thue sie in den Bottich, decke das Bier feste zu, und lasse es stehen, dass es sich wieder erwärme.«

Beim Biergenuss war nach Ansicht des *Haus-Vater* Vorsicht geboten, denn: »Wenn ein Bier nicht genugsam gesotten, ingleichen das noch zu jung und nicht recht vergohren, machet viel Winde und Grimmen, Colicam, den Stein, Verstopfung und dergleichen Beschwerungen. Dasjenige Bier, welches gar sauer worden, schadet dem Magen, Nieren und Senn-Adern und gebieret böse Feuchtigkeit im Leibe.«

Hatte man zu viel getrunken, so wusste der *Haus-Vater* auch ein Mittel: »Wer truncken ist und gerne bald wieder nüchtern werden will, der trinke einen oder zwey Trunck Essig, oder esse Pfefferkuchen, so wird er bald nüchtern, oder trinke zuvor drey Löffel voll Baum-Oel von unzeitigen Oliven.«

### 283 *Warum hat das europäische Brauwesen um 1800 einen Niedergang erlebt?*

Um das Jahr 1800 sind mehrere für die Bierbrauerei ungünstige Entwicklungen zusammengekommen: Zum einen war der Kartoffelanbau ab 1770 in weiten Teilen Europas eingeführt worden – und Kartoffelgerichte ersetzten nach und nach die damals als Hauptnahrungsmittel geltende Biersuppe (aus altem Brot, das in Bier gewärmt wurde).

Während die Kartoffel das Bier (oder eben die Biersuppe) vom Speisezettel verdrängte, verdrängte der Tee das Bier als einziges gesundes Getränk. Auch der Tee wurde ja aufgebrüht – und die Erfahrung lehrte, dass Teetrinker ebenso wie Biertrinker von jenen Seuchen verschont blieben, die über das Wasser übertragen wurden (auch wenn die seuchenhygienischen Zusammenhänge erst viel später geklärt wurden). Während des 18. Jahrhunderts nahm der Teekonsum in England um das 200-fache zu, in Europa stieg er nach Ende der napoleonischen Kriege sprunghaft.

Das europäische Brauwesen, das immer noch weitgehend in den Fesseln des Zunftwesens lag, schlitterte in eine tiefe Krise. Die Zeit war reif für Innovationen – und die kamen alle innerhalb der relativ kurzen Periode von 1830 bis 1890, in der das Brauwesen industrialisiert und verwissenschaftlicht wurde.

### 284 *Was bedeutet es eigentlich, wenn man sagt, dass etwas »dem Fass den Boden ausschlägt«?*

Diese Redewendung, die Unzumutbares bezeichnet, hat einen historischen Hintergrund: Im 14. Jahrhundert mussten städtische Bierknechte in Nürnberg »dem Fass den Boden ausschlagen«, weil sie verdorbenes Bier entdeckt hatten. In der Landshuter Brauordnung von 1409 heißt es: »die pir alle jahre mehr denn ainsten zu versuchen und welches nicht gut und gerecht wäre, dem wollen meine herren in dem keller oder auf der straße die böden ausschlagen.«

Im 19. Jahrhundert ist das noch einmal spektakulär passiert, nämlich in der böhmischen Stadt Pilsen. Dort hat der Rat der Stadt noch 1838 Fässer mit saurem Bier zerschmettern lassen. Dies war gleichzeitig das Startsignal für die Gründung eines bürgerlichen Brauhauses. Damit begann der Aufstieg des heute weltweit populärsten Bierstils.

## Auf Pils-Safari

**285** ***Was ist der gängigste Bierstil der Welt?***

Wenn man alles in allem nimmt, dann ist Pils nicht nur der bedeutendste Bierstil in Deutschland (gut zwei Drittel des deutschen Bieres ist von Pilsner Art) – es ist auch das am häufigsten getrunkene Bier der Welt. Aber der Geschmack variiert enorm: Nicht nur, dass Pils in verschiedenen Gegenden Deutschlands unterschiedlich schmeckt und sich deutlich von dem unterscheidet, was das Pilsner Urquell darstellt – Pils aus anderen Ländern ist noch einmal deutlich anders.

So gelten nicht nur europäische Top-Biermarken wie Stella Artois und Heineken als Pils. Auch viele amerikanische Massenbiere gehen als »light american pilsner« durch – aber wer je von Bud, Miller Genuine Draft oder Coors Golden gekostet hat, weiß um den Unterschied zu unserem Pils-Stil.

Als mindeste Gemeinsamkeit der Biere nach Pilsner Art gilt, dass sie hell und trocken sein müssen, dass sie also keine merkliche Restsüße haben.

**286** ***Was macht nun ein gutes Pils aus?***

Pils ist definiert als ein helles untergäriges Bitterbier mit guter Schaumhaltigkeit. Das lässt einen breiten Spielraum für Interpretationen zu. Leider wird dieser Spielraum aber auch mehr als großzügig in Anspruch genommen: Viele Biere, die sich in die Pils-Kategorie schummeln, sind überhaupt nicht bitter. Wie wir wissen, ist die Bittere eines Bieres vor allem vom Hopfen bestimmt – wobei die Bittere in Internationalen Bittereinheiten (IBU) angegeben wird. Die Bittere eines guten Pils sollte deutlich über 30 liegen – Hoepfner Pils und Jever haben etwa 38 IBUs, das Moritz Fiege Pils aus Bochum etwa 36, das Uttendorfer aus Oberösterreich 42 und das Krombacher aus dem Sauerland nur 25.

Warsteiner (24 bis 25 IBUs) behauptet schon längst nicht mehr, ein Pils zu sein – auch wenn es, abgesehen von der milden Hopfung, eine Reihe von Merkmalen hat, die es als Pils erscheinen lassen: So entspricht sowohl die Farbe als auch die Schaumhaltbarkeit des Warsteiner einem hervorragenden Pilsbier – nur ist es eben nicht bitter genug.

Man sieht also: Nicht alle Biere aus der Pilsner Kategorie sind wirklich pilsig. Als Faustregel gilt, dass norddeutsches Pils eher herber, sauerländisches und süddeutsches Pils eher etwas milder ist, wobei Ausnahmen (das sehr herbe Pott's Pils aus Oelde in unmittelbarer Nähe von Warstein) die Regel eher bestätigen.

### 287 *Woraus besteht ein Pils?*

In der sehr empfehlenswerten Broschüre *Unser Bier – Ein Lebenselixier* hat der Verlag Hans Carl eine äußerst nützliche Tabelle der »Konventionellen Eigenschaften des Pilsener Lagerbieres« veröffentlicht. Ihr ist zu entnehmen, dass das untersuchte Pils zu knapp 92 Prozent aus Wasser besteht, dass der Alkoholgehalt knapp über fünf Volumsprozent liegt, was genau vier Gewichtsprozent entspricht, und dass es, chemisch gesehen, leicht sauer ist *(siehe Tabelle auf Seite 137)*.

Viele dieser Angaben sind nur für einen Techniker interessant. So etwa der Ausstoß- und der Endvergärungsgrad. Oder der wirkliche und der scheinbare Extrakt – eine Messgröße, die angibt, wieviel Extrakt im Bier vorhanden zu sein scheint. Diese »scheinbare« Größe ist aber immer zu klein, weil Alkohol und Kohlensäure mit ihrem geringen spezifischen Gewicht dieses bei der Saccharometerprobe »dünner« erscheinen lassen als der »wirkliche« Extraktgehalt ausmacht.

**Konventionellen Eigenschaften des Pilsener Lagerbieres**

| | | |
|---|---|---|
| Stammwürze | (g/100 g) | 11,8 |
| Wasser | (g/kg) | 919,6 |
| Alkohol | (ml/100 ml) | 5,02 |
| | (g/100 g) | 4,00 |
| Extrakt wirklich | (g/100 g) | 4,04 |
| Extrakt scheinbar | (g/100 g) | 2,23 |
| Physiologischer Brennwert | (kcal/kg) | 434 |
| | (kJ/kg) | 1814 |
| Hopfenbitterstoffe | (Bitterness-Units = IBU) | 33,5 |
| Kohlendioxid/$CO_2$ | (g/100 g) | 0,51 |
| Ballaststoffe | (mg/l) | 1529 |
| Osmoalität | (mmol/kg) | 1127 |
| Schwefeldioxid/$SO_2$ | (mg/l) | 3 |
| Ausstoßvergärungsgrad | | 82,2 |
| Endvergärungsgrad | | 82,8 |
| Farbe (EBC) | | 8,1 |
| Wasserstoffionen-Konzentration | (= pH-Wert) | 4,48 |
| Viskosität | (cp) | 1,66 |

### 288 *Was gibt der Vergärungsgrad an?*

Der Ausstoßvergärungsgrad gibt an, wie viel von der Stammwürze tatsächlich zu Alkohol vergoren wurde. Der Endvergärungsgrad ist jener Prozentsatz, der mit der jeweiligen Würze überhaupt möglich wäre. Im Interesse der Haltbarkeit des Pilsbieres und des schlanken Geschmacks sollten diese beiden Werte möglichst eng beisammen liegen.

### 289 *Ist der Vergärungsgrad bei einem Pils höher als bei anderen Bieren?*

Ja, Pilsbiere haben, ebenso wie Dry-Biere, einen sehr hohen Vergärungsgrad – und damit einen geringen Restzucker. Nur bei Diätbieren ist der Vergärungsgrad noch höher. Das ergibt einen trockenen Geschmack – im Unterschied zum wesentlich vollmundigeren Geschmack eines klassischen deutschen Märzenbieres (man rechnete für diesen Typ noch in der Zwischenkriegszeit mit 55 bis 57 Prozent Vergärungsgrad). Österreichische Märzenbiere liegen im Vergärungsgrad näher beim Pils als bei traditionellen Märzenbieren.

Generell ist mit den modernen zylindrokonischen Tanks und den daran angepassten Hefestämmen ein wesentlich höherer Vergärungsgrad erreichbar als mit den klassischen Lagerfässern und liegenden Lagertanks.

**290** ***Der Vergärungsgrad ist auf einem Bier ja nicht angegeben – woran kann man sich als Laie orientieren?***

Einen guten Anhaltspunkt geben Stammwürze- und Alkoholgehalt, sofern diese angegeben werden. Wenn man sieht, dass ein Bier mit 12 Grad Stammwürze über fünf Volumsprozent Alkohol enthält, dann kann man davon ausgehen, dass es ein eher »trockenes« (beziehungsweise hoch vergorenes) Bier ist. Ist das Verhältnis größer (also etwa 12 : 4 oder gar 13 : 3,5), kann man getrost schon bei der Lektüre des Etiketts davon ausgehen, dass man ein vollmundigeres, wenn nicht gar süßes Bier vor sich hat.

**291** ***Wie sind die Pilsbiere mit dem Pilsner Urquell verwandt?***

Es gibt nichts daran zu deuteln: Das Pilsner Urquell ist 1842 beim ersten Sud von Josef Groll in Pilsen das erste Bier seiner Art gewesen. Auch wenn es noch nicht gleich Urquell geheißen hat, war es das Ur-Pils. Es kam, wenn man die damalige politische Landkarte betrachtet, aus dem alten Österreich. Damals war das relativ helle goldgelbe Bier eine unerhörte Innovation – man war eher dunklere Biere gewohnt.

Auch Groll selbst soll von Farbe und Art seines Bieres überrascht gewesen sein. Ursprünglich war er nämlich engagiert worden, um »bayrisches Bier«, also ein untergäriges Braunbier zu brauen.

**292** ***Warum schmeckt Pilsner Urquell eigentlich anders als die Pilsbiere, die wir kennen?***

Um diese Frage zu beantworten, lohnt ein Blick in die historische Brauerei von Pilsen. Auch wenn die hölzernen Gärbottiche und die großen Lagerfässer heute nur mehr einen Schaubetrieb

für die Touristen darstellen: Den vielleicht wesentlichsten Hinweis auf die traditionelle Braumethode liefert die Beobachtung des Sudhauses: Dort wird die heiße Bierwürze immer noch über einen offenen Läutergrant abgeläutert – das heißt, dass die Vorderwürze während des Brauvorganges intensiv mit Sauerstoff in Kontakt kommt. Das führt nicht nur zu einer satteren (sprich: etwas dunkleren) Farbe des Bieres – es bewirkt auch einen intensiveren, deutlich vollmundigeren Geschmack, der von Oxidation und einer kleinen, aber merkbaren Menge Diacetyl geprägt ist.
Bei moderneren Produktionsmethoden als jener in Pilsen wird vor allem versucht, jeden Sauerstoff-Kontakt des halbfertigen Bieres zu vermeiden. Das ergibt schlankere, »sauberer« schmeckende Biere – jenen Pils-Stil, den wir aus allen westlichen Großbrauereien kennen.
Ein weiteres markantes Kennzeichen des Urquell sind sein geringerer Vergärungsgrad und der höhere Extraktgehalt im Vergleich zu moderneren Pilsbieren.

### 293 *Ist also böhmisches Pils das ursprüngliche Pilsbier?*

Ja, auch wenn nicht jedes pilsartige Bier so genannt wird. In Böhmen wird auch das pilsigste Lagerbier als »Svetle Lezak«, also als »helles Lager« bezeichnet – außer eben dem Pilsner Urquell, das in der tschechischen Sprache »Plzensky Prazdroj« heißt.
Gemeinsam ist den meisten hellen böhmischen Bieren eine eigentümliche Vollmundigkeit, die in den modernen westlichen Pilsbieren nicht zu finden ist.

### 294 *Ist Pilsner Urquell das meistverkaufte Bier der Tschechischen Republik?*

Nein, auch wenn die Pilsner Urquell-Gruppe die größte Brauereigruppe des Landes mit 49 Prozet Marktanteil ist. Die meistverkaufte Marke der Gruppe (und damit das populärste Bier Tschechiens) ist das in Pilsen gebraute Gambrinus mit rund vier Millionen hl Jahresproduktion. Die Pilsner Urquell-Gruppe gehört zum SAB-Miller-Konzern, die zweitgrößte Gruppe Staropramen ist Teil der belgischen Inbev.

### 295 *Hat der Pilsner Stil in Tschechien alle dunklen Biere verdrängt?*

Nein – aber er hat die obergärigen Biere aus Böhmen und Mähren verdrängt. Noch um 1850 braute die Mehrheit der böhmischen Brauereien ausschließlich obergärig, bis zum Ende des 19. Jahrhunderts war man von der Obergärung abgekommen. Nicht aber vom hoch vergorenen, trocken-herben dunklen Bier. Das war eine Domäne der Prager. Längst haben sich die Lokale links und rechts des Touristen-Trampelpfades »Königsweg« darauf eingestellt, dass Österreicher und Deutsche dunkles Bier für »zu süß« halten. Das traditionelle Prager Dunkle – ein trockenes, hopfenherbes Bier, das die Stärke der Branik-Brauerei war – ist aus den meisten Bierlokalen verschwunden. Und wenn man genauer hinsieht: Es sind viele der Lokale selbst verschwunden. Wo die Lokale bestehen geblieben sind, wo die dunklen Biere unverändert geblieben sind, da hat sich das Publikum verändert: Das »U-Fleku« atmet nach wie vor die Jahrhundertwende-Atmosphäre. Aber für ein 0,4-Liter-Glas mit dem starken, dunklen Bier können eben nur wir Ausländer locker fünfzig Kronen (also rund 1,5 Euro) hinblättern. Und wir tun uns auch erheblich schwerer als die Einheimischen, den Nepp mit dem dazu servierten Stamperl Becherovka – den man zwar nicht bestellt hat, aber trotzdem bezahlen muss – zurückzuweisen.

### 296 *Können sich Tschechen Pilsner Bier überhaupt noch leisten?*

Nur schwer. In Tschechien haben Wirtschaftskrise und hohe Biersteuern in den neunziger Jahren sogar zeitweilig dazu geführt, dass in der Pilsner Urquell-Brauerei monatelang Kurzarbeit angeordnet werden musste. Inzwischen zeigen die Werte aber steil nach oben: Im September 2004 wurde ein neun Millionen Euro teures neues Huppmann-Sudhaus mit einer Kapazität von zwei Millionen hl in Betrieb genommen, Braumeister

Vaclav Berka rechnet mit einer Erweiterung auf vier Millionen hl, die aber wohl nicht auf dem Inlandsmarkt verkauft werden können. Denn wer vom tschechischen Durchschnittsverdienst von 19000 Kronen brutto leben muss, für den liegt die magische Grenze des Bierpreises bei 17 Kronen für den halben Liter zehngrädigen Bieres.
Selbst im Traditionslokal »U Zlateho Tygra« (»Zum goldenen Tiger«), das trotz seiner Lage wenige Meter neben dem Königsweg (Husova 11) noch relativ unverdorben ist, musste man im Herbst 2004 schon 29 Kronen für das (zwölfgrädige) Pilsner Urquell hinblättern. Wenn man es geschafft hat, sich an der Tafel, die das Lokal als voll ausweist, vorbei zu drängen und einen Sitzplatz zu ergattern (Stehende werden hier ebenso wenig bedient wie auf dem Münchner Oktoberfest): Wie schmeckt das Pilsner doch so gut! Vollmundig, leicht oxidiert und mit einem Hauch Diacetyl, jenem buttrigen Geruch, den jeder westliche Lagerbierbrauer verfolgt wie der Teufel die arme Seele. Dem böhmischen Bier geben Sauerstoff und Diacetyl eben das: Seele. Und diese Seele des Bieres ist, was das böhmische Lagerbier so einzigartig erscheinen lässt. Stanislav Prochazka, der ehemalige Generaldirektor der Prager Brauereien, hat mir einmal erklärt, worum es geht: Tschechisches Bier löscht eben nicht den Durst – es regt vielmehr dazu an, weiterzutrinken.

### 297 *Wird das tschechische Bier anders hergestellt als das in anderen Ländern?*

Ja, in Tschechien hat man einige technologische Sprünge nicht mitgemacht, die für untergärige Biere anderer Länder längst »state of the art« sind. Gerade deshalb hat man 1997, als das Sudhaus der Prager Smichov-Brauerei (Ursprungsort der Marke Staropramen) erneuert wurde, den Läuterbottich so angelegt, dass er – wie in alten Zeiten – bei der Trennung von Trebern und Bierwürze reichlich Sauerstoff an die Würze lässt. Das macht sie dunkler, lässt das fertige Bier auch vollmundiger und weniger »modern« schmecken.

Die Techniker aus dem bayrischen Freising, die diesen Läuterbottich konstruieren mussten, haben die Hände über dem Kopf zusammen geschlagen: Ist das nicht eine Sünde gegen die Qualität? Natürlich ist das ein Verstoß gegen alles, was die Brauwissenschaft in den letzten Jahren gelehrt hat. Ein Verstoß gegen ein Qualitätsdiktat, das Qualität nur als lange Haltbarkeit versteht. Es ist eben eine andere Qualität, um die es beim tschechischen Bier geht – um eine geschmackliche, um ein Lebensgefühl, das im Bier liegt. Diese Qualität findet man nicht nur im Staropramen aus Smichov, sondern immer noch in den meisten anderen Bieren der Tschechischen Republik, wo an der traditionellen Sudhausarbeit festgehalten worden ist und der moderne, leere, durstlöschende Bierstil sich (noch?) nicht durchgesetzt hat.

**298** ***Man kann gelegentlich lesen, dass Pils seinen Namen vom Bilsenkraut habe. Stimmt das?***

Nein. Das ist eine Behauptung, die der Botaniker Christian Rätsch aufgestellt hat – und zwar auf Grund der unbestreitbaren Tatsache, dass Bilsenkraut (Hyoscyamus niger) schon im Altertum einigen Bieren zugesetzt wurde, weil es die berauschende Wirkung steigert. Biere mit diesem Zusatz waren allerdings längst abgekommen, als das erste Bier Pilsener Brauart in den Gläsern schäumte.

**299** ***Was machte den Erfolg der Biere Pilsener Brauart aus?***

Ein wesentlicher Faktor für die Erfolge der modernen Biere (nicht nur des Pilsner Urquell, sondern auch des kurz vorher bekannt gewordenen India Pale Ale [IPA]) war die Einführung preiswerter, industriell gefertigter Biergläser, die die bis um 1830 üblichen Tonkrüge in vielen Lokalen ablösten. Im Glas konnten die Biertrinker nun sehen, dass die Pilsner Biere von Anfang an eine relativ helle Farbe und eine für die Mitte des 19. Jahrhunderts nicht selbstverständliche Klarheit hatten. Nun wurden von den Konsumenten solche Biere nach Pilsener Art bestellt.

**300** ***Sind Pils, Pilsner und Pilsener derselbe Bierstil?***

Ja – die unterschiedlichen Namen haben alle dieselbe Wurzel. Brauer haben rasch entdeckt, dass man mit entsprechender Technologie helle Biere im Stil der Bürgerlichen Brauerei in Pilsen brauen kann.

Vergeblich haben die Brauer aus Pilsen versucht, Nachahmungen zu untersagen – sie mussten schon froh sein, wenn die Nachahmer nicht behaupteten, ihr Bier wäre aus der Stadt Pilsen. Erst 1898 gelang mit dem Schutz der Marke Pilsner Urquell eine klare Abgrenzung.

Das Reichsgericht hat aber mehrfach entschieden, dass man in Deutschland Pilsner Bier auf den Markt bringen darf, wenn man klarstellt, dass Pilsener die Art bezeichnet, die Biermarke oder Ortsangabe aber die Herkunft angibt. So wurden die Bezeichnungen Lindener Pilsener (24. Januar 1913), Engelhardt-Berliner-Pilsener (15. April 1913), Reisewitzer Pilsener (14. Mai 1914), Wicküler-Elberfelder-Pilsener (26. Januar 1915) und Sternpils (2. Februar 1917) für zulässig erklärt.

**301** ***Warum hat sich das Pils in Deutschland, nicht aber in Österreich durchgesetzt?***

Im Jahr 1856 kam das erste Mal eine Ladung Pilsner Bier in Wien an – aber damals war dort noch der rötlichbraune Wiener Bierstil gängig. Daher hat es in Österreich länger gedauert, bis der hellere Pilsner Stil nachgebraut wurde. Da Pilsen bis 1918 in einem österreichischen Kronland lag, wurde die Herkunftsbezeichnung auch stärker respektiert als in Deutschland.

Heute macht Pilsbier nur 5,6 Prozent des österreichischen, aber zwei Drittel des deutschen Bierausstoßes aus. Andererseits kann man in Österreich sehr viele Premium-Biere finden, die vom Stil her in die Pils-Kategorie fallen, aber nicht als Pils angeboten werden – das betrifft etwa das Gösser Gold, das Kaiser Premium und das Zipfer Urtyp, neben dem allerdings das noch herbere und schlankere Zipfer Pils existiert.

**302** ***Wie kam das Pilsbier nach Deutschland?***

Das erste Pils in Deutschland kam in den sechziger Jahren des 19. Jahrhunderts als Import aus Pilsen – denn die Brauerei in Pilsen war von Anfang an auf Bierversand eingestellt. Belegt ist etwa, dass 1863 das Pilsner Bier erstmals in Hamburg ausgeschenkt wurde. Noch heute werden jährlich 155 000 Hektoliter Pilsner Urquell nach Deutschland importiert – in der deutschen Bier-Importstatistik ist die Marke Pilsner Urquell damit auf dem dritten Platz (hinter Desperados und Budweiser Budvar) gelandet – im Jahr 1998 war es mit 90 000 hl erst an sechster Stelle gelegen. Auch 155 000 hl reichen natürlich längst nicht aus, um den deutschen Pils-Durst – rund 68 Millionen Hektoliter werden allein von diesem Bierstil in Deutschland getrunken – zu löschen.

**303** ***Wie hat der Siegeszug des Pilsbieres in Deutschland begonnen?***

In Radeberg, einer kleinen Ortschaft in der Nachbarschaft von Dresden, wird seit 1872 ausschließlich Pilsner Bier gebraut. »Der Saazer Hopfen, wie ihn die Pilsner Brauereien kaufen, von derselben Herkunft und Qualität, wird auch in hundert anderen Brauereien außerhalb Pilsens verbraut und ist für jedermann käuflich [...] Sie beziehen sehr häufig und regelmäßig ihre Hefe aus anderen Brauereien, die Bezugsquellen sind bekannt und jeder anderen Brauerei ebenfalls zugänglich; auch ich beziehe dieselbe Hefe wie die Pilsner Brauereien«, versicherte der Radeberger-Direktor Konrad Brüne schon vor dem Ersten Weltkrieg. 1930 war die Radeberger Exportbierbrauerei die einzige reine Pils-Brauerei Deutschlands: »Wer als Freund und Kenner sich nach einem Glase wirklich guten Pilsner Bieres sehnt, der bevorzuge deutsches Pilsner«, wurde damals geworben, »im Kampfe gegen die Überflutung des deutschen Marktes mit fremdländischen Erzeugnissen.« Wie beliebt gutes Pilsner schon damals war, zeigt die Ausstoßentwicklung: 31 131 hl im Braujahr 1889/90, 98 309 hl im Braujahr 1900/01 und 230 777 hl im Vorkriegsbraujahr 1913/14. Heute ist die Radeberger-Brauerei ein Vorzeigebetrieb des Binding-Konzerns und braut jährlich 1,78

Millionen Hektoliter Bier – weiterhin ausschließlich nach Pilsner Brauart.
Im Braujahr 1926/27 brauten im Deutschen Reich 329 Brauereien Bier nach Pilsner Art, im Braujahr 1938/39 waren es bereits 458.
Dennoch sah die deutsche Braulandschaft noch in den sechziger Jahren ganz anders aus: Damals dominierten lokaltypische Biersorten den Markt. Erst die wachsende Bedeutung des Getränkefachgroßhandels ermöglichte den Aufstieg der nordrhein-westfälischen Pils-Brauereien zu nationalen Marken.

**304** ***Stimmt es, dass man ein Pils sieben Minuten lang zapfen muss?***
Nein, das ist eine unfromme Legende. Zwar zitierte Theodor von Grässe in seinen 1872 erschienenen *Bier-Studien* das Sprichwort »Bier gemach, Wein frisch« – doch der daraus entwickelte Kult des Sieben-Minuten-Pils hat nichts mehr mit Bierkultur zu tun. Es gibt halt keinen Kult, keinen Glauben an das Gute und Rechte ohne Irrlehren. Es gibt sie noch, die falschen Prediger, die ein Pils nur gelten lassen, wenn es sieben Minuten gezapft worden ist. Manche Zapfkünstler verlängern die Frist gar auf zwölf Minuten. Und leisten allerhand falsche Schwüre, dass dies für den Gast nur gut wäre. Da stehen oder sitzen sie, die gequälten Gäste, warten sehnsüchtig auf den ersten Schluck. Aber dieser Folterknecht von Schankbursch will noch und noch einmal weiterzapfen, auf dass die Schaumkrone auch wirklich steif sei wie Schlagsahne!
Häresie ist das! Und ihre verführten Opfer leiden schon im Diesseits Höllenqualen. Einmal, wenn sie auf das Bier über Gebühr warten müssen. Und ein zweites Mal, wenn sie das Bier dann trinken. Wohl wahr: Die Blume ist schön. Aber der schöne Schein trügt. Das Bier im Glas ist schal und leer. Zu Tode gezapft, kann es vielleicht noch den Durst löschen. Genuss spenden kann es nicht mehr. Wo bleibt der Duft vom Hopfen? Wo das Prickeln der Kohlensäure? Wo die Malzaromen? Der wahre Biergenießer will sein Bier sorgfältig gezapft – aber er weiß auch, dass Sorgfalt

und Zeitvergeudung zweierlei sind. Die Kellner wissen es leider noch nicht alle. Und sündigen – wir wollen hoffen – unwissentlich und damit lässlich.

### 305 *Wie zapft man Pils nun richtig?*

Leider ist es noch nicht überall selbstverständlich, dass das Glas blitzblank und kalt ausgespült ist – und ich habe Außendienstmitarbeiter einer hessischen Großbrauerei erlebt, die sich bei Lokalbesuchen große Sorgen um die richtige Anbringung der Werbeschilder, aber nicht um das Vorhandensein einer Gläserdusche gekümmert haben.

Also: Das Bierglas wird kalt ausgespült, es wird beim Zapfen vom Hahn grundsätzlich leicht schräg gehalten. Beim ersten Einschenken muss man dem Schaum zum Ausbreiten Platz geben. Man schenkt das Glas zunächst nur zur Hälfte voll und wartet etwa eine halbe bis maximal eine Minute, bis der Schaum eine kompakte Form angenommen hat. Nach dieser Wartezeit setzt man einen zweiten Schaumring auf und lässt ihn über den Glasrand »hinaus wachsen«. Dann gibt man ihm noch einmal dreißig Sekunden Zeit, sich ordentlich »zusammenzusetzen«. Den geübten Bierschenk erkennt man daran, dass er dem Bier – gewissermaßen als Krönung – zum Schluss noch einen dritten Schaumring aufsetzt, der erst zur richtigen »Haube« führt. Wenn richtig eingeschenkt wurde, bleibt auch beim letzten Schluck noch ein »Schaumkrapfen« stehen.

Wir sehen also: Auch zu schnelles, hastiges Einschenken verdirbt den Biergenuss. Man sollte diesen notwendigen Vorgang daher als ein Ritual oder als Zeremonie gestalten – aber die braucht nicht länger als zwei Minuten; im Zweifelsfall eher kürzer als länger.

### 306 *Kann man Bier auch aus der Flasche »zapfen«?*

Ja, bei einigen Bierstilen ist das sogar unumgänglich – wir werden darauf noch eingehen, wenn wir Weißbier oder andere Biere mit Flaschengärung diskutieren.

Für das Pils gilt: Wir nehmen wieder ein gepflegtes und kalt ausgespültes Glas, stellen es aber gerade vor uns auf einen Bierdeckel. Dann wird durchaus beherzt eingeschenkt, wieder so, dass etwa die Hälfte des Glases mit Bier, die andere mit Schaum gefüllt ist. Das gerade stehende Glas sichert eine schöne Schaumentwicklung von Anfang an. Und dann geht es so weiter wie oben beschrieben.

**307** ***Wie wählt man das richtige Bierglas aus?***

Das »richtige« Glas soll den geschmacklichen Erwartungen an ein Bier entsprechen, denn das Auge und die Hand trinken mit. Wir unterliegen dabei den Gewohnheiten, die wir im Alltag haben: So wie wir Menschen mit einem gewissen Körperbau entsprechende Eigenschaften zuordnen: Eine üppigere Frau würden wir eher als »süßes Mädel« bezeichnen als eine sehr schlanke – eine schlanke Frau kommt uns dagegen eleganter, vielleicht auch herber vor.

Wie sehr wir diesen Vorurteilen unterliegen, lässt sich mit einem einfachen Test daheim feststellen: Dasselbe Bier aus einem bauchigen und einem schlanken Glas wird verschieden schmecken. Daher sollte für einen vollmundigen Biertyp ein runderes Glas gewählt werden, für einen schlanken Biertyp ein schlankeres.

**308** ***Was ist das richtige Glas für ein Pilsbier?***

Da Pils ein schlanker Biertyp ist, ist für Pils ein schlankes, allenfalls gerades Glas passend. Wenn sich der Querschnitt des Glases nach unten verjüngt, kann man auch erleben, dass der Schaum bis zum letzten Schluck hält: Mit jedem Trinken wird ja die Oberfläche des Getränks kleiner, der Schaum wird quasi durch sein eigenes Gewicht zusammengedrückt.

**309** ***Die Trinkränder im Glas gelten als Symbol für gutes Bier. Was bedeuten sie?***

In geraden, aber noch besser in sich nach unten verjüngenden Gläsern kann man sehen, dass am inneren Glasrand jeweils ein

Streifen vom Schaum hängen bleibt. Das funktioniert aber nur bei gutem und gut gezapftem Bier in einem einwandfrei sauberen Glas.

### 310 *Warum verwenden manche Lokale bauchige, tulpenartige Biergläser für Pils?*

Das hat nichts mit dem Trinkgenuss zu tun, wohl aber mit dem Zapfen: In ein bauchiges Glas kann man das Pils viel schöner zapfen – und weil die Glasöffnung oben kleiner ist als der Bauch des Glases, wird der Schaum beim Zapfen wie in einer Düse zusammengedrückt: Dann kann das Bier sehr leicht »schön« gezapft werden. Nach dem ersten Abtrinken ist der Trinkgenuss allerdings dahin: Nicht nur, dass das Bier durch das bauchige Glas zu vollmundig wirkt – die Oberfläche des Bieres wird auch immer größer, und der Schaum zerrinnt.
In einem bauchigen Pilsglas können sich daher auch nicht die vorhin erwähnten Trinkränder bilden.

### 311 *Woran liegt es, wenn sich auch in einem passenden Glas kein Schaum hält?*

Die häufigste Ursache dafür ist in der falschen Gläserpflege zu suchen. Gläser müssen nämlich nicht nur sauber sein – sie müssen auch mit dem richtigen Spülmittel gereinigt werden. Die normalen Spülmittel enthalten nämlich einen Zusatz, der die mikroskopisch feinen Poren im Glas schließt; dadurch perlt das Spülwasser ab. Dem Schaum ergeht es aber ähnlich, er findet keinen Halt und fällt rasch in sich zusammen.
Aber selbst bei mit speziellen Gläserspülmitteln gewaschenen Gläsern kann es passieren, dass der Schaum nicht hält. Das ist häufig darauf zurückzuführen, dass die Gläser mit einem Tuch ausgewischt werden: Die Weichspüler, die in der Waschmaschine eingesetzt werden, haben nämlich einen ähnlichen Effekt wie ungeeignete Spülmittel. Daher dürfen Gläser auch nicht mit der Öffnung nach unten auf ein Geschirrtuch gestellt werden: Die feuchte Wärme im Inneren eines frisch gewaschenen Glases lässt

nämlich die Substanzen aus dem Weichspüler auf die Glas-Innenseite dampfen.

**312** ***Wäre es also richtig, die Gläser über der Theke aufzuhängen?***
Nein, auch das ist eine Unsitte. In Bars, wo die Gläser dekorativ über der Theke aufgehängt werden, wird meist auch geraucht – und der Rauch sammelt sich dann an den Innenseiten der aufgehängten Gläser.
Die richtige Art der Aufbewahrung von Biergläsern ist in einer Tropftasse mit Gitter.

# Bierqualität kritisch hinterfragt

**313** ***Was ist eigentlich Qualität?***
Bevor wir über Bierqualität nachdenken, sollten wir uns erst einmal darüber klar werden, dass Qualität zunächst eigentlich nur »Beschaffenheit« bedeutet. Zwar werden wir immer wieder mit dem Hinweis auf »hohe Qualität« konfrontiert, aber das ist niemals ein als absolut zu nehmender Begriff.

**314** ***Allgemein wird doch angenommen, dass etwa deutsches Bier eine besondere Qualität hat?***
Ja, das stimmt: Deutsches Bier wird, soweit es für den deutschen Markt bestimmt ist, nach dem Reinheitsgebot gebraut – und das ist sehr wohl ein Qualitätskriterium: Es sagt aus, dass für das Bier nur die vom Reinheitsgebot zugelassenen Rohstoffe verwendet werden. Gesetzlich ist das so nur in Deutschland und Griechenland vorgeschrieben. Diese besondere Beschaffenheit des Bieres sagt aber nichts darüber aus, ob es »besser« oder »schlechter« ist als andere Biere.

**315** ***Kann denn etwa ein mit Zucker gebrautes Bier auch ein Qualitätsprodukt sein?***
Durchaus: Es gibt traditionelle englische und belgische Bierrezepte, die Zucker als eine Brauzutat vorsehen; so wie in anderen Bieren Reis oder Mais mitverbraut wird. Das muss, wie gesagt, nicht schlecht sein. Es ergibt aber eine andere Qualität, eine andere Beschaffenheit des Bieres.
Und, was wenige wissen: Auch nach dem deutschen Reinheitsgebot ist Zucker für gewisse obergärige Biere als Zutat erlaubt.

**316** ***Was steht eigentlich im Reinheitsgebot?***

Allgemein bekannt ist, dass Biere nach dem Reinheitsgebot nur aus Wasser, Malz, Hopfen und Hefe hergestellt werden dürfen. Das stimmt in erster Näherung auch. Allerdings steht im Text des Reinheitsgebotes nichts von Malz – sondern von Gerste – und nichts von Hefe, weil deren Wirkungsweise damals noch gar nicht richtig bekannt war. Das Wissen darüber verdanken wir nämlich erst den Chemikern des 19. Jahrhunderts, allen voran Louis Pasteur.

**317** ***Wie lautet der Text des Reinheitsgebotes?***

Folgendes hat Herzog Wilhelm IV. am 23. April 1516 verordnet:
»Wie das Pier Summer vie Winter auf dem Land sol geschenkt und prauen werden
Item wir ordnen, setzen und wollen mit Rathe unnser Lanndtschaft das füran allenthalben in dem Fürstenthumb Bayrn auff dem Lande auch in unsern Stettn vie Märckthen da desáhalb hieuor kain sonndere ordnung gilt von Michaelis bis auff Georij ain mass oder kopffpiers über einen pfennig müncher werung un von Sant Jorgentag biß auf Michaelis die mass über zwen pfennig derselben werung und derenden der kopff ist über drey haller bey nachgeferter Pene nicht gegeben noch außgeschenckht sol werden. Wo auch ainer nit Merrzn sonder annder pier prawen oder sonst haben würde sol erd och das kains weg häher dann die maß umb ainen pfennig schenken und verkauffen. Wir wollen auch sonderlichen dass füran allenthalben in unsern stetten märckthen un auf dem lannde zu kainem pier merer stückh dan allain gersten, hopfen un wasser genommen un gepraucht solle werdn. Welcher aber dise unsere Ordnung wissendlich überfaren unnd nie hallten wurde den sol von seiner gerichtsobrigkait dasselbig vas pier zustraff unnachläßlich so offt es geschieht genommen werden. jedoch wo ain brüwirt von ainem pierprewen in unnsern stettn märckten oder aufm lande jezuzeitn ainen Emer piers zwen oder drey kauffen und wider unnter den gemaynen pawrfuolck ausschenken würde dem selben allain aber sonst-

nyemandes soldyemaßs oder der kopfpiers umb ainen haller häher dann oben gesetzt ist zugeben un ausschencken erlaube unnd unuerpotn.«

**318** ***Und was heißt das in heutigem Deutsch?***

»Wie das Bier im Sommer und Winter auf dem Land ausgeschenkt und gebraut werden soll:

Wir verordnen, setzen und wollen mit dem Rat unserer Landschaft, dass forthin im Fürstentum Bayern sowohl auf dem Lande, wie auch in den Städten und Märkten, von Michaeli bis Georgi eine Maß [die bayrische entsprach damals wohl 1,069 Liter] oder ein Kopf [halbkugelförmiges Geschirr für Flüssigkeiten = nicht ganz eine Maß] Bier für nicht mehr als einen Pfennig Münchener Währung und von Georgi bis Michaeli die Maß für nicht mehr als 2 Pfennig derselben Währung, der Kopf für nicht mehr als 3 Heller [Heller = gewöhnlich ein halber Pfennig] bei Androhung unten angeführter Strafe gegeben und ausgeschenkt werden sollen. Wo aber einer nicht Märzen-, sondern anderes Bier brauen oder sonstwie haben würde, soll er es keineswegs höher als um einen Pfennig die Maß ausschenken und verkaufen. Ganz besonders wollen wir, dass forthin allenthalben in unseren Städten, Märkten und auf dem Lande zu keinem Bier mehr Stücke als allein Gersten, Hopfen und Wasser verwendet und gebraucht werden sollen.

Wer diese Anordnung wissentlich übertritt und nicht einhält, dem soll von seiner Gerichtsobrigkeit zur Strafe dieses Fass Bier, so oft es vorkommt, unnachsichtig weggenommen werden. Wo jedoch ein Wirt von einem Bierbräu in unseren Städten, Märkten oder auf dem Lande einen, zwei oder drei Eimer [= 60 Maß] Bier kauft und wieder ausschenkt an das gemeine Bauernvolk, soll ihm allein und sonst niemandem erlaubt und unverboten sein, die Maß oder den Kopf Bier um einen Heller teurer als oben vorgeschrieben ist, zu geben und auszuschenken.

Gegeben von Wilhelm IV. Herzog in Bayern am Georgitag zu Ingolstadt Anno 1516«

**319** ***Was bedeuten die Datumsangaben »Georgi« und »Michaeli«?***

Früher war das Jahr viel stärker von den kirchlichen Festtagen geprägt – die konnten sich die einfachen, des Lesens und Schreibens unkundigen Menschen leichter merken als Datumsangaben in Zahlen. Der Festtag des heiligen Georg ist der 23. April, der somit als Geburtstag des Reinheitsgebotes gilt. Michaeli ist der Festtag des heiligen Michael, der am 29. September gefeiert wird – und gleichzeitig den Beginn des neuen Braujahres darstellt.
Für viele Brauereien (und ganz offiziell für die Schweizer Braustatistik) endet das Braujahr mit dem 29. September – was manchmal auch als »Brauersylvester« mit einem Fest begangen wird.

**320** ***Ist das Reinheitsgebot das »älteste Lebensmittelgesetz der Welt«?***

Es ist die älteste Regelung, die zumindest in Teilen noch gilt. Das Reinheitsgebot von 1516 war allerdings nicht das erste seiner Art – es war bloß die erste landesweit gültige Verordnung auf deutschem Boden.
Die alten Babylonier waren da erheblich früher dran – in ihrem »Kodex Hammurabi« (zirka 1728–1685 vor Christus) sind gleich mehrere Regelungen enthalten, die Bier betreffen.

**321** ***Mal von den alten Babyloniern abgesehen: Hat das Reinheitsgebot auch Vorläufer in Bayern?***

Ja, sogar mehrere. Schon 1165 wurde erstmals in Augsburg eine Strafe für den Ausschank von »schlechtem« Bier erlassen. 1487 erließ Herzog Albrecht IV. eine Anordnung für Bayern, durch die der Bierpreis einheitlich festgesetzt wurde. »Die Maß Winterbier solle ein Pfennig, die Maß Sommerbier zwei Pfennige kosten.« Jeder Brauer hatte von nun an vor dem herzoglichen Rentmeister von Oberbayern einen »Preu-Aid« (Brau-Eid) zu leisten, wonach er »zu dem Bier nur Gerste, Hopfen und Wasser nehmen, dieses gewissenhaft sieden und nichts anderes darein tun wolle noch durch jemanden anderen eine Beigabe gestatten

solle«. Diese Anordnung wurde ursprünglich nur für München erlassen.
Auch andere Städte hatten ihre eigenen Brauordnungen (zum Beispiel Regensburg, 1453, und Landshut, 1493), die in Bayern meist darauf abgezielt haben, Hopfen als Bitterstoff im Bier durchzusetzen.

**322** ***Hat es im Mittelalter auch in anderen deutschen Ländern Biergesetze gegeben?***
Ja, aber nicht alle haben sich auf Gerste, Hopfen und Wasser bezogen. Von 1434 stammt allerdings die in Thüringen eingeführte »Statuta thaberna«, in der es heißt, dass man beim Bier »Dar zcu nicht thun danne hophin malcz und wasser«. Übersetzt heißt das: »Dazu soll man nichts anderes geben als Hopfen, Malz und Wasser«, und das klingt ganz nach der heute geltenden Form des Reinheitsgebots für Bier.

**323** ***Was wurde in den deutschen Brauordnungen denn so alles verboten?***
Unter anderem untergärige Hefe – wo man sie nicht kühl genug führen konnte. Außerdem Kräuter und Salz. In Kölner Verhörprotokollen von 1706 werden die verdächtigen Brauer nach »Underheffen, Dollbier, raue und dolle Wirtz, geworfen Bier oder also gnantes Mauritz-Bier« sowie »Wicken, schadtliche Krauter, Kuchelkorner, Bilsensahm, Saltz, Aacher Maltz« und anderen Zutaten befragt. Auf die Frage, »was solche Species vor einen Effect bey dem trinckenden Gast setzen thue?«, hat der Brauer Herman Beylen damals geantwortet, »das Saltz mache sonsten dem Gast einen fröhlichen Gaist …«.

**324** ***Was würde das Salzen des Bieres bewirken?***
Salz im Braurezept bewirkt, dass das Bier zunächst einmal »trockener«, also weniger vollmundig schmeckt. Und es macht den Gast durstig – also trinkt er mehr und wird dadurch sicher »fröhlicher«.

Ein Bierstil, der geradezu nach etwas Salz verlangt, ist die Goslarer und Leipziger Gose. Sie wurde traditionell aus etwas salzhaltigem Wasser gebraut – und wo das Salz nicht in der Natur vorgekommen ist, hat man es einfach ins Brauwasser getan. Auch die heute noch in der Gosenschenke »Ohne Bedenken« in Leipzig ausgeschenkte Gose ist säuerlich und leicht gesalzen.

**325** ***Stimmt es, dass das Bayrische Reinheitsgebot strenger ist als das deutsche?***

Ja, das ist wahr: Nach dem Bayrischen Reinheitsgebot darf Bier (sowohl ober- wie auch untergäriges) nur aus (Gersten-)Malz, Hopfen und Wasser hergestellt werden, später kam noch Hefe hinzu. Außerhalb Bayerns gelten Ausnahmen für Zucker- und Zuckercouleur-Zusätze in obergärigen Bieren.

**326** ***Man hört manchmal, dass Bayern nur unter der Bedingung dem Reich beigetreten sei, dass sein Reinheitsgebot deutsches Recht wird. Ist das wahr?***

Nein, die Dinge liegen komplizierter: Die dort heute noch gültige Regelung geht auf das Malzaufschlaggesetz vom 16. Mai 1868 zurück, eine steuerrechtliche Regelung für das norddeutsche Brausteuergebiet. Im November 1870 traten die süddeutschen Staaten dem Norddeutschen Bund (1866–1870) bei, dem Vorläufer des am 18. Januar 1871 in Versailles gegründeten Deutschen Reiches. Bayern und Württemberg genossen sogenannte Reservatrechte. In die Reichsgesetzgebung fand das Reinheitsgebot nicht auf Wunsch der Bayern (die hatten ja ihr eigenes, durch das Reservatrecht verbrieftes Reinheitsgebot) Eingang. Treibende Kraft war das norddeutsche Braugewerbe. Reichsweit kam die Regelung mit dem Brausteuergesetz vom 3. Juni 1906 (RGBl. S. 675). Dabei wurde aber für obergäriges Bier nicht nur anderes Malz als Gerstenmalz, sondern auch technisch reiner Zucker (Rohr-, Rüben- oder Invertzucker sowie Stärkezucker und daraus hergestellte Farbmittel) zugelassen.

Gemäß den in der Reichsverfassung von 1871 und der Weimarer Verfassung niedergelegten Sonderrechten galt in Bayern, Württemberg und Baden das strengere Reinheitsgebot fort. Heute gilt es auf Grund der Ermächtigung in § 2 Abs. 2 des Gesetzes über den Eintritt der Freistaaten Bayern und Baden in die Biersteuergemeinschaft vom 24. Juni 1919 (RGBl. I S. 599) nur noch in Bayern. Damals, als Bayern sich zum Freistaat erklärte und quasi neuerlich der Deutschen Republik beitrat, hat sich Bayern tatsächlich das Sonderrecht des strengeren Reinheitsgebotes ausbedungen. Im Deutschen Reich gab es das (etwas lockerere) deutsche Reinheitsgebot allerdings bereits seit 1906.

### 327 *Hat das deutsche Reinheitsgebot von 1906 nicht einfach den Status quo festgeschrieben?*

Das hat für viele Großbrauereien gegolten – aber eben nicht für alle lokalen Braustätten. Immerhin benötigte man eine Ausnahme für den Bierstil der Leipziger Gose. Auch die im 17. Jahrhundert populäre Braunschweiger Kirsch-Mumme, die allerdings um 1900 bereits abgekommen war, dürfte jetzt nicht mehr gebraut werden.

### 328 *Warum hat man diese Regeln eigentlich erlassen?*

Die Motive waren vielfältig: Zunächst ging es wahrscheinlich weniger um Konsumentenschutz als um die Interessen des jeweiligen Landesherrn – und der starken Brauerlobby. So hat die Reinheitsgebots-Formulierung von 1516, wonach »allenthalben in unseren Städten, Märkten und auf dem Lande zu keinem Bier mehr Stücke als allein Gersten, Hopfen und Wasser verwendet und gebraucht werden sollen« in diesen Städten, Märkten und auf dem Lande pauschal das Brauen des in Bayern allezeit sehr populären Weizenbiers verboten. So schuf sich Herzog Wilhelm ein Weizenbier-Recht, das er profitabel verpachtete.

Ein weiteres Motiv war die Durchsetzung des Hopfens als Würzmittel im Bier – auch das weniger zum Schutz vor Wermut und anderen berauschenden Zutaten als vielmehr zur Verdrängung des Grutbieres, dessen Hauptzutat Porse aus Norddeutschland importiert wurde. Der Hopfenanbau dagegen war in Bayern etabliert und konnte über das Reinheitsgebot gefördert werden.

**329** ***War also das Reinheitsgebot die Durchsetzung des obrigkeitlichen »Rechtes des Stärkeren«?***

Ja – das galt 1516 ebenso wie 1906. Und ein Durchsetzungsmittel der Interessen der Stärkeren ist es bis heute. Das Reinheitsgebot wurde lange dazu verwendet, ausländische Biere vom deutschen Markt auszuschließen – bis die EG 1987 diesem Protektionismus ein Ende gemacht hat. Noch heute ist es deutschen Brauern verboten, Biere mit anderen Zutaten als denen des (mehrfach umformulierten) Reinheitsgebotes zu brauen – wer es doch wagt (wie die Bier Company in Berlin mit ihrem Hanfbier Turn oder die Klosterbrauerei Neuzelle mit ihrem Schwarzbier) muss mit einer Strafe rechnen. Trotzdem muss er Biersteuer zahlen, denn auch wenn sein Bier nach deutschem Lebensmittelrecht kein Bier sein darf – für die Obrigkeit ist es doch eines, wenn sie darin eine Möglichkeit zum Abkassieren sieht.

**330** ***Was hat die Biersteuer heute mit der Bierqualität zu tun?***

Viel mehr als man annehmen könnte: Denn die Biersteuer wird in den meisten europäischen Ländern am Stammwürze-Gehalt, einer der wichtigsten Biereigenschaften, festgemacht. Je höher die Stammwürze eines Bieres ist, desto mehr Biersteuer muss man bezahlen – Bockbier bringt dem Finanzminister also mehr als normales Lager.

**331** ***Trinkt der Finanzminister also bei jedem Bier mit?***

Und ob! Und nicht erst seit gestern: Die Biersteuer ist eine der ältesten Abgaben auf Verbrauchsgüter. Sie wurde schon in den mittelalterlichen deutschen Städten unter mannigfaltigen Namen, wie Bierungeld, Bierziese, Bierpfennig, Trankgeld, Schank- oder Malzaufschlag, erhoben, sei es als Handels-, Produktions-, Geräte- oder Rohstoffsteuer. Vom 15. Jahrhundert an haben sich die Landesfürsten ihrer bemächtigt, worauf sie zu einem wichtigen Bestandteil der landesstaatlichen Besteuerung ausgebildet wurde (in Bayern z.B. durch Regelungen von 1543, 1572 und 1751). Im 19. Jahrhundert auf verbesserte gesetzliche Grundlagen gestellt – so 1806 in Bayern und 1819 in Preußen –, wurde durch die Reichsverfassung von 1871 die Gesetzgebungs- und Ertragshoheit für das Norddeutsche Brausteuergebiet dem Reich übertragen. Bayern, Baden und Württemberg behielten jedoch ihre landesrechtlichen Kompetenzen gegen Abführung von Ausgleichsbeträgen an das Reich bis 1919 bei, übernahmen aber dann das neu geschaffene Reichsbiersteuergesetz vom 26. Juli 1918, wofür sie sich prozentuale Überweisungen aus der nun einheitlichen Biersteuer sicherten.

**332 *Stimmt es, dass Deutschland die niedrigste Biersteuer Europas hat und Österreich die höchste?***

Weder noch. Bezogen auf einen Hektoliter 12-grädiges Bier zahlt man in Deutschland 9,41 Euro Biersteuer, in Österreich 17,36 Euro. Die höchste Biersteuer in Europa zahlen die Norweger (244,93 Euro) vor den Finnen (144,54 Euro), den Iren (104,68 Euro) und Schweden (84,96 Euro). Die niedrigste Biersteuer erheben Luxemburg (5,33 Euro) und Spanien (8,41 Euro). Zum deutschen Steueraufkommen trug die Biersteuer 2003 mit immerhin 783 Millionen Euro bei.

**333 *Schützt das deutsche Reinheitsgebot nicht vor allem vor Chemiebier?***

Die Gefahr, dass man »Chemiebier« vorgesetzt bekommt, wenn das Bier nicht nach dem deutschen Gesetz gebraut wird, ist stark übertrieben. Vor allem geht es um das Verbot von Rohfrucht.

Allerdings kommt es vor, dass in Bieren, die nicht nach dem Reinheitsgebot gebraut werden, Anti-Oxidationsmittel (etwa Ascorbinsäure, also Vitamin C) eingesetzt werden. Das ist nicht wirklich bedenklich. Allerdings gibt es auch Brauereien, die andere Chemikalien zur Bierstabilisierung einsetzen, etwa Schwefeldioxid, Schwefelsäure, Bisulfit und Benzoesäure oder Alginate,

Eisensalze und Gummiarabikum für einen besseren Schaum. Verboten ist nach deutschem Gesetz schließlich, bierfremde Enzyme (das tierische Pepsin und das pflanzliche Papain) einzusetzen. Nicht verboten wäre aber eine entsprechend manipulierte Hefe, die solche Enzyme selbst produzierte.
Angeblich gibt es aber solche Hefen – noch – nicht im Betrieb. Allerdings wurde 1999 von der TU Berlin eine gentechnisch manipulierte untergärige Hefe vorgestellt, die das Enzym Superoxiddismutase ins Bier abgeben kann und damit den Oxidationsgeschmack unterbindet.

**334** ***Sind Chemikalien und Enzyme im Bier gesundheitsgefährdend?***

Nicht wirklich, zumindest wenn man Bier mäßig trinkt. In der DDR wurde mehr davon verwendet als heute in den meisten modernen Industriebrauereien außerhalb Deutschlands – und die Biertrinker haben es ganz gut überstanden. Allerdings hat es den Bieren auch nicht sehr genutzt; viele waren trotz aller Zusätze nur sehr beschränkt haltbar.

**335** ***Schützt das Reinheitsgebot den Konsumenten vor unreinem Bier?***

Leider ist das Reinheitsgebot keine Garantie dafür, dass alles nach dem Reinheitsgebot gebraute Bier auch wirklich rein auf den Tisch kommt. Zwar schützt es den deutschen Konsumenten vor Verfälschungen des Bieres in der Brauerei – wo es auf Reinheit besonders ankommt, nämlich am Zapfhahn, hat es aber nichts mehr zu melden.

**336** ***Gibt es Vereine, die auf die Bierpflege achten?***

Die wichtigste Konsumentenschutzorganisation in Sachen Bier heißt CAMRA – schon aus der Langbezeichnung »Campaign for Real Ale« kann man schließen, dass es sich hier um einen Verein für obergäriges Bier handelt. CAMRA ist für seine 53 000 Mitglieder in 180 Ortsvereinen vor allem in Großbritannien und Kanada tätig. In der »European Beer Consumers Union« sind

auch Konsumentenschutzorganisationen aus den Niederlanden und Belgien vertreten. Auch in der Schweiz gibt es eine recht rührige Vereinigung der Bierfreunde, die »Gesellschaft zur Förderung der Biervielfalt« (GFB).
In Deutschland lobbyiert unter anderem ein »Deutsches Institut für Reines Bier e.V.« (präsidiert vom CSU-Abgeordneten Herbert Frankenhauser und unterstützt vom Deutschen Brauerbund) – aber vom 1898 in München gegründeten »Verband zur Bekämpfung betrügerischen Einschenkens« hat man in letzter Zeit weniger gehört. In Deutschland und Österreich ist seit 2003 beziehungsweise 2002 die »Kampagne für Gutes Bier (KGB)« (www.kgbier.de und www.kgbier.at) nach dem Vorbild der englischen »Campaign for Real Ale« ins Leben gerufen worden – die Akivisten versuchen Bierinteressenten zu schulen und gleichzeitig bei Politikern für Biervielfalt zu lobbyieren. Die Salzburger Initiative BierIG veranstaltet sogar ein jährliches Bierfestival.

### 337 *Ist schlechtes Einschenken das Hauptproblem der Bierpflege?*

Der Begriff »Schlechtes Einschenken« hat einen Bedeutungswandel erfahren. Früher hat man damit gemeint, dass Gläser nicht bis zum Eichstrich gefüllt werden – heute klagen nur mehr die Engländer über »unterfüllte« Gläser.
Im deutschen Sprachraum geht es längst um etwas anderes: Man bekommt zwar (außer vielleicht auf dem Oktoberfest) reichlich Bier – aber es ist nicht so, wie es sein sollte.
Tatsächlich werden oft hervorragende Biere auf den letzten Metern zwischen dem Fass und dem Gast ruiniert. Und das ist keineswegs nur auf die schon erwähnten Fehler bei der Gläserpflege zurückzuführen.
Die Lebensmittelüberwachung in Nordrhein-Westfalen hat im Herbst 1995 Keimkonzentrationen von 100 000 bis 200 000 Keimen in einem Milliliter Bier gefunden – und es ging ein Aufschrei durch alle Medien. Das Problem ist aber nicht auf Nordrhein-Westfalen beschränkt: In München wird jede Schank-

anlage im Schnitt alle drei Jahre inspiziert – und zwischen 40 und 50 Prozent werden technisch oder hygienisch beanstandet.

**338** ***Was läuft denn da beim Bierausschank schief?***

Die Zeiten, als die schlimmste Bierfälschung im Verwässern des Bieres bestand, sind vorbei. Heute droht dem Bier vor allem durch die Schankanlagen – genau genommen: durch die ungenügende Pflege der Schankanlagen – Gefahr.

Das hängt damit zusammen, dass Bier ein recht gutes Substrat für alle möglichen Keime ist – zwar sind sie alle nicht gesundheitsschädlich, unappetitlich sind sie doch. Moderne Schankanlagen sind dafür viel anfälliger als die früheren, direkt in das Ausschankfass geschlagenen Zapfhähne. Die Leitungen sind zwangsläufig länger, es bleibt immer ein Rest Bier in der Leitung und bietet den Bierschädlingen ein ideales Substrat.

Es hängt nicht nur von der häufigen peinlich genauen Reinigung der Schankanlage, sondern auch von ihrer Konstruktion ab, ob Bierfehler auftreten. Wo (was heute kaum mehr vorkommt) beim Zapfen Luft an das Bier kommt, wo Fass und Bierleitung nicht gekühlt werden und wo eine Abrechnungs-Automatik verhindert, dass Restbier ausgeschüttet und die Leitung täglich mit Wasser gespült wird, ist die Gefahr größer.

Verschiedene Biere sind auch unterschiedlich anfällig für das Verderben in der Schankanlage: Besonders betroffen sind vor allem einige alkoholfreie Biere, aber auch Hefeweizen und unfiltrierte Zwicklbiere.

**339** ***Wirte versichern oft, dass sie ihre Anlagen reinigen – und dass das Bier schon von der Brauerei schlecht geliefert wurde. Kann das stimmen?***

Kaum. Das Schlimme an verkeimten Zapfanlagen: Die Keime wandern und dringen über die Schankanlage auch in das Bierfass ein.

In der Praxis wird ein starrer Reinigungszyklus eingehalten – das heißt, dass beim Wirt die Leitung gereinigt wird, auch wenn das

Fass noch nicht leer ist. Daher werden vor der Reinigung die häufig bereits kontaminierten Fässer abgeschlagen. Nach der Reinigung ist die Schankanlage dann nahezu keimfrei. Problematisch ist, dass die Fässer nach der Reinigung wieder angeschlagen werden: Es gelangt bereits keimbelastetes Bier in die Anlage. Damit wird die vorangegangene Arbeit des Schankanlagenreinigers innerhalb von Sekunden zunichte gemacht. Zudem startet die Verkeimung nach der Reinigung auf einem hohen Anfangskeimgehalt und kann daher bis zur nächsten Reinigung noch deutlich höhere Werte erreichen.
Untersuchungen am Lehrstuhl für Maschinen- und Apparatekunde der Technischen Universität München-Weihenstephan haben ergeben, dass trotz bester Reinigung der Bierleitung in einem Fass, das vor der Reinigung eine Woche im Anstich war, Keimzahlen von über 29 000/ml wilde Hefen und 120 000/ml andere Keime im Bier auftreten können. Wird zwischen den Reinigungen ein frisches Fass angeschlagen, wird auch dieses durch den kontaminierten Inhalt von Bierleitung und Zapfkopf sofort angegriffen.

**340** ***Welche Verunreinigungen in der Schankanlage gibt es?***
Noch einmal zur Beruhigung: Es besteht keine Gesundheitsgefahr. Aber es gibt drei Gruppen von Verunreinigungen, die in den Schankanlagen vorkommen und den Biergeschmack beeinträchtigen können: Das eine sind Säurebildner (also etwa Essigsäure- und Milchsäurebakterien), die das Bier säuerlich schmecken lassen. Die zweite Gruppe sind »wilde« Hefen, die ein Fehlaroma ins Bier bringen können – so kann es passieren, dass ein Pils ein Weizenbieraroma bekommt. Die dritte Gruppe sind Schimmelsporen, die dem Bier einen dumpf-muffigen Geschmack geben.

**341** ***Wie kann der Laie solche Bierfehler erkennen lernen?***
Leider gibt es dazu viele Gelegenheiten – nur merken die Gäste in vielen Lokalen nicht, was ihnen da aufgetischt wird. Besonders stark bemerkt man eine Verkeimung, wenn man den soge-

nannten »Nachtwächter« kostet, also jenes Bier, das in der Früh als Erstes gezapft wird. Oft kann man schon optisch erkennen, dass es ein wenig trübe ist (weil sich nämlich über Nacht in der Leitung ein Belag gebildet hat, der sich mit dem ersten gezapften Bier auflöst), außerdem ist meist ein leicht säuerlicher Geruch festzustellen. Geschmacklich lassen sich saure und dumpfe Komponenten erkennen. All dies natürlich unter der Voraussetzung, dass die Anlage nicht wirklich gereinigt worden ist. Aber wer den Fehlern einmal auf die Schliche gekommen ist, erkennt sie immer wieder. Und beschwert sich.

### 342 *Wie muss eine Schankanlage gepflegt werden, um keimfrei zu sein?*

Gefordert ist eine alle zwei Wochen stattfindende Reinigung – so steht es zumindest in der deutschen Schankanlagenverordnung. Sie schreibt vor, dass Schankanlagen nach Bedarf, mindestens aber zweimal im Monat gereinigt werden. Der Bedarf ist aber in aller Regel höher anzusetzen. Teile, die abwechselnd mit Bier und mit Luft in Berührung kommen (das ist vor allem der Auslauf des Zapfhahnes) müssen täglich, der Zapfkopf bei jedem Fasswechsel gereinigt werden. Es ist möglich, hiermit externe Fachfirmen oder den Außendienst der Brauerei zu beauftragen. Verantwortlich bleibt jedoch auch in diesem Fall der Wirt. Die Schankanlagenverordnung schreibt vor, dass der Betreiber einer Schankanlage – also der Wirt – ein Betriebsbuch führt, in dem u. a. Änderungen an der Anlage und Reinigungen eingetragen werden.

Ein guter Wirt sollte seine Leitungen jeden Abend zumindest mit Wasser durchspülen.

### 343 *War das Bier seinerzeit nicht besser, als es direkt aus dem Holzfass gezapft wurde?*

Manchmal vielleicht. Allerdings muss man bedenken, dass das Bier in der Regel mit dem Holz nicht in Berührung gekommen ist. Sowohl die hölzernen Lagerfässer in der Brauerei als auch die

Holzfässer zum Ausschank waren innen mit Pech ausgekleidet – ansonsten wäre ja auch die Kohlensäure durch das Holz diffundiert.

Die Ausnahme von der Regel: Es gibt einige wenige Biere, die zum Reifen in Holzfässern auch Kontakt mit dem Holz selbst haben dürfen. Wir haben schon gehört, dass das bei Lambic-Bieren der Fall ist. Bedeutsamer ist die in einigen amerikanischen Kleinbrauereien übliche Praxis, gebrauchte Whiskyfässer zum Nachreifen dieses Bieres heranzuziehen. Wenn etwa der Triple Bock von Samuel Adams mehrere Jahre im Fass bleibt, bekommt er einen weichen, vanilleartigen Ton. Besonders interessant ist dieser Whisky-Vanille-Effekt bei Stout-Bieren. Besonders schön ist der Whisky-Ton auch im Jim Beam Cask Conditioned Stout zu schmecken, einem vollmundigen, etwas weinig wirkenden Stout aus dem Denver Chop House & Brewery (gelegentlich auch im Schwesterbetrieb in Cleveland erhältlich). Die im ungepichten Holzfass nachreifenden Biere sind aber jedenfalls sehr arm an Kohlensäure und daher wenig rezent.

### 344 *Worin haben sich Biere aus dem Holzfass von den heutigen unterschieden?*

Der unbestreitbare Vorteil des frischen Fassanstichs und direkten Zapfens liegt darin, dass das Bier nur einen sehr kurzen Weg vom Fass ins Glas hat – und dass es diesen Weg mit eigener Kraft (genauer: mit der Schwerkraft) zurücklegen kann, dass es also keines Zapfdruckes bedarf. Dadurch wird das Bier nicht mit Kohlensäure angereichert – es bleibt milder. Diesen Vorteil kann man nicht nur bei bayrischen Bierfesten, sondern auch in den kleinen Brauhäusern von Köln (etwa beim Päffgen) genießen.

Die Nachteile des Holzfasses überwiegen aber: Erstens muss ein Holzfass rasch ausgetrunken werden, weil ja für jedes Bier, das daraus gezapft wird, Luft ins Fass kommt. Und diese Luft beginnt, das Bier zu verändern, es wird immer schaler. Im Extremfall kann die Oxidation nach einigen Tagen sogar dazu führen, dass sich im Fass Essigsäure bildet.

**345 *Besteht nicht auch bei modernen Partyfässern die Gefahr, dass das Bier schal und sauer wird?***

Das kommt darauf an, wie lange die Party dauert. Im Ernst: Natürlich kann es auch bei den beliebten Partyfässern zum Selbstzapfen passieren, dass das Bier oxidiert und schließlich sauer wird. Insgesamt sind diese Fässer aber ein Fortschritt: Sie bringen Holzfassromantik (wenn auch nur in einer Ummantelung aus Plastikschaum) und moderne Edelstahl-Technik zusammen. Wenn das Fass aber einmal angestochen ist, kommt Luft hinein. Dann muss ausgetrunken werden.

Der entscheidende Vorteil der Partyfässer gegenüber den alten gepichten Holzfässern: Ihr Innenleben entspricht der modernen Fassabfülltechnik. Holzfässer hatten oft Risse in ihrer Pech-Auskleidung. Und in diesen Rissen konnten sich bierschädliche Keime halten, die das Bier sauer werden ließen. Reinigung hat da nicht geholfen, die Fässer mussten immer wieder neu gepicht werden. Es wurde also das alte Pech herausgeschmolzen und neues Pech im Fass verteilt – in der Hoffnung, dass das Fass dann besser abgedichtet und das Bier gut sein möge.

**346 *Kommt nicht auch beim englischen Real Ale Luft ins Fass?***

Das gehört zum Prinzip des »cask conditioned« oder Real Ale. Dieses Bier kommt schon weniger als eine Woche nach dem Brauvorgang in die Ausschankfässer. Das Nachreifen im Keller der jeweiligen Pubs bei einer Temperatur von etwa zwölf Grad Celsius wird als »cask conditioning« bezeichnet – das Ale reift einige Tage mit geringem Spundungsdruck, dann wird das Fass angestochen.

Traditionelle Handpumpen holen das Bier dann an die Bar hinauf. Puristen bestehen darauf, dass Luft (und nicht etwa ein Schutzgas wie $CO_2$) ins Fass kommt, um das Volumen auszugleichen. Das führt dazu, dass sich das Bier in einem zwei, drei Tage lang angeschlagenen Fass von Tag zu Tag verändert. Das wird aber von manchen englischen Bierliebhabern und ihrem Verein CAMRA gewünscht.

**347** ***Wie kann man als Biertrinker sicherstellen, dass man ein ordentlich gezapftes Bier aus einer sauberen Leitung bekommt?***
Eine Garantie dafür gibt es natürlich nicht. Dennoch hat unsereins stets zwei Waffen bei sich: Bleistift und Notizbuch. Am Brauereiausschank von Gibbs Mews in Salisbury hat es gereicht, diese Waffen zu zücken, um den Barmann zu veranlassen, mein Glas kommentarlos zu entfernen und ein neues, besser gezapftes hinzustellen. »Sorry, this should be better«, entschuldigte er sich dafür, dass er beim ersten Glas nicht das gesamte über Nacht in der Leitung stehende Bier abgeleert hatte. Dabei hatte ich noch nicht einmal gekostet! Der Trick funktioniert auch hierzulande. Wer erkennbar Notizen über die von ihm verkosteten Biere macht, wird zunächst einmal besser bedient.

**348** ***Was ist die richtige Trinktemperatur?***
Das kommt auf den Bierstil an. In Deutschland verkündet der Brauerbund in seinen Unterlagen für Volkshochschul-Seminare mit chauvinistischem Unterton, dass, wer Bier eiskalt (»wie in den USA«) oder zimmerwarm (»wie in England«) trinkt, kein Biergenießer wäre.
Das muss man natürlich relativieren: Natürlich ist die richtige Temperatur für die in Deutschland üblichen Pils-, Weizen-, Alt- und Exportbiere irgendwo zwischen sieben und neun Grad Celsius anzusetzen.
Allerdings sollte man sich an eine Faustregel halten: Je weniger vollmundig ein Bier ist, desto kälter sollte man es trinken. Wer ein amerikanisches Industriebier – als Referenz gilt hier richtigerweise das Budweiser (bei uns in Europa: Anheuser-Busch B oder American Bud) – mit sieben Grad trinkt, wird davon enttäuscht sein, eben weil er es mit den geschmacksintensiveren Bieren aus Deutschland vergleichen würde. Bei vier Grad Celsius ist es dagegen ein hervorragendes Erfrischungsbier. Das gilt natürlich für viele andere Biere, die bei kalten Temperaturen »leichter« zu trinken sind, worauf Marketing-Experten stets schielen. So wird in letzter Zeit von der belgischen Inbev-Gruppe für

die sauren Gueuze-Biere eine Trinktemperatur von zwei Grad Celsius empfohlen – dann schmeckt man nämlich nicht, dass diese Biere sauer sind. Das heißt: Die Marketingfritzen verstecken kurzsichtigerweise die hervorstechendsten Eigenschaften ihrer Spezialität, die bei neun bis elf Grad am besten zur Geltung kommen. Ähnlich halten es die Marketingleute von Guinness, die ihr Stout in vielen Märkten mit fünf Grad zu servieren empfehlen; dann schmecken Leute, die den Kaffeeton im Guinness nicht mögen, diesen nicht mehr so stark. Benachteiligt durch den zu kalten Ausschank werden jene, die den Bierstil Stout eher wegen seines eigenwilligen Charakters wirklich schätzen.

**349** ***Gibt es denn deutsche Biere, die wärmer als Pils getrunken werden sollten?***

Ja, man täte einem deutschen Doppelbock Gewalt an, wenn man ihn bei nur neun Grad trinken wollte: Je stärker und voller das Bier ist, desto wärmer darf es sein. Untergäriger Doppelbock verträgt 13 bis 14 Grad Celsius, obergärige Starkbiere – etwa Weizenbock – kann man kühl, genauso gut aber auch bei Zimmertemperatur trinken.

**350** ***Warum trinkt man englisches Ale so viel wärmer als untergärige Biere?***

Das hängt damit zusammen, dass englisches Ale ausgeprägtere Malzaromen hat. Sie entwickeln sich am besten bei Temperaturen zwischen 12 und 13,5 Grad Celsius. Allerdings: In sehr vielen englischen Pubs wird das traditionelle Real Ale zu warm angeboten, wie Tests unter Aufsicht der Konsumentenschutzorganisation CAMRA ergeben haben.

**351** ***Was ist so schlecht daran, wenn Bier zu warm angeboten wird?***

Zwei Probleme treten bei zu warmem Bier auf: Es verliert seine Kohlensäure zu rasch – es hat also kurze Zeit einen starken Schaum und danach kaum noch welchen. Da die Kohlensäure auch zum erfrischenden »rezenten« Geschmack des Bieres beiträgt, wirkt wärmeres Bier schaler und weniger erfrischend als kühleres.

Das zweite Problem: Bei höheren Temperaturen kommen alle im Bier enthaltenen Aromen stärker heraus – also auch die unangenehmen, was manche Brauereien zu Recht fürchten.

**352** ***Ist also englisches Ale nicht so erfrischend wie deutsches Bier?***

Das gilt nicht generell – in den meisten englischen (und noch stärker in den meisten amerikanischen) Ales werden Hopfensorten verbraut, die einen durchaus erfrischenden Eindruck ergeben. Dazu kommt, dass das Bier auch stärker gehopft wird, was ebenfalls erfrischend wirkt. Außerdem kann ein auch nur leicht geringerer pH-Wert des Bieres einen etwas saureren und damit ebenfalls erfrischenden Eindruck ergeben. Eine gewisse Übung braucht man aber jedenfalls, um diese Nuancen zu erschmecken. Auf der anderen Seite kann man gerade beim wärmeren englischen Ale leicht erkennen, ob es reintönig schmeckt oder ob sich Bierfehler eingeschlichen haben.

**353** ***Haben Ales generell keinen Schaum?***

Das kann man so nicht sagen. Generell ist der Schaum eines Ales anders als bei einem deutschen Pilsner – und es hängt von der Region und dem Ale-Stil ab, wie kräftig er ausgeprägt ist. In Südengland erwartet man keinen Schaum, in Nordengland, Schottland und Irland dagegen gehört ein »head«, also eine Schaumkrone, dazu. Sie muss aber über den Glasrand schauen, weil das Glas auf den Glasrand geeicht ist, während kontinentaleuropäische Gläser einen Eichstrich haben, der eine größere Schaumkrone zulässt.

Um der Schaumkrone nachzuhelfen, werden Biere wie Guinness mit Stickstoffgas gezapft. Das ergibt einen sehr festen, aber nicht sehr dicken Schaum. Da in Ales nicht so viel Kohlensäure erwünscht ist wie in einem Pils, kann man mit dem Stickstoff auch nachhelfen, die Kohlensäure im Bier zu entbinden: Es schmeckt »weniger scharf« – und es ist tatsächlich eine Geschmackssache, ob man »weniger scharf« oder »schaler« dazu sagen will.

### 354 *Wie zapft man Guinness aus der Dose?*

Seit Beginn der neunziger Jahre hat man bei Guinness ein System eingeführt, das das Zapfen mit Stickstoffgas auch bei Dosenbieren ermöglicht. Das funktioniert so: Beim Abfüllen wird in die Dose erst $CO_2$ gefüllt, dann das Bier. Außerdem wird am Boden der Dose eine kleine Kapsel (»widget«) montiert, die mit Stickstoff gefüllt ist. Nun wird die Dose verschlossen. Solange sie zu bleibt, passiert gar nichts, denn der Kohlensäuredruck hält sowohl das $CO_2$ im Bier als auch den Stickstoff in seiner Plastikkapsel. Wird aber der Verschluss geöffnet, entweicht zuerst etwas Kohlensäure aus der Dose. Nun herrscht in der Stickstoffkapsel Überdruck, und das Gas drückt durch das Bier durch – dabei wird das $CO_2$ großteils aus dem Bier verdrängt und ein schöner Schaum gebildet: Vorausgesetzt, man gießt das Bier sofort nach dem Öffnen in Gläser; ansonsten schäumt es nämlich nutzlos aus der Dose und hinterlässt darin ein völlig schales Getränk, das nur mehr entfernt an Guinness erinnert.
Dasselbe Prinzip wird übrigens inzwischen auch für andere Ales und Stouts genutzt: Stark beworben wird es etwa von Boddington's, das mit der neuen Technik einen Schaum bekommt, der seinen Ruf als »Cream of Manchester« rechtfertigt. Die Widget-Technologie findet sich übrigens inzwischen auch in Flaschen, etwa für Murphy's.

### 355 *Könnte man dasselbe auch mit einem Weizenbier machen?*

Im Prinzip ja, nur würde das Bier ganz anders schmecken, als wir es gewohnt sind, weil der Stickstoff einen Großteil des $CO_2$ aus dem Bier verdrängen würde. Für eine Weißbier-Spezialität, das in den 1990er-Jahren entwickelte Gösser Venus, hat man etwas Ähnliches für Zapfanlagen kreiert: Weißbier, das mit Stickstoff extrem schäumend gezapft wird und einen sehr cremigen Schaum hat. Der kommerzielle Erfolg blieb aber aus: Die »gelernten Biertrinker« konnten sich nicht an das außergewöhnliche Bier gewöhnen.

### 356 *Gibt es auch untergärige Biere, die mit Stickstoff gezapft werden?*

Ja, diese Zapftechnik ist schon seit längerer Zeit in Schweden in Betrieb. Wirklich erfolgreich ist sie aber in Tschechien. Das Produkt heißt Velvet. Der englische Name deutet es bereits an: Es ist ein weiches, rundes Bier mit einem samtigen Schaum – darunter ist ein beinahe schales Bier, von dem man viel trinken kann, weil es den Magen nicht mit Kohlensäure füllt und daher auch nicht zum Rülpsen anregt. Beim Velvet handelt es sich – zumindest dem Geschmack nach – um ein typisch tschechisches Bier. Es kommt aus Ostravar, einem Tochterbetrieb der Staropramen-Brauerei in Prag und damit letztlich aus dem Bier-Imperium des belgischen Inbev-Konzerns. Und es wird von Leuten getrunken, die sich die 35 Kronen pro Pint-Glas leisten können.

### 357 *Wir haben jetzt von Fass- und Dosenbier gesprochen. Ist das das gleiche Bier, das in Flaschen gefüllt wird?*

Generell ja, wenn auch mit einigen Einschränkungen. Die wichtigste haben wir schon besprochen, sie betrifft die Stickstoffkapseln – sie waren der wesentliche technische Fortschritt, mit dem Guinness zu Beginn der neunziger Jahre die Einstellung seines mit Flaschengärung hergestellten Guinness Original argumentiert hat: Das in der Flasche ausgereifte Bier war eben nicht so gleichmäßig wie das aus der Dose.

Wir lernen daraus: Dosenbier ist stets standardisiert. Das gilt natürlich auch für »normale« Dosen ohne das eingebaute Widget: Auch von einem x-beliebigen Marken-Pils kann man sich zu Recht erwarten, dass es eine gleichmäßige Qualität aufweist. Dasselbe gilt – gut gepflegte Bierleitungen vorausgesetzt – auch für Fassbiere.

Beim Flaschenbier ist das nicht ganz so sicher. Denn in der Flasche ist das Bier stärker als in jedem anderen Gebinde den Umwelteinflüssen ausgesetzt. Das heißt aber nicht unbedingt, dass Dosenbier »frischer« ist als Flaschenbier – denn Dosenbier ist fast immer pasteurisiert und daher nie so lebendig wie frisch abgefülltes Bier.

**358** ***Was bedeutet »pasteurisieren«?***

Es bedeutet, eine Flüssigkeit kurze Zeit so stark zu erhitzen, dass Keime und Enzyme, die darin enthalten sind, zuverlässig abgetötet werden. Dieses Verfahren wurde erstmals 1827 vorgeschlagen – Louis Pasteur (1822–1895) war damals gerade fünf Jahre alt. Dem großen Forscher, mit dessen Namen das Verfahren verbunden ist, kommt das Verdienst zu, die Wirkung des Erhitzens richtig beschrieben zu haben. Heute wird praktisch alle Milch, die wir zum Trinken angeboten bekommen, pasteurisiert. Beim Bier ist dieser Anteil glücklicherweise geringer – vielen Bieren bleibt der Hitzeschock erspart. Idealerweise sollte man zwar nicht schmecken können, ob ein Bier pasteurisiert wurde oder nicht – leider zeigt sich dann aber doch bei einigen pasteurisierten Bieren ein leicher Brotgeschmack.

**359** ***Schmeckt Dosenbier nicht immer nach Metall?***

Das sollte es nicht, und mit moderner Technologie tut es das auch nicht – aber der Metallgeschmack war lange Zeit das Hauptproblem bei der Vermarktung von Dosenbier. Die Geschichte der Bierdose fing 1909 an, als sich ein Brauer aus Montana an die American Can Company wandte, um nach Bierdosen zu fragen – aber die ersten Versuche führten zum unerwünschten Metallgeschmack im Bier. Anders 1933, als die Prohibition aufgehoben wurde und die Gottfried Krueger Brewing Company in Newark, New Jersey, den ersten Dosenbier-Test machte: 91 Prozent der Befragten mochten das Bier, und 85 Prozent sagten, dass das »eingemachte« Bier mehr wie Fassbier schmecke als Flaschenbier. Am 24. Januar 1935 gab es dann Krueger Cream Ale als erstes Dosenbier der Welt in Richmond, Virginia, auf dem Markt.

**360** ***Worin können nun die Geschmacksunterschiede zwischen Flaschen-, Dosen- und Fassbieren bestehen?***

In Brauereien wird meist versichert, dass der größte Unterschied darin bestünde, dass Fassbier eben von einem freundlichen Kellner gezapft und serviert wird, was die Stimmung hebt. Demgegenüber muss man das Flaschenbier selbst einschenken – der Stimmungsunterschied müsste viel vom subjektiv unterschiedlichen Geschmackserlebnis erklären.

Tatsächlich gibt es eine Reihe von objektiv messbaren Unterschieden. So ist Fassbier meist ärmer an $CO_2$ (nicht immer, das hängt nämlich auch von der Einstellung der Zapfanlage ab). Daher schmeckt Flaschenbier oft etwas »schärfer« als mit geringem $CO_2$-Druck frisch gezapftes Fassbier.

Ein weiterer häufig auftretender Unterschied zwischen Flaschen- und Dosenbier ist der Lichtgeschmack: Die UV-A-Strahlung im Sonnenlicht (aber auch dem von Leuchtstoffröhren) führt zu einer organischen Reaktion von Bitterstoffen des Hopfens. Das entstehende Methyl-Buten-Mercaptan hat einen so durchdringenden Geschmack, dass schon Konzentrationen von 1 ppb ausreichen, um es aus dem Bier heraus zu schmecken. Diese Konzentration entspricht etwa einem Stückchen Würfelzucker in 2,7 Milliarden Litern Wasser. Der Lichteinfluss lässt Bier muffig (die Amerikaner nennen es so treffend: »skunky«) werden.

**361** ***Wie kann man dem Lichtgeschmack im Bier vorbeugen – außer indem man auf Dosenbier zurückgreift?***

Der wichtigste Hinweis zur Lagerung von Bier in einem Geschäft oder daheim lautet: »Kühl und dunkel lagern«. Kühle Temperatur senkt generell die chemische Reaktionsfähigkeit. Und in der Dunkelheit treten keine UV-Strahlen auf, die die Hopfenbestandteile verändern können.

Außerdem muss man wissen: Braunes Glas ist ein sehr wirksamer Filter für UV-Strahlung, grünes Glas hat eine leichte Schutzwirkung, weißes überhaupt keine.

**362** ***Wenn braunes Glas dem Lichtgeschmack vorbeugt und weißes nicht – verdirbt dann das Bier in Klarglasflaschen nicht sofort?***

Nein, nicht unbedingt. Aus Marketinggründen haben sich für viele Biere Klarglasflaschen durchgesetzt – das betrifft vor allem (aber nicht nur) Corona Extra, Sol, Bud Ice und Desperados. Alle diese Biere sind auch dann noch genießbar, wenn sie dem Tageslicht ausgesetzt waren.

Der Trick dabei ist die Veredelung des Hopfens: Während Naturhopfen (also unbehandelter Doldenhopfen), herkömmliche Hopfenextrakte und normale Hopfenpellets die Alphasäuren in lichtempfindlicher Form in das Bier bringen, kann man durch Vermischung von Hopfenpulver und Magnesiumoxid-Pulver eine lichtbeständige Form der Bittere ins Bier bringen.

Daher bieten die großen Hopfen-Handelshäuser für die modernen Biere »stabilisierte« Hopfenpellets und Extrakte an. Wenn man diese verbraut, bleibt das Bier auch in Klarglasflaschen trinkbar.

**363** ***Woran liegt es, wenn eine Flasche beim Öffnen überschäumt?***

Dafür gibt es verschiedene Ursachen. Natürlich kann das daran liegen, dass man die Flasche zu sehr geschüttelt hat.

Ein zweiter häufig zu beobachtender Effekt ist, dass man eine Bierflasche vorsichtig öffnet und ein wenig Bierschaum aus dem Hals kommt. Man nennt diesen Effekt »Kappeln« – das bedeutet, dass das Bier zu wenig Zeit zum Reifen hatte.

**364** ***Wie sollte sich Bier verhalten, wenn man die Flasche vorsichtig öffnet?***

Dazu ein bisschen Physik: Wenn man eine Flasche guten Bieres vorsichtig öffnet, sollte man ein Zischen oder Ploppen hören, weil die Flasche ja unter $CO_2$-Druck steht, damit genügend $CO_2$ im Bier enthalten bleibt. Zischt es nicht, war der Verschluss wahrscheinlich undicht – oder das Bier ist schon sehr alt. Jedenfalls muss man ohne Zischen mit schalem Bier rechnen. Dann bildet sich ein feines Wölkchen im Flaschenhals: Es besteht aus einem

Gemisch aus $CO_2$ und Wasserdampf, der kleine Tröpfchen bildet, wenn der Druck in der Flasche und damit die Temperatur im Mündungsbereich beim Öffnen absinkt.

**365** ***Es kommt gelegentlich vor, dass ein Bier auch nach vorsichtigem Öffnen mit hohem Druck aus der Flasche schäumt. Was hat man da falsch gemacht?***

Als Biertrinker meist gar nichts. Manche Flasche ist schlicht zu lebhaft: Kaum hat man den Kronkorken entfernt, spritzt und blubbert ein Großteil des Bieres heraus – »Bier macht keine Rotweinflecken«, ist da der einzige Trost. Denn was sich da abspielt, erinnert ganz an das unter rituellem Schütteln praktizierte Verspritzen von Champagner, mit dem Rennfahrer ihre Siege feiern. Dabei hat man das Bier gar nicht beunruhigt, es braucht auch nicht jenen Anflug von schlechtem Gewissen, den viele Bierliebhaber bekommen, wenn ihnen etwas Ähnliches daheim passiert. Da klagt die Ehefrau/Freundin/Lebensgefährtin dann über die Unachtsamkeit beim Öffnen der Flasche – und der Bierliebhaber schiebt alle Schuld auf die Brauerei.
Beide aber können in Wirklichkeit nichts dafür. Schuld ist vielmehr das schlechte Wetter. Nein, nicht das, das uns aus der Schneelandschaft an die Wirtshaustische treibt. Sondern das, das im Sommer in den Anbaugebieten der Braugerste geherrscht hat. Bei ungünstigen, feucht-kühlen Witterungsbedingungen können nämlich die Schalen der Gerstenkörner, die sogenannten Spelzen, aufplatzen. In den Rissen nisten sich winzige Pilze – Fusarium culmorum oder Fusarium graminearum – ein. Und wenn dieser Schaden nicht schon bei der Anlieferung in die Mälzerei erkannt wird, können die Pilze allerhand Unheil anrichten. Gelangt solches Getreide als Schweinefutter zur Verwendung, müssen die armen Tiere erbrechen – daher heißt der beteiligte Wirkstoff auch Vomitoxin (von englisch »vomit« = erbrechen).

**366** ***Wird einem Biertrinker schlecht, wenn er ein Bier trinkt, in dem Vomitoxin ist?***

Nein. In der Braupraxis aber kann schon eine minimale Konzentration von Vomitoxin ausreichen, wenn dieses Fusarien-Stoffwechselprodukt die Vermälzung und den Brauprozess übersteht und in winzigen Spuren ins Flaschenbier gelangt.

Dort schlummert die tückische Substanz oft wochenlang: Öffnet man eine Flasche frischen Bieres, so tut sich gar nichts. Nimmt man aber ein paar Wochen später eine Flasche aus derselben Kiste, so kann man den Gushing-Effekt erleben. Dabei handelt es sich um die spontane Entbindung von Kohlensäure.

Annett Linemann von der Versuchs- und Lehranstalt für Brauerei (VLB) in Berlin hat festgestellt, dass sich ein Großteil der Kohlensäure schlagartig aus dem Bier entbindet, sobald die Flasche geöffnet wird – mit den oben beschriebenen Folgen: »›Gushing‹ ist ein Begriff, der von dem englischen Verb ›to gush‹ abgeleitet wurde, was so viel heißt wie strömen, schießen, schwallen. Auch der deutsche Fachausdruck ›spontanes Wildwerden‹ von Bier ist ein recht poetischer Begriff für ein Phänomen, das einer Katastrophe gleichkommt. Es wurden schon Fälle beobachtet, bei denen sich nahezu der gesamte Flascheninhalt ergoss.«

**367** ***Wie lange kann man Bier aufheben?***

Da sollte man sich nicht zu sehr auf die Empfehlungen der Brauereien verlassen. Die sind ohnehin widersprüchlich genug: Auf der einen Seite sagt einem jeder Braumeister (zumindest jeder aus einer Lagerbier-Brauerei), dass Bier frisch getrunken werden muss und man die Bezeichnung Lager nur ja nicht so verstehen soll, dass man dieses Bier einlagern könnte. Auf der anderen Seite sind gerade die großen Lagerbier-Brauereien bemüht, das Ablaufdatum ihrer Biere in eine immer fernere Zukunft zu verlegen. Ging man früher davon aus, dass ein Bier innerhalb von vier bis sechs Wochen getrunken werden sollte, findet man heute untergärige Biere mit einer Haltbarkeit von neun (etwa Zwettler) bis 18 Monaten (Nastro Azzurro).

Richtig ist, dass man helle untergärige Lagerbiere (also etwa Pils, Export, Märzen, Sparkling) und einen Gutteil der obergärigen Biere nie länger aufbewahren sollte als unbedingt notwendig. Es ist eine für den eigenen Biergenuss schädliche Unsitte, kistenweise Bier im Sonderangebot zu kaufen und es dann erst nach vielen Wochen zu trinken.

**368** ***Wird Bier kaputt, wenn man es länger lagert?***

Vorweg: Auch nach vielen Jahren wird Bier nicht gesundheitsschädlich. Aber es verändert sein Aussehen und seinen Geschmack ganz deutlich.

**369** ***Kann man schon äußerlich erkennen, dass ein Bier »zu alt« geworden ist?***

Nicht immer, aber es gibt ein paar deutliche Anzeichen. Vor allem geht Alterung oft mit einer Trübung einher – dies kann man oft schon durch die Bierflasche sehen. Ein kurzer Blick aufs Etikett: Handelt es sich vielleicht um ein unfiltriertes Bier? Nein? Dann ist die Trübung nicht von der Hefe, sondern ein Zeichen der Alterung.

Diese Trübung kommt daher, dass Eiweißverbindungen des Bieres ausgefällt werden. Dafür sind Enzyme verantwortlich, die auch nach der Filtration im fertigen Bier bleiben.

Derselbe mehr oder weniger feine »Schleier« des Bieres kommt auch in Fassbieren vor, wenn sie nicht mehr ganz frisch sind, wobei Biere aus verschiedenen Brauereien unterschiedlich anfällig dafür sind.

Übrigens haben die Eiweißflocken noch einen weiteren Effekt: Es handelt sich ja im Wesentlichen um dasselbe Eiweiß, das den Bierschaum bilden sollte. Alt gewordenes Bier hat daher weniger Schaum als frischeres.

Der Schleier selbst hat übrigens keine geschmacklichen Auswirkungen, er sieht bloß unappetitlich aus.

**370** ***Wie wirkt sich die Alterung geschmacklich aus?***

Der wesentliche Geruchs- und Geschmackseindruck von gealtertem Bier erinnert an nasses Papier, man nennt das »Cardboard-Flavor«. Wer diesen Geschmack einmal kennen gelernt hat, vergisst ihn nicht mehr – und es ist durchaus sinnvoll, einmal probeweise eine Flasche eines gängigen Bieres 12 bis 24 Monate liegen zu lassen und erst dann im Vergleich zu kosten. So kann man sich ganz einfach in der Erkennung dieses Bierfehlers schulen.

Manches gealterte Bier erinnert an Sherry, dieser Ton tritt aber typischerweise erst nach etwa zwei Jahren auf, während das Cardboard-Flavor wieder verschwindet. Meistens wirkt älteres Bier auch vollmundiger – das hängt damit zusammen, dass sich verschiedene Ester bilden, die sogar einen leicht fruchtig-süßen oder honigartigen Eindruck ins ältere Bier bringen. Ein Pils, das leicht süßlich riecht, ist also entweder schon ein bisschen alt – oder es hat bei der Abfüllung zu viel Sauerstoff erwischt, was die Alterung beschleunigt.

Dieser Alterungseindruck (in Wirklichkeit eine Kombination von zehn verschiedenen Alterungskomponenten) ist besonders in hellen untergärigen Bieren störend: Gerade deutsche Pilsbiere, noch mehr aber die schwächer gehopften überseeischen Pils- und Lagerbiere leiden sehr unter Alterung. In dunklen Bieren wird der Alterungseindruck mehr oder weniger von den kakaoigen Komponenten der dunklen Malze gepuffert.

**371** ***Kann sich der Alterungsgeschmack auch positiv auf das Bier auswirken?***

Ja, allerdings nie bei den gängigen Konsumbieren. Ein interessantes Beispiel für eine Ausnahme ist dagegen das Michelob Honey Lager von Anheuser-Busch. Diesem Bier wird bei der Nachgärung Honig zugesetzt. In dem daraus entstehenden frischen Bier ist nur ein leichter Hauch von Honig herauszuschmecken.

Anders ist das, wenn das Bier einmal mehr als drei, vier Monate alt ist (die offiziell angegebene Haltbarkeit beträgt 110 Tage ab dem »born on date« genannten Abfülldatum): Mit der Zeit bildet sich ein Alterungsgeschmack heraus – und die chemischen Substanzen, die sich dabei bilden, sind den Geschmacksträgern des Honigs sehr verwandt. Das bedeutet, dass das gealterte Honey Lager noch honig-typischer schmeckt als das frische.

**372** ***Es gibt Leute, die behaupten, dass auch ein Bockbier mit dem Alter besser wird. Haben die Recht?***

In vielen Fällen ja. Gerade bei einem ohnehin vollmundigen Bockbier werden durch die Alterung die esterig-süßen Komponenten deutlicher betont.

Das bedeutet, dass ein älterer Doppelbock etwas süßer, satter und meist auch milder schmeckt als ein frischer. Besonders krass ist der Unterschied bei einem hellen Doppelbock wie dem Zillertaler Gauderbock oder dem Schlägler Doppelbock. Aber auch andere untergärige Böcke, wie der Ayinger Celebrator (die Exportversion des Ayinger Weihnachtsbocks) oder der in diesem Zusammenhang selbstverständlich zu nennende Salvator gewinnen durch Alterung eine neue, interessante Dimension.

**373** ***Wie alt kann man so ein Bockbier werden lassen?***

Das ist Geschmackssache. Es ist durchaus möglich, Bockbiere im eigenen Keller reifen zu lassen. Dabei muss man allerdings wissen, dass sie irgendwann nach sechs bis 18 Monaten – wie die meisten anderen untergärigen Biere auch – einen sehr unangenehmen »Papiergeschmack« bekommen, der durch die Veränderung gewisser Aldehyde im Bier entsteht. Es wäre also ein Fehler, das im Keller aufbewahrte Bier vor dem Ablauf von zwei Jahren nach (!) dem angegebenen Ablaufdatum anzurühren. Dann aber gehen die unangenehmen Geschmäcker zurück – und aus dem unangenehmen Papiergeschmack (dem sogenannten Cardboard-Flavor) wird ein angenehm-weiches Sherryaroma.

Das älteste Bier, das mir untergekommen ist, war ein genau 100 Jahre altes und sicher an die zehn Volumsprozent starkes »King's Ale«, das im Frühjahr 1902 anlässlich eines Besuchs von König

Edward VII. in der Bass Brewery in Burton on Trent gebraut worden ist. Ich durfte es bei einem Judge's Dinner verkosten, zu dem ich als Juror bei den Brewing Industry International Awards 2002 geladen war: Es war sehr dunkelrot, hatte ein Aroma nach Dörrpflaumen und Portwein, ein leicht lederartiger Ton und etwas schokoladeartige Bittere erinnerten aber daran, dass es sich hier um ein Bier und nicht um einen Wein handelte.

**374** ***Kann man derartige ältere Biere überhaupt noch kaufen?***

Bei uns nicht. In England tauchen allerdings gelegentlich alte und sehr alte Flaschen mit Starkbieren auf Weinauktionen auf – oder sie werden bei e-bay versteigert. In den USA sind in einigen wenigen Spezialitätenlokalen »Vintage Beers«, also alte Jahrgangsbiere erhältlich. Besonders ergiebig in diesem Sinne ist ein Besuch im Toronados in San Francisco, wo gelegentlich Barleywines zu kaufen sind, die mehr als zehn Jahre alt sind – die kosten dann aber auch von dreißig Dollar aufwärts, achzig bis hundert Dollar erscheinen manchem Sammler nicht zu viel.

Günstiger und mit erstaunlich guter Auswahl kommt weg, wer in Antwerpen das Lokal »Kulminator« aufsucht: Hier gibt es Jahrgangsbiere verschiedener belgischer Sorten, einige bis zu 20 Jahre alt – und mit Preisen zwischen neun und 16 Euro relativ preiswert.

Im übrigen Europa ist man leider der falschen Auffassung, dass Bier nach dem Ablaufdatum nicht mehr genießbar sei. Dabei sind viele Biere schon lange vor diesem willkürlich festgelegten »Best before date« untrinkbar – und andere erreichen erst Jahre danach ihren Höhepunkt.

**375** ***Wird altes Bier nicht sauer und damit unverkäuflich?***

Tatsächlich war früher das Sauerwerden des Bieres das größte Problem – wenn nämlich Milchsäurebakterien ins Bier verschleppt wurden, »kippte« es nach einigen Wochen. Das bedeutete, dass frisches Bier durchaus in Ordnung schmeckte, dass es aber bald danach trüb und sauer wurde.

Heute kommt das kaum noch vor, weil sowohl im Flaschen- als auch im Filterkeller sehr saubere Bedingungen herrschen. Eine Infektion mit Milchsäurebakterien ist daher sehr selten geworden.
Nur in Kleinstbrauereien gibt es gelegentlich noch Infektionen des Flaschenbieres mit säurebildenden Bakterien, die sich vor allem im Weißbier sehr unangenehm bemerkbar machen.

### 376 *Ist Milchsäure prinzipiell schädlich für das Bier?*

Das kommt darauf an: Für die gängigen Lager- und Weizenbiere ist eine Milchsäure-Infektion immer ein Fehler – in einer Berliner Weisse oder einem Gueuze-Bier ist die Milchsäure dagegen ein stilbestimmendes Merkmal.
Interessant ist, dass es einige dunkle obergärige Biere gibt, in denen eine leichte Milchsäure-Infektion durchaus ein attraktives Aroma ergibt. Eine edle Säuerlichkeit ist etwa in einem Porter, aber auch in manchen Altbieren erwünscht.

### 377 *Woran kann man erkennen, ob ein Bier mit Milchsäure infiziert ist?*

In einem ganz frischen Bier ist die Milchsäure-Infektion für einen Laien meist gar nicht erkennbar, es reichen ja schon wenige Keime, die quasi im Bier schlafen. Meistens tritt erst nach mehreren Wochen eine schlagartige Vermehrung der Keime ein: Diese setzen den Restextrakt des Bieres, also die geringen Zuckermengen, die sonst zu seiner Vollmundigkeit beitragen, in Milchsäure um.
Die Folge ist ein starkes Absinken des pH-Wertes des Bieres. Am ersten Tag der Ausbreitung einer solchen Infektion eines Pilsbieres kommt zunächst die Bittere stärker zur Geltung; ein, zwei Tage später ist das Bier so sauer, dass es als absolut untrinkbar gelten muss. Interessanterweise stellt sich nach einigen Wochen dann wieder ein etwas harmonischerer Eindruck ein – ein Pils wird aber nie mehr daraus.

**378** ***Kann eine Pasteurisierung oder Kurzzeiterhitzung des Bieres seine Alterung verhindern?***

Das ist ein sehr zweischneidiges Schwert. Auf der einen Seite verhindert eine Pasteurisierung des Bieres, dass sich darin bierschädliche Keime, wie etwa Milchsäurebakterien, ausbreiten – diese sollten ohnehin bei sauberer Arbeit im Filter- und Flaschenkeller gar nicht in das Bier gelangen. Dazu kommt, dass die kurze Erhitzung eiweißabbauende Enzyme abtötet, die die Hefe in das Bier einbringt und die auch nach der Filtration noch im Bier verbleiben. Auch nach einer gewissen Alterungsphase hat ein pasteurisiertes Bier üblicherweise noch einen recht stabilen Schaum.

Der Nachteil der Pasteurisierung liegt darin, dass sie quasi eine künstliche Alterung des Bieres bewirkt: Das pasteurisierte Bier ist also schon unmittelbar nach der Abfüllung nicht mehr ganz frisch. Falls im Bier noch Sauerstoff enthalten ist (durch traditionelle Sudhausarbeit) oder falls die Flasche nicht ganz ohne Luft abgefüllt worden ist, entsteht bei der Erhitzung der sogenannte »Pasteurgeschmack«, ein brotig-vollmundiger Eindruck, der das Bier alt erscheinen lässt. Außerdem tritt ein allfälliger Diacetylgehalt des Bieres deutlicher hervor – das bedeutet, dass das Bier einen Buttergeruch und Buttergeschmack bekommt.

**379** ***Wenn man Bier aufhebt, wie sollte man es lagern?***

Zunächst noch einmal die Warnung: Pils, Weizen, Märzen, Export und so weiter lagert man am besten gar nicht, man stellt das Bier in den Kühlschrank und trinkt es nach Möglichkeit innerhalb von ein paar Tagen. Wichtig ist, dass das Bier weder zu warm (über Zimmertemperatur) noch dem Licht ausgesetzt wird.

Dasselbe gilt natürlich auch für ein Starkbier, das man im Keller reifen lassen will: Kühl und dunkel sollte der Keller sein. Wenn die Flasche verkorkt ist (wie das etwa bei der Chimay Grande Reserve üblich ist) mag es sinnvoll sein, die Flasche flach zu legen, um den Korken feucht und gasdicht zu halten. Biere, die mit Kronkorken verschlossen sind, machen da kein Problem.

**380** ***Stimmt es eigentlich, dass der Radler nach dem Reinheitsgebot gar nicht hergestellt werden dürfte?***

Das hat tatsächlich bis 1. 1. 1993 gegolten – bis dahin hat das deutsche Biersteuergesetz vorgeschrieben, dass Biermischgetränke nicht in der Brauerei hergestellt werden dürfen. Auch in Österreich gab es einen kuriosen Rechtsstreit um die Zulässigkeit des zuerst 1988 von der Brauerei Huber in St. Johann gemixten Radlers – als die kleine Brauerfamilie Huber den Kampf gegen die Klagen der Konkurrenz durchgestanden hatte, begann diese selbst mit Radler-Angeboten.

**381** ***Was genau ist eigentlich ein Radler?***

Der Radler ist eigentlich eine Notlösung gewesen: Als Erfinder gilt der Wirt Franz Xaver Kugler, der 1922 eine Ausflugs-Gaststätte in Deisenhofen betrieb. Unerwarteterweise kamen an einem Tag 13 000 Radler auf einer Sternfahrt zu seiner Kugler-Alm, und der Wirt fürchtete, dass ihm sein Münchner Augustiner-Bier ausgehen werde. Also bot er als Innovation die »Radlermaß« an. Er löschte den Durst mit jeweils einer Halben Bier und ebenso viel Limonade. Kugler bezeichnete sich 1926 auf seinen Autogrammkarten daraufhin als »populärsten Stimmungs- und Festwirt Deutschlands«, denn er betrieb auch die Augustiner-Festhalle auf dem Münchner Oktoberfest.

Es dauerte aber bis 1992, bis den deutschen Brauern erlaubt wurde, auch in ihren Betrieben herzustellen, was die Wirte längst taten: Den »echten Radler« mit Zitronenlimonade, »Almradler« mit Almdudler und »Diesel« mit Cola (inzwischen als Mixery von Karlsberg vermarktet). Auch die obergärigen Klassiker »Russenhalbe« (Weißbier mit Limonade) und »Berliner Weisse mit Schuss« gibt es inzwischen fertig aus der Dose.

**382** ***Gibt es eigentlich auch alkoholfreie Radler?***

Ja – und sie haben den Vorteil, dass darin die Nachteile alkoholfreier Biere (etwa der leicht getreidige Geschmack) durch die beigemischte Limonade ausgeglichen werden können. Für

Sportler wird auch alkoholfreies Bier, gemischt mit isotonischen Limonaden, angeboten – etwa der nach Grapefruit schmeckende Iso-Radler der BrauUnion.

**383** ***Ist Radler das Gleiche wie Alsterwasser – und Shandy das Gleiche wie Radler?***

Ja, als 1994 Henninger seinen damals sehr erfolgreichen Radler als fertig gemixten Drink auf den Markt gebracht hat, standen die beiden Bezeichnungen Radler und Alsterwasser abwechselnd vorne und hinten auf der Dose.

Die Idee, ein alkoholarmes Mixgetränk als Erfrischung anzubieten, ist allerdings deutlich älter als die deutschen Mischungen: In London wurde bereits im 19. Jahrhundert ein Drink namens »Shandy« angeboten – in diesem Fall obergäriges Bitterbier, mit Zitronen- (oder, wie bis zum Zweiten Weltkrieg von Soldaten bevorzugt) Ingwerlimonade gemischt. Ursprünglich hieß der Drink »Shandygaff« – in Anlehnung daran, dass die Londoner Arbeiter im 19. Jahrhundert die einfachen Pubs shanty und das Pint a shant of gatter nannten.

**384** ***Inzwischen gibt es ja noch ganz andere Mischgetränke – etwa mit Himbeeren, Cola oder Tequila – was ist davon zu halten?***

In Österreich gab es schon lange eine gewisse Experinmentierfreude mit Biermischgetränken – die Stiegl-Brauerei hat ihren Gaudi-Radler nach altem Salzburger Brauch mit Himbeersaft und später auch mit Hollunder gemischt auf den Markt gebracht.

Tatsächlich ist das weitaus erfolgreichste Biermischgetränk unter den deutschen Importmarken das Desperados mit Tequilageschmack. Und dass die Karlsberg-Gruppe im Jahr 2003 rund 800 000 hl Biermischgetränke absetzen konnte, ist auch nicht bloss ein Verdienst der Radler, sondern hat mit dem Erfolg des Mixery mit Cola zu tun. Oettinger, auf dem zweiten Platz der Mischgetränke-Statistik bietet Radler und einen Cola-Mix an – 431 000 hl davon wurden verkauft. Auch Inbev hat mit Dimix

(Diebels Alt mit Cola) einen Cola-Drink, ebenso Köstritzer, das seinem Schwarzbier Cola und Guaraná beimengt. Immerhin 2 740 360 hl Biermischgetränke scheinen für 2003 in der Biersteuerstatistik auf – wie weit solche Getränke als »gepanscht« empfunden werden, ist der Beurteilung des jeweiligen Konsumenten überlassen. Der Gesetzgeber hat jedenfalls seinen Sanctus dazu gegeben.

**385** ***Was blüht dem Bierpanscher?***

Eine ganze Menge – denn die Behörden sind sensibel geworden und verhängen Strafen, wenn die Bierproben nicht in Ordnung sind.

Früher musste man sich auf jenseitige Gerechtigkeit verlassen. Wer sich mit der Geschichte der Bierfälschungen befassen will, ist gut im Bezirk Schwandorf aufgehoben. Bei Franz-Joseph Vohburgers Lachen kann einer armen Seele schon das Blut gefrieren. Vor allem, wenn er in seine Lieblingsrolle schlüpft, die des Geisterkastellans auf Burg Stockenfels. Im verfallenen Gemäuer bei Nittenau führt Vohburger mehrmals im Jahr das grausige Spiel von der Bierpanscher-Verbannung auf: »Schlimme Zeiten, meine Herrschaften, schlimme Zeiten hier auf Stockenfels. Sorgen um den Nachwuchs, ha, ha, ha … Nein, meine Herrschaften, nicht hier auf Stockenfels! Bräuer, Kellnerinnen, Schankburschen haben wir hier drin. Leitausbeuter, Raubritter, Amtsleut kumma zu uns her.« Das Schauspiel, in dessen Verlauf der Bräu von Zangastoa und die Kellnerin in Stadtamhof zu ewigen Höllenqualen auf der Geisterburg (vor allem müssen sie das eigene, verwässerte Bier saufen) verurteilt werden, gehört zu den Höhepunkten der Oberpfälzer Bierwanderung, die Vohburger organisiert hat: Er ist im Hauptberuf Tourismusmanager im Landkreis Schwandorf. Für das Tourismusangebot hat er das alte Sagengut von Stockenfels ausgegraben und bearbeitet – und die umliegenden Brauereien animiert, ein Erlebnispaket anzubieten. So gibt es nach dem Besuch von Stockenfels ein Stockenfelser Geisterbier, ein rötlich-dunkelbraunes, leicht süßlich duftendes

Spezialbräu, das für ein deutsches Dunkelbier eher süß, im Nachtrunk aber dennoch recht hopfig ist. Und sicher nicht gepanscht!

**386** ***Kann man von allen Bieren, die in Deutschland und Österreich in die Regale oder an die Zapfhähne kommen, sagen, dass sie nicht gepanscht sind?***

Nun: Das hängt davon ab, was man genau unter »gepanscht« verstehen will. Entgegen der landläufigen Ansicht ist es beispielsweise nicht verboten, das Bier zu verwässern. Im Gegenteil: Diese Praxis hat sich in den letzten Jahrzehnten sogar zu einer gängigen Technik entwickelt. Man nennt sie »High Gravity Brewing«. Dabei werden Biere von besonders hohem Stammwürze-Gehalt hergestellt, die dann in den Tanks der Brauerei in der Stärke von Bockbieren ausreifen. Erst zum Schluss, bei der Filtration, werden sie mit entgastem Wasser auf Trinkstärke verdünnt. Das spart Kosten und sichert gleich bleibende Bierqualität – auch wenn es in früheren Zeiten manch arme Brauerseele in die Verbannung nach Stockenfels gebracht hätte.

Das »High Gravity Brewing« ist nicht nur eine Kostenersparnis – es bringt auch etwas esterigere Biere und wirkt sich vor allem bei Weizenbieren positiv auf den Geschmack aus.

**387** ***Kann man beim Trinken eigentlich feststellen, ob ein Bier nach der High-Gravity-Methode gebraut, also mit Wasser gestreckt wurde?***

Nein, das ist normalerweise nicht möglich, da ja nur geringe und sorgfältig aufbereitete Wassermengen – meistens bei der Filtration – ins Bier kommen. Allenfalls dann, wenn ein Leichtbier besonders stark verdünnt ist, entsteht ein »leerer« Eindruck.

In den letzten Jahren wurde allerdings die Technologie für Leicht- und Medium-Biere so verbessert, dass man nicht mehr auf solche Verdünnungen zurückgreift.

# Trinken mit Stil und Geschmack

**388** ***Wir haben gehört, dass »Pils« oder »Pilsener« nicht unbedingt aus Pilsen kommen muss. Wie ist das nun mit »Münchner«, »Dortmunder« oder »Kulmbacher«?***

Früher hatte jede Stadt ihre eigenen Biere – schließlich waren Brauwasser, Getreide, Hopfen und nicht zuletzt die Tradition der Rezepte von Region zu Region verschieden. Mit Fortschreiten der Brautechnik wurde es möglich, »Pilsner Bier« nicht nur in Pilsen, »Budweiser« nicht nur in Budweis zu brauen; die folgenden Rechtsstreitigkeiten füllen seit Jahrzehnten die Kassen der befassten Anwälte. Während Pils allgemein als Gattungsbezeichnung üblich ist, ist das bei »Münchner« oder »Dortmunder« anders: Zwar ist Münchner ein weltweit bekannter Bierstil, der ein dunkles, vollmundiges und nicht zu stark gehopftes untergäriges Lagerbier beschreibt. Das Dortmunder ist nach weltweiter Auffassung ein helles, etwas vollmundiges und jedenfalls deutlich gehopftes untergäriges Lagerbier – der ursprüngliche Export- oder »Dortmunder Versand«-Typ.

Diese Zuordnung von Bierstil und Herkunft stimmt aber für Deutschland (und die gesamte Europäische Union) nicht. Sechs deutsche Bier-Herkünfte – Dortmunder Bier, Kulmbacher Bier, Münchner Bier, Mainfrankenbier, Hofer Bier und Bremer Bier – wurden von der Europäischen Kommission geschützt. Demnach darf etwa Dortmunder Bier nur noch von Brauereien in Dortmund hergestellt werden – dass es sich bei dem Bier allerdings um den klassischen Biertyp »Dortmunder Versandbier« handeln muss, ist nicht vorgeschrieben. Daher nützt die Regelung nur den Brauern, für die Konsumenten aber bedeutet sie

Verwirrung: Dortmunder Brauereien brauen überwiegend nicht mehr Dortmunder Export, sondern Biere Pilsner Art.
Mit Kulmbach ist das noch komplizierter – denn von einem spezifischen Bierstil ist hier schon lange nicht mehr die Rede, obwohl es viele Spezialitäten gibt, die alle unter dem einem Dach der Kulmbacher AG gebraut werden, so das EKU 28, der Eisbock oder die Mönchshof Weißbiere. Daneben gibt es noch eine kleine Kommunbrauerei, die eine Vielfalt an Bieren braut, aber einen eigentlichen Kulmbacher Stil auch nicht etablieren kann.

**389** ***Und wie ist das mit dem Warsteiner oder dem Budweiser? Ist das auch eine geschützte Herkunft?***
Hier haben die deutschen Gerichte eine kuriose Auffassung: Wenn eine Marke einem Ortsnamen entspricht, könne die irrige Publikumsauffassung entstehen, dass alles Bier unter diesem Namen aus ein und derselben Stadt käme. Daher wird verlangt, dass Bier mit einem Ortsnamen in der Marke eine deutliche Kennzeichnung trägt, wenn es nicht in der namensgebenden Stadt gebraut worden ist.
Der Rest der Welt ist da liberaler: In den USA schert sich niemand darum, dass Budweiser nicht aus Budweis und Michelob nicht aus Michelob kommt, sondern aus so verschiedenen Orten wie St. Louis, Fort Collins oder Los Angeles, beziehungsweise in Lizenzproduktion aus London oder Barcelona.

**390** ***Wie aber steht es mit dem Kölsch? Ist das nun ein Bierstil oder eine Herkunftsbezeichnung?***
Beides. Kölsch ist zunächst einmal ein helles, obergäriges Bitterbier, das wegen seiner meist eher bescheidenen Schaumstabilität üblicherweise in hohen zylindrischen 0,2-Liter-Gläsern ausgeschenkt wird.
Sowohl das Glas als auch die Herkunftsbezeichnung Kölsch sind aber in Deutschland geschützt: So darf Kölsch nur in Köln und einigen in der Kölsch-Konvention aufgelisteten Braustätten außerhalb Kölns gebraut werden. Im § 2 der Kölsch-Konvention,

veröffentlicht im »Bundesanzeiger« vom 25. Juni 1985, heißt es: »Die Bezeichnung ›Kölsch‹ darf nur für nach dem Reinheitsgebot hergestelltes helles, hochvergorenes, hopfenbetontes, blankes obergäriges Vollbier verwendet werden, das innerhalb des Herkunftsbereichs von ›Kölsch‹ hergestellt wird und dem dort herkömmlich und unter der Bezeichnung ›Kölsch‹ hergestellten und vertriebenen obergärigen Bier entspricht. Der Herkunftsbereich von Kölsch ist das Stadtgebiet von Köln. Zum Herkunftsbereich gehören darüber hinaus diejenigen Brauereien außerhalb des Stadtgebiets von Köln, die an der Bezeichnung ›Kölsch‹ bereits vor Inkrafttreten dieser Wettbewerbsregeln einen wertvollen Besitzstand erworben hatten.« Damit wurde etwa der Trierer Löwenbrauerei untersagt, weiterhin ein Kölsch anzubieten.
Über die Grenzen der Europäischen Union reicht die Kölsch-Konvention aber nicht hinaus. So findet man gelegentlich in amerikanischen Brewpubs hervorragende Kolsch-Style-Biere – etwa bei Capitol City Brewing in Washington, D. C., oder im Sudwerk Hübsch in Davis, California.

### 391 *Wieviel Kölsch wird nach der Kölsch-Konvention gebraut?*

In der jüngsten Statistik für das Jahr 2003 werden 2,57 Mio. hl Kölsch ausgewiesen – damit brauen die Kölsch-Brauer etwas mehr ihre nordrhein-westfälischen Kollegen in den Altbier-Brauereien, die 2003 nur auf 2,48 Mio. hl kamen. Hier die Liste der größten Kölsch-Brauer:

**Die größten Kölsch-Brauer**

| *Brauerei* | *2003 [in 1000 hl]* |
|---|---|
| Kölner Verbund (u. a. Küppers, Gilden-Brauereien) | 670 |
| Privatbrauerei Heinrich Reißdorf GmbH&Co.KG, Köln | 630 |
| Cölner Hofbräu Josef Früh Köln | 453 |
| Gaffel, Köln | 450 |
| Dom, Köln | 300 |

Quelle: Brauwelt 26/2004

**392** ***Stimmt es, dass Kölsch ein bereits mehr als tausend Jahre alter Bierstil ist?***

Nein, das stimmt so nicht – aber die Kölner Lokalpatrioten vermischen gern ihre Liebe zum traditionellen Bier mit der Tatsache, dass in Köln wirklich seit gut tausend Jahren Bier gebraut wird.

In Köln wird erstmals um 1170 ein gewerblicher Brauer schriftlich erwähnt: Der Eintrag in der Schreinskarte (»Grundbuch«) des Bezirks Niederich meldet den Kauf eines halben Hauses durch Ezelin den Brauer (Ezelinus bruere) und seine Frau Wendelmut. Die Berufsbezeichnung Brauer ist übergeschrieben und ist hier möglicherweise erstmals in der deutschen Sprache belegt. Auch in Köln bildeten die Brauer eine Zunft, die hier »Gaffel« genannt wurde. Die dazugehörige St.-Peter-von-Mailand-Bruderschaft sieht das Jahr 1396 als ihr Gründungsjahr an – doch das Bier, das in jener Zeit gebraut wurde, unterschied sich wesentlich von dem uns heute vertrauten Getränk. Wie in anderen norddeutschen Städten verwendete man auch hier die »Grut« genannte Kräutermischung auf der Basis von Gagel und Porse. In einer Urkunde des Stifts Maria im Kapitol tritt Heinrich der Grüter (Heinricus gruzere), ein Dienstmann des Stiftes, 1154 als Zeuge auf. Kaum zu entscheiden ist, ob Heinrich Grutpächter war oder selber Grut bereitet hat; vielleicht war er auch Grutbierbrauer.

Da Kölsch ein blank filtriertes Bier ist, kann es diesen Stil erst seit der Vermarktung des Bierfilters von Enzinger in den siebziger Jahren des 19. Jahrhunderts so ähnlich wie heute geben. Dazu kommt, dass in den letzten Jahrzehnten die Hopfengaben für Kölsch-Biere generell reduziert wurden – daher schmeckt dieses Bitterbier nicht mehr ganz so bitter wie es unsere Väter geschätzt haben.

**393** ***Worin unterscheidet sich Kölsch nun von Pils – und lohnt dieser Unterschied überhaupt, einen eigenen Bierstil zu begründen?***

Und ob das lohnt! Schließlich war untergäriges Brauen in Köln lange untersagt: Das sogenannte »unterhäufft, dolle und Knup

Bier« war in Köln verboten, und das Brauamt verlangte mindestens seit 1698 von jedem neuen Meister den Eid, Bier nur wie von Alters üblich »auß gutem Maiß, guten Früchten und guter Hopfen, wolgesotten mit Oberheffen« anzusetzen, »mitnichten aber einig Unterheufft, Dollbier, rohe Wirtz mit schädtlichen Kräuteren, wie die Nahmen haben«.
Erst um die Wende vom 19. zum 20. Jahrhundert setzen die neuen Großbrauereien auf untergärige Biere wie Pils und Export und produzieren um die Jahrhundertwende in fünfzehn Großbetrieben. Viele der kleinen Hausbrauereien überlebten diesen Prozess nicht: Von ehemals 100 waren 1907 noch 57 übrig.
Und auch wenn die Würze des hellen Kölsch der eines Pils sehr ähnlich ist, unterscheidet sich das Kölsch durch die obergärige Vergärung, die es aromatischer wirken lässt.

### 394 *Wieviel Altbier wird in Deutschland noch gebraut?*

In der jüngsten Statistik für das Jahr 2003 werden 2 482 524 hl Altbier ausgewiesen – damit ist Altbier einer der großen Verlierer: Allein gegenüber 2002 beträgt der Rückgang knapp 14 Prozent. Der größte Altbierproduzent mit mehr als 50 Prozent Marktanteil ist die zur Inbev-Gruppe gehörende Brauerei Diebels (1,24 Mio hl) vor Frankenheim (533 000 hl), Hannen (250 000 hl) und Schlösser (120 000 hl).

### 395 *Ist Altbier ein besonders altes Bier?*

Nein, Altbier ist in der Regel genauso frisch wie Pils oder Kölsch. Allerdings ist der Stil ein bisschen älter als die beiden anderen, aber das hat ihm nicht den Namen gegeben. Vielmehr ist es ein Bier der »alten« Art; eines, das sich vom moderneren hellen Bier unterschieden hat. Populär wurde die Bezeichnung Altbier erst nach dem Zweiten Weltkrieg.

### 396 *Woran erkennt man ein Altbier?*

Altbier ist – auch wenn die Farbe stark variiert – als dunkles obergäriges Bitterbier definiert. Es stammt aus einer Zeit, als man das

Bier noch nicht unbedingt aus Gläsern getrunken hat. Charakteristisch für Altbier ist nicht nur die braune Farbe, sondern auch ein leicht kakaoiges Aroma, das vom dunklen Malz kommt. Dennoch sollte ein Altbier aggressiv gehopft sein – fünfzig Bittereinheiten erscheinen nicht zu viel.

**397** ***Ist Altbier ein Ale?***

Altbier ist dasjenige deutsche Bier, das den anglo-amerikanischen Vorstellungen von einem Ale am nächsten kommt – auch wenn jedes andere obergärige Bier der technischen Definition des Ale auch entsprechen würde.

**398** ***Was wäre das typische anglo-amerikanische Pendant zum Alt?***

Das gängigste Ale ist das Pale Ale, in England meist Bitter genannt.

Da Altbier aber ein ausgeprägt bitteres Bier ist (oder wenigstens sein sollte), wäre das am ehesten vergleichbare Bier zu einem Füchschen oder Uerige Alt wohl am ehesten ein ESB, ein Extra Special Bitter. Wegen seiner internationalen Verbreitung hat sich das Fuller's ESB irgendwie als Standard etabliert. Weitere gute Beispiele sind das Belk's Extra Special Bitter Ale von Anderson Valley Brewing im Mendocino County und das ESP (Extra Special Pale) von Full Sail in Hood River, Oregon.

Ein ausgeprägt bitteres Bier, das zwischen der Kategorie ESB und IPA liegt, ist das Brutal Bitter von Rogue in Newport, Oregon: Mit einem süßlichen Unterton der Karamelmalze und einem kräftig bitteren Nachtrunk (59 Bittereinheiten sowie die Hopfensorte Crystal sind deklariert) ist dieses dunkel-bernsteinfarbene Bier von 15 Stammwürze-Graden ein amerikanisches Wagnis, das in Europa keine Parallele hat.

**399** ***Worum handelt es sich bei einem India Pale Ale?***

Das India Pale Ale (oder kurz IPA) ist ein stark gehopftes Bitterbier von etwas höherer Stammwürze. Sowohl die höheren Hopfengaben als auch die hohe Stammwürze (und damit der höhere

Alkoholgehalt) sollten dieses Bier für eine lange Schiffsreise in die Indischen Kolonien haltbar machen.
Sehr typische IPAs kommen heute vor allem aus den USA. Die Pike Brewery in Seattle nimmt für ihr Pike IPA in Anspruch, »the benchmark IPA« darzustellen – also die beste Referenz: Demnach müsste ein IPA leicht malzig-süß sein, einen fruchtig-ananasartigen Duft verströmen und dann in eine sehr trockene Bittere übergehen. Der Alkoholgehalt liegt bei 6,3 Prozent.

**400** ***Sind IPAs also generell etwas süßliche Biere?***
Nein, im Gegenteil. Süßlich sind sie allenfalls, wenn sie noch jung sind. Auch zur Süße im Pike IPA ist anzumerken, dass diese im Lauf der Zeit wahrscheinlich zurückgehen würde, wenn das Bier in der Flasche oder im Fass mit Hefe nachreifen könnte, was für ein IPA im 19. Jahrhundert wohl charakteristisch war. Andere bemerkenswerte IPAs aus den USA kommen aus der Oregon Ale & Beer Company in Cincinnati, Ohio, von Bridgeport in Portland, Oregon, und von Harpoon in Boston, Massachusetts. Sie alle sind deutlich weniger vollmundig als das IPA von Pike. Die am ausgeprägtesten gehopften IPAs stammen – laut meinen Aufzeichnungen – von der Anderson Valley Brewing Company in Boonville, Kalifornien, und aus dem »Sandlot Brewpub« in Denver, Colorado, wo 1995 ein Sud mit 75 IBUs eingebraut wurde.

**401** ***Gibt es auch in Mitteleuropa IPAs?***
In Wien liegen zwei Brewpubs in einem gesunden Wettbewerb um das »amerikanischere« Bier: Im siebenten Bezirk ist das Siebensternbräu die erste Brauerei Mitteleuropas gewesen, die bereits in den neunziger Jahren ein »American Pale Ale« gebraut hat. Dann hat in der Wiener Innenstadt die 1516 Brewing Company aufgesperrt, die sich von Anfang an amerikanischen Biertypen verschrieben hat. Im Frühjahr 2004 war Bill Covaleski, der Gründer und Braumeister der Victory Brewing Company aus Downingtown in Pennsylvania, als Gastbrauer bei der 1516 Brewing Company – seither darf bei 1516 die Spitzensorte von Vic-

tory, der Hop Devil, in Lizenz gebraut werden. Mit 56 Bittereinheiten ist es das bitterste und hopfenaromatischste Bier Österreichs.

### 402 *Wodurch bekommen englische und amerikanische Ales einen so kräftigen Hopfengeschmack?*

Der hat drei Ursachen: Erstens wird generell viel mehr Hopfen verwendet als das in Deutschland üblich ist. Zweitens sind es andere Hopfensorten, wobei die amerikanischen Sorten grundsätzlich ein aggressiveres Hopfenaroma haben als die englischen und deutschen. Und drittens wird der Hopfen nicht nur beim Sud mitgekocht, sondern auch dem nachgärenden Bier zugesetzt. Viele englische »cask conditioned ales« bekommen auf dem Weg in den Keller der Pubs noch ein Hopfenpellet ins Fass gesteckt – dieses gibt viel Aroma, aber keine Bittere mehr ans Bier ab. Man nennt das »dry hopping«.

### 403 *Wie kommt die Bittere ins Bier?*

Einfache Frage, einfache Antwort: durch den Hopfen, der beim Kochen der Bierwürze zugegeben wird. Im Hopfen steckt aber mehr als die Alphasäure, die für die Bittere verantwortlich ist. Und viele dieser rund vierzig bitteren und 300 aromatischen Komponenten gehen beim Kochen der Bierwürze verloren, sind also im fertigen Bier gar nicht mehr enthalten. Macht nichts, meinen die meisten Großbrauereien: Sie sind ganz froh darüber, wenn ihr Pils oder Märzen nicht zu aromatisch ist – schließlich sind die Hopfenaromen ja recht verderblich; was im frischen Bier noch nach Hopfenaroma geduftet hat, kann nach einigen Monaten auch an Käse (oder gar ungewaschene Füße?) erinnern. Dann schon lieber einen einheitlichen »edelherben« Bitterton und sonst nichts.

Macht aber in Wirklichkeit schon etwas: Glücklicherweise gibt es Braumeister, die sich diesem Haltbarkeitsdiktat widersetzen. Selbst sehr große Brauereien leisten sich ab und zu einen Sud, in dem der Hopfen zu seinem Recht kommt. Die Sinebrychoff-

Brauerei (mit 1,3 Mio. hl pro Jahr größer als Gösser und etwa gleich groß wie Erdinger) in der Nähe von Helsinki hat zur 179-Jahr-Feier des Bestehens dieser ältesten Brauerei Skandinaviens 1998 das 179 Bitter eingebraut, ein dunkelbraunes Bier, das schon in der Nase eine transatlantische Zutat verrät: Hier wurde Cascade-Hopfen verwendet, jene wundervolle amerikanische Züchtung aus englischen und russischen Hopfenreben, die beim Anbau im Yakima-Tal neben den typisch hopfigen Noten (die neben Bittere auch Erinnerungen an Harz und sogar an frisches Gras erwecken) auch einen Hauch von Zitrusaroma ins Bier bringen. Das 179 Bitter erwies sich als sehr schlank und nur leicht malzig. Und überraschenderweise als wenig bitter.
Tatsächlich bestätigen die Techniker von Sinebrychoff, dass ihre Spezialität nur 24 Bittereinheiten (IBUs) hat – das ist nicht bitterer als viele österreichische Märzenbiere und deutlich weniger bitter als ein gutes Pils (jenes aus der Uttendorfer Brauerei hat beispielsweise 42 Bittereinheiten).

### 404 *Ist »dry hopping« dasselbe wie Hopfenstopfen?*

Ja, dieses alte Verfahren, Hopfengeschmack ins Bier zu bekommen, war früher auch im deutschen Sprachraum als »Hopfenstopfen« üblich. Das Hopfenaroma kommt dann nicht nur von jener Hopfengabe, die während des Würzekochens zugesetzt wird. Das »dry hopping« erfolgt erst bei der Nachgärung, wenn dem schon fast fertigen Bier nochmals Hopfen zugesetzt wird: Das Bier nimmt dessen Aromen auf, nicht aber die Bittere.
Natürlich eignet sich nicht jeder Hopfen dafür, das liegt auf der Hand: Die Bittersorten (wie Northern Brewer) bewähren sich gar nicht, die aromatischen Sorten je nach Bierstil. Der tschechische Saazer könnte auch beim »dry hopping« einem Pils auf die Sprünge helfen – in einem Ale wäre er deplatziert. Umgekehrt eignet sich der East Kent Goldings wunderbar für Ales, in untergärigen Bieren dagegen nur bedingt. Cascade dagegen ist jedem nicht zu hellen Bier zuzumuten, man schmeckt ihn aber auch wirklich deutlich heraus.

**405** ***Gibt es in Deutschland noch Biere, bei denen Hopfen gestopft wird?***

Man muss nicht nach England oder Amerika, um das »Hopfenstopfen« (wie deutsche Brauer zum »dry hopping« sagen) zu erleben und das Ergebnis im Bier zu schmecken. Es reicht ein Ausflug nach Düsseldorf zum Uerige, am besten so Mitte Oktober oder im späten Jänner. Da schenkt Michael Schnitzler sein Sticke aus, bei dem tüchtig Hopfen gestopft wird. Michael Schnitzler schwört auf Hallertauer Mittelfrühen – und das seit seiner Lehrzeit in den fünfziger Jahren: »Als Lehrling habe ich das Stopfen noch gelernt. Zwischen dreißig und fünfzig Gramm je Hektoliter wurden mit heißem Brauwasser gebrüht und 15 Minuten ziehen gelassen, bei geschlossenem Deckel, wegen des Aromas. Anschließend gaben wir Hopfen und Wasserauszug in den frisch geschlupften (gereinigten) Lagertank. Auf diesen Hopfen wurde nun das Jungbier geschlaucht, der Hopfen sog sich in den kommenden Tagen mit dem Bier voll und gab sein herrliches Aroma ab.«

**406** ***Was versteht man unter »Sticke«?***

Sticke ist das Geheimnis unter den Altbieren. In den Düsseldorfer Altstadtbrauereien ist es üblich, ein- oder zweimal im Jahr (beim Uerige ist das einmal im Oktober und einmal im Januar/Februar) ein stärkeres Bier um den normalen Preis auszuschenken. Die Bierkenner geben diesen Tip hinter vorgehaltener Hand (»stickum«) weiter, daher der Name.

**407** ***Ist Old Ale dasselbe wie Altbier?***

Nein, Old Ales (auch Owd Ales, Winter Warmers, Christmas Ales) wären am ehesten noch mit dem Sticke vergleichbar, aber auch das ist nur eine sehr ferne Verwandtschaft. Ein Old Ale ist ein vollmundiges, mehr oder weniger stark malzig-süßes und immer durch fruchtig-esterige Aromen ausgezeichnetes obergäriges Bier mit einer Original Gravity von 1,060 bis 1,075 (das sind zwischen 15 und 19 Grad Stammwürze) und 6,5 bis 8,5

Volumsprozent Alkohol und einer für die Stärke nicht übertrieben hohen Bittere von 30 bis 40 IBUs.
Das hängt damit zusammen, dass dieser Bierstil auf das starke, ungehopfte Ale jener Zeit zurückgeht, als in England noch ungehopftes Bier üblich war.

**408** ***Gibt es als »old« bezeichnete Ales, die nicht so stark sind?***
Ja, der Begriff »Old« ist ebenso wenig geschützt wie der Begriff »Alt«. So gibt es Alt-Bayrisch Dunkel vom Hofbräu Traunstein, ein altbayrisches, an das Münchner Dunkle angelehntes Bier, das mit einem Alt natürlich genauso wenig zu tun hat wie das obergärige dunkle Alt aus Potts Brauerei in Oelde – beide untergärigen Biere lehnen sich sicher an alte Traditionen, aber eben nicht an den Altbierstil an.
Ähnlich ist es mit Bieren wie dem Adnams Old oder dem Harvey's Old aus Lewes, die geschmacklich an den Old-Ale-Stil angelehnt sind, aber mit den starken Vertretern des Stils, wie dem Prize Old Ale von George Gale in Horndean, nicht mitkönnen.

**409** ***Stimmt es, dass Christmas Ales häufig Gewürze enthalten?***
Im Gegensatz zu unserem Weihnachtsbock wird Christmas Ale nicht für den Advent, sondern für das Weihnachtsfest selbst gebraut – und sehr oft mit »weihnachtlichen« Gewürzen versetzt. Diese aus der Alten Welt stammende Tradition wird vor allem in der neuen Welt gepflegt. Pete Slosberg, einer der führenden Microbrewer in Amerika, bringt jedes Jahr ein anderes Wicked Winter Brew auf den Markt. Im Jahr 1995/96 war es ein kupferbraunes, nach Himbeeren duftendes Ale, das auch im unerwartet trockenen Trunk den Zusatz von Himbeeren und Muskat verriet – und das bei einer bescheidenen Alkoholstärke von 4,8 Volumsprozent.
Ähnlich kreativ ist man bei der North Coast Brewing Co. in Fort Bragg im kalifornischen Mendocino County: Das rötlichbraune Wintertime Ale nennt sich »belgian style«, hat eine süßlich-fruchtige, ein wenig an gebratene Äpfel erinnernde Nase, einen leicht

weinigen, überraschend wenig vollmundigen, dennoch leicht malzsüßen Antrunk, der in eine pfeffrige, ein wenig an Zimt und Kakao erinnernde Bittere übergeht, die zum Schluss noch eine großzügige Menge von Cascade-Hopfen zu verraten scheint.
Gewürzte Biere haben natürlich auch in England Tradition: Bei Bass in Burton on Trent kann man im Winter ein Spiced Christmas Ale kaufen, von dem jedes Jahr nur wenige Tausend Flaschen gebraut werden – und das auch nicht in der großen Bass-Brauerei, sondern in einer The Brew Works genannten Versuchsbrauerei in Birmingham. Das Bier ist sieben Prozent stark, von schwarz-roter Farbe, hat einen sehr cremigen Schaum und einen an Orangen, Nelken, Zimt und Muskat erinnernden Duft. Der Antrunk ist schlank und von einer pfeffrig-muskatartigen Bittere begleitet, die dann lange im Nachtrunk anhält.

**410** ***Ist es wahr, dass man Weihnachtsbiere warm trinkt?***
Ja, man nennt dieses Anwärmen »mulling«. Englands feinste Microbrewery, die in einer gotischen Halle untergebrachte St. Peter's Brewery in Suffolk, hat 1998 ein Spiced Ale mit Zimt und Apfelaroma, dazu viel Muskat und einer deftigen Hopfung auf den Markt gebracht. Die Brauerei ist berühmt für ihre grünen Halbliterflaschen, die ein wenig an die des Becherovka-Likörs erinnern – nur ist das enthaltene Produkt deutlich bitterer, fast ein wenig an Fernet erinnernd. Und doch lockten der wundervolle Fruchtgeruch (hier schlagen die Äpfel durch) und die Ausgewogenheit von Malzbittere und einem leicht zur Süße neigenden Körper dazu, immer weiterzutrinken. Doch Vorsicht: In dem Bier stecken 6,5 Volumsprozent Alkohol – und der wirkt noch stärker, wenn man das Bier leicht erwärmt. Da kommt die Bittere noch stärker zur Geltung, das Apfelaroma ebenfalls. Fast wie in St. Peter's Hall, wo Weihnachten besonders stimmungsvoll sein muss.
Aber es ist eine andere Weihnachtsstimmung als bei uns. Bei uns heißt Weihnachten doch nicht zuletzt: In der Adventzeit durch die Innenstadt wanken, für einen karitativen Zweck spenden und

Punsch trinken. Vor lauter Spendenfreude kann man bei diesem Brauch einen ganz ordentlichen Rausch bekommen. Und die Brauereien schauen wieder mal durch die Finger. Schluss damit, dachte Günter Hager von der Gasthausbrauerei Josef in Linz – und entwickelte auf Basis eines Schwarzbieres ein Glühbier als Alternative zum gängigen Punsch und dem viel stärkeren Glühwein.

### 411 *Was ist Schwarzbier?*

Schwarzbier ist ein dunkelbraunes bis schwarzes untergäriges Vollbier aus dunklem und Münchner Malz, dem blutbildende, verjüngende und sonstige »körperliche und geistige Frische« verleihenden Eigenschaften nachgesagt werden. Es sollte leicht vollmundig, aber nicht süß sein, die Bittere liegt etwa bei 22 bis 30 Bittereinheiten. Typisch ist ein leichtes Röstmalz- oder Kakaoaroma. Marktführer in Deutschland ist das Köstritzer Schwarzbier, von dem 450 200 hl (im Jahr 2003) gebraut werden. Lange Zeit war das Köstritzer das einzige seiner Art, inzwischen gibt es unter anderem den Schwarzen Pfaff aus Mallersdorf, das Münchbräu Eibau und das trockene Jever Dark als ernst zu nehmende Konkurrenten – daneben natürlich auch das vollmundige König Ludwig Dunkel aus Kaltenberg, von dem 113 000 hl im Jahr unters Volk kommen.

### 412 *Seit wann gibt es Schwarzbier?*

Sicher seit dem Ende des 18. Jahrhunderts, da wird zum ersten Mal beschrieben, dass es in Bad Köstritz Lagerkeller unter dem Kirchenfelsen gab, in denen das im Herbst gebraute Bier bis in den nächsten Sommer aufbewahrt wurde. Es handelte sich also schon damals um untergäriges Bier – und es war schwarz, »da es eine solche Farbe hat, dass ich es an der gräflichen Tafel beym erstmaligen Anblick für rothen Wein hielt und mich wunderte, dass dieser in Biergläsern herumgegeben wurde,« wie ein Zeitgenosse, der Berliner Anton Friedrich Büsching, beschreibt.
Bedeutende Liebhaber des Köstritzer Schwarzbieres waren Jo-

hann Wolfgang von Goethe (von ihm schreibt Wilhelm von Humboldt am 17. November 1823: »Er lebt von Bier und Semmel, trinkt große Gläser am Morgen aus, beratschlagt mit seinen Bedienten, ob er dunkel- oder hellbraunes Köstritzer Bier trinken soll«) und Fürst Bismarck, der dem Schwarzbier »den vornehmen Rang in der Aristocratia der Biere« bestätigt.

**413** ***Ist das böhmische dunkle Bier das Gleiche wie Schwarzbier?***

Wenn es trocken, also nicht süß ist, dann ja. Österreichische Dunkle Biere sind dagegen üblicherweise süß und mit dem Schwarzbier nicht zu vergleichen. Auch ein Großteil der dunklen süddeutschen Biere – wie das sonst recht ähnliche Schussenrieder Schwarz-Braun – sind keine echten Schwarzbiere, weil für sie kein dunkles und Münchner Malz, sondern helles Malz und Farbebier verwendet wird.

Im Siebensternbräu in Wien wird ein sehr typisches »Prager Dunkles« nach einem tschechischen Originalrezept von einem böhmischen Braumeister gebraut.

**414** ***Gibt es auch schwarzen Bock?***

Derzeit nicht, aber es gab einmal ein Köstritzer Bockbier dunkel, das dem Schwarzbier sehr ähnlich (und auch ähnlich herb) war. Typisch war die kakaoartige Bittere – dass es sich um einen Bock gehandelt hat, würde man kaum vermuten. Und der relativ niedrige Alkoholgehalt von 5,8 Prozent ließ einen diese Version des Schwarzbieres ohne Reue auch in größeren Mengen genießen.

Selbstverständlich gibt es eine Reihe von dunklen Bockbieren, früher waren das eher süße und nicht so hoch vergorene Böcke. Inzwischen hat sich das stark geändert, auch die dunklen Böcke sind trockener geworden. Ein Beispiel dafür ist etwa der Dunkle Bock vom Berliner Bürgerbräu, der noch zu Beginn der neunziger Jahre ein süßliches Bier mit 6,2 Volumsprozent war, jetzt ist er auf 6,8 Prozent vergoren und damit viel trockener geworden – und er zeigt auch das typische Röstmalzaroma.

**415** ***Woher hat das Bockbier seinen Namen?***
Ursprünglich von der niedersächsischen Stadt Einbeck, die schon im Mittelalter fleißig von ihrem starken (und damit haltbaren) Bier exportierte. Schon Anfang des 13. Jahrhunderts war Bier aus Einbeck – wohl auf Schiffen der Hanse – nach Salerno gekommen, wo die medizinische Fakultät ein sehr anerkennendes Gutachten über diesen guten »Wein« (man wusste es wohl nicht besser) verfasste. Am Hofbräuhaus in München wurde der Stil übernommen, nachdem der mit Einbecker Verhältnissen vertraute Braumeister Elias Pichler engagiert worden war. Das war im Mai 1614, und das Starkbier war von Anfang an ein Erfolg. Erst mit der Zeit wurde aus »Einbockbier« oder »einbeckschem Bier« die heute gebräuchliche Form »a Bock-Bier«. Das Hofbräuhaus hält die Erinnerung dadurch wach, dass es immer noch einen Maibock mit etwa 16,5 Grad Stammwürze braut: Es ist bernsteinfarben, riecht malzig, ist aber süffig und rezent mit einer den Nachtrunk dominierenden Bittere. Das kann an warmen Maitagen recht gefährlich werden.

**416** ***Sagt die italienische Bezeichnung »Birra Doppio Malto« dasselbe wie »Doppelbock«?***
Nein, »Birra Doppio Malto« ist die italienische Bezeichnung für Starkbiere, seien sie ober- oder untergärig, Bock- oder Doppelbockbiere.

**417** ***Ist ein Doppelbock doppelt so stark wie ein normales Bockbier?***
Nein, aber er ist mit 18 Stammwürze-Graden immerhin um gut zehn Prozent stärker eingebraut als einfache, 16-grädige Bockbiere. In Bayern ist die Doppelbock-Saison noch am strengsten mit der Fastentradition verknüpft: Wenn nämlich zwischen Aschermittwoch und Karfreitag die Hälfte der Fastenzeit verstrichen ist, beginnt die »fünfte Jahreszeit«, die Starkbierzeit; und zwar traditionell mit einem Bieranstich am Nockherberg, jenem Hügel im Osten des Stadtgebietes, auf dem die Paulaner Brauerei angesiedelt ist. Das Paulaner-Doppelbockbier heißt Salvator.

**418** ***Enden alle Doppelbock-Biere auf »-ator«?***

Nein, aber umgekehrt: Ein deutsches Bier, das auf »-ator« endet, muss ein Doppelbock mit mindestens 18 Grad Stammwürze sein. Ayinger vermarktet zum Beispiel seinen fast schwarzen Doppelbock im Inland als Weihnachtsbock, im Ausland aber als Celebrator.

**419** ***Warum braut man gerade für Weihnachten einen Bock?***

Man braut ihn nicht wirklich für Weihnachten; und auch nicht für Ostern. Genau genommen ist der Weihnachtsbock ein Adventbock – weil die Adventzeit ebenso wie die vierzig Tage vor Ostern eigentlich eine Fastenzeit ist, in der fromme Leute (besonders natürlich Kleriker) bevorzugt flüssige Nahrung zu sich nehmen sollten, die im Gegensatz zu fester Nahrung das Fasten nicht bricht.

**420** ***Wie passt nun der Maibock in die Systematik der Bockbiere?***

Der Maibock ist üblicherweise das hellste und schlankste Bockbier. Er wurde seit jeher für die zahlreichen Feiern im Mai gebraut – und hat am wenigsten mit kirchlichen Festen zu tun. Dennoch heißt es in den »Schnaderhüpfln zum Bock«, welche in den im 19. Jahrhundert sehr populären Fliegenden Blättern veröffentlicht wurden:

> »Und der Mai is a' Pfarrer,
> Der Bock a' Caplan,
> Und wann die zwoa predinga,
> Freut si' All's d'ran.«

**421** ***Gibt es auch im Mai einen Doppelbock?***

Ja – und wenn man nicht aufpasst, hat er verheerende Wirkungen: Der Gauderbock aus der Zillertaler Brauerei ist in seiner Charakteristik ein typischer, leicht zu trinkender Maibock, er wird zum Gauderfest am ersten Maiwochenende ausgeschenkt –

aber er hat beachtliche 18,5 Grad Stammwürze und reißt manchen Verkoster um.

### 422 *Ist Malt Liquor das Gleiche wie ein heller Bock?*

Malt Liquor ist eine amerikanische Version eines stärkeren untergärigen Bieres – bekannte Beispiele wären King Cobra oder Hurricane, beide von Anheuser-Busch. Diese Biere sind leicht süßlich und knapp sechs Prozent stark. Es fehlt ihnen aber nicht nur an Kraft zum Bockbier, sondern auch an malzigem Charakter, es schmeckt etwas der Mais hervor.

### 423 *Ist der Bockbier-Begriff überhaupt international etabliert?*

Ja, nur versteht man darunter oft etwas anderes. Shiner Bock aus Texas oder Superbock aus Portugal sind einfach Markennamen, die einen Premium-Anspruch begründen sollen, ohne deswegen Starkbierqualität zu liefern. Der Paceña Bock aus Bolivien ist dagegen mit seinen sieben Prozent ein veritables Bockbier.

Umgekehrt wird in Thailand ein Maibock-ähnliches Beer Chang gebraut, das 6,4 Volumsprozent hat und seinen schlanken Charakter offenbar der Verwendung von Reis verdankt – die Bezeichnung »Bockbier« findet sich aber nur auf den provisorischen Etiketten des deutschen Importeurs (dem »Haus der 131 Biere« in Hamburg).

### 424 *Gibt es auch obergärige Bockbiere?*

Ja, nur heißen die meistens nicht so. Wir haben schon vom Düsseldorfer Sticke gehört, das in diese Kategorie fällt; selbstverständlich gilt das auch für Weizenbock. Obergärige Starkbiere heißen im englischen Sprachraum meist Barley Wine, auch die belgischen Trappistenbiere fallen nach deutschem und österreichischem Recht in die Bockbier-Kategorie, obwohl sie in ihrem Ursprungsland niemand so bezeichnen würde.

**425** ***Was ist ein Trappistenbier?***

Trappistenbiere sind die Biere, die in belgischen Trappistenklöstern gebraut werden – wobei Trappisten Benediktinermönche der sogenannten »strikten Observanz« sind: Sie halten sich an die Regel des heiligen Benedikt (480-548), der das »ora et labora« (bete und arbeite) angeordnet hatte. Diese Regel wurde mehrfach reformiert und die Trappisten zeichnen sich durch eine besondere Abgeschlossenheit von der Welt aus. Dies hindert sie allerdings nicht, streng darauf zu achten, dass niemand außerhalb des Ordens die Trappisten-Marke oder die Herkunftsbezeichnung missbraucht.

**426** ***Wo wird Trappistenbier gebraut?***

Derzeit brauen nur sechs Trappistenklöster. Es handelt sich um die Klöster von Nôtre Dame de Scourmont in Forges le-Chimay, Orval, Rochefort, Westvleteren und Westmalle. Seit 1998 ist noch ein Brewpub des Klosters Saint-Benoit d'Achel an der belgisch-niederländischen Grenze dazugekommen. In kleinem Umfang sind die Trappistenbiere aus Achel auch in Flaschen zu bekommen; in der Praxis kommt man sogar leichter an ein Bier der »Achelse Kluis« als an eines aus Westvleteren, das nur (zu sehr eingeschränkten Öffnungszeiten) ab Brauereirampe und in zwei lokalen Cafes erhältlich ist. Umgekehrt ist aus der Liste der Trappistenbrauereien das 1884 gegründete Trappistenkloster Koningshoeven in den Niederlanden mit seiner Brauerei De Schaapskooi (Markenname La Trappe) zu streichen, weil die strengen Herkunftsregeln für Trappistenbier bestimmen, dass nicht nur der Brauvorgang, sondern auch die Abfüllung auf Klostergrund passieren muss.

**427** ***Ist Trappistenbier ein eigener Bierstil?***

Nein – es ist eine Herkunftsbezeichnung, für eine sehr seltene Herkunft: Im Jahr 2003 wurden nur 306 537 hl Trappistenbier gebraut, von denen allein 226 114 im Herkunftsland Belgien konsumiert wurden. Allerdings sind die Exporte von Trappistenbier deutlich stärker gestiegen als der belgische Inlandskonsum, immerhin um 25 000 hl seit 1995. Die in den Trappistenklöstern gebrauten Biere sind sehr unterschiedlich – vom hellen, nach Grapefruit duftenden Orval bis zum dunklen, schwer malzigsüßen Westmalle Dubbel und dem helleren, aber viel kräftigeren Westmalle Triple.

**428** ***Ist Triple ein Bierstil oder eine Herkunftsbezeichnung?***

Auch wenn das Westmalle Triple vielfach als Referenzgeschmack für Triple-Biere gilt, so ist die Bezeichnung Triple (oder Tripel) weder für Westmalle noch für Trappistenbiere geschützt. Üblicherweise sind Triple-Biere helle, obergärige Starkbiere mit intensiver Bittere – es gibt mit dem Tripel Karmeliet der Brauerei Bosteels oder dem Ename Triple noch weitere gute, stilgerechte Beispiele. Die Bezeichnung Triple wurde zwar durch Westmalle erst richtig gebräuchlich, doch hat sie einen viel älteren Ursprung: In Belgien wurden (wie auch in England) die Biere einen Brauerei intern mit Kreidekreuzen auf dem Fass bezeichnet – zwei Kreuze für ein etwas stärkeres Bier, drei für das stärkste (oder als am besten empfundene). In diese Bezeichnungstradition fügt sich auch das australische Castlemaine XXXX oder das englische Wadworth 6X – obwohl beide mit 5 bzw. 4,3 Volumsprozent längst nicht so stark sind wie belgische Trappistenbiere.

**429** ***Ist ein Abteibier das Gleiche wie ein Trappistenbier?***

Etwas Ähnliches, aber nicht das Gleiche. Abteibiere werden von einer gewerblichen oder industriellen Brauerei in Lizenz eines Klosters hergestellt, die Unternehmen berufen sich üblicherweise auf die Klosterrezepte, auch wenn da nicht viel dran sein dürfte. Bekannte Abteibiere sind Leffe (ein Tochterbetrieb der Inbev), Corsendonk (eine Marke des Getränkehändlers Keersmaeker in Turhout), Het Kappitel, St. Sixtus (lizensierte Kopien von Westvleteren-Bieren) und Witkap.

**430** ***Gibt es auch in anderen Ländern Klosterbiere, die nicht aus dem Kloster kommen?***

Das ist eine umstrittene Praxis, die sich jeder Brauer eines Klosters selbst mit dem nächstgelegenen Kloster ausmachen muss: Das Schweizer Ittinger Klosterbräu kommt längst aus dem Heineken-Konzern. Auch in der Klosterbrauerei Neuzelle nimmt man es mit den täglichen Gebeten nicht so streng – daher haben deutsche Klöster in den letzten Jahren vermehrt auf Deklaratioswahrheit gedränkt: Hinter einem Klosterbier sollte halt auch ein Kloster stehen, auch wenn nicht nur Mönche am Braukessel stehen. Der Andechser Doppelbock und das Schlägler Gold-Roggen kommen aus Klosterbrauereien, wo zwar Mönche das Sagen haben, aber weltliche Brauer arbeiten. Und im Nonnenkloster von Mallersdorf-Pfaffenberg steht auch wirklich noch eine Nonne, die legendäre Schwester Doris Engelhardt, am Braukessel.

Klosterbiere unterscheiden sich nicht unbedingt von anderen kommerziell hergestellten Bieren; aber die Herkunftsbezeichnung Kloster ist halt auch in unserer ungläubigen Zeit ein Gütesiegel, das die Klöster zu schützen trachten.

**431** ***Sind Klosterbiere obergärig oder untergärig?***

Das kommt auf das Kloster an – oder die Brauerei, die sich auf ein Klosterrezept beruft. Trappistenbiere und die Abteibiere, die sich an den obergärigen Charakter der schweren Biere aus den belgischen Klöstern anlehnen, sind obergärig. In den Klosterbrauereien des deutschen Sprachraums wird dagegen überwiegend untergäriges Bier hergestellt. Auch die klösterlichen Doppelböcke sind heute in der Regel untergärig.

**432** ***Warum heißen untergärige Biere generell »Lager«?***

Die englische Bezeichnung »Lager« bezieht sich darauf, dass die lange gelagerten und damit gut geklärten untergärigen Biere in der Mitte des 19. Jahrhunderts aus dem deutschen Sprachraum ihren Siegeszug um die Welt angetreten haben. Lager – oder die tschechische Übersetzung »lezak« – bezeichnet in vielen Sprachen mit kalter Gärführung hergestelltes Bier.

**433** ***Entspricht das, was man heute in Deutschland als »Lager« bekommt, dem Lagerstil des 19. Jahrhunderts?***

Ganz und gar nicht. Was man heute etwa als Galaxy Lager oder Binding Lager vermarktet, ist an den amerikanischen Lagerbier-Stil angelehnt, der generell hell und wenig bitter ist.

**434** ***Hat es schon vor dem Lager untergäriges Bier gegeben?***

Ja, aber es hat der entscheidende Schritt zur industrialisierten Standardisierung des Geschmacks gefehlt, der im 19. Jahrhundert so wichtig erschienen ist. Das Bier hat von Fass zu Fass unterschiedlich geschmeckt, wenn man es nicht kalt gelagert und bis zum Ausschank gekühlt hat, was das ursprüngliche Kennzeichen des Lagerbieres war.

Erfunden wurde der Lager-Typus von einer Gruppe innovativer Brauer, die erst die Praktiken in Bayern, Österreich und Böhmen studiert hatten und dann in England die modernen Mälzereien und die eben erst erzielten brauwissenschaftlichen Erkenntnisse kennen gelernt haben. Die Braumeister Anton Dreher aus Schwechat, Georg Lederer aus Nürnberg und Gabriel Sedlmayer aus München hatten in den späten dreißiger Jahren des 19. Jahrhunderts gemeinsam David Boothe, den Erfinder des Saccharometers, kennen gelernt und ausgiebig Betriebsspionage betrieben. Die jungen Herren verwendeten sogar hohle Spazierstöcke, um damit in unbemerkten Augenblicken Würze- und Jungbierproben ziehen zu können. In ihre Familienbetriebe zurückgekehrt, versuchten sie, das neuerworbene Wissen in die Praxis umzusetzen: Im ständigen Austausch von Erfahrungen (und von Bierproben) entwickelten sie die Technologie der kalten Gärführung und der langen kalten Lagerung. Aus Drehers Brauerei kam dann der Wiener Bierstil, aus Sedlmayers der Münchner – beide unterschieden sich vor allem durch die verwendeten Malze (das Münchner ist dunkler) und durch das örtliche Brauwasser.

Ihren größten Erfolg hatten Wiener und Münchner Bier an der Wende vom 19. zum 20. Jahrhundert Auch die C.H. Haake Brauerei in Bremen braute damals »Lagerbier von Wiener Charakter« und ein »dunkles, kräftiges Doppelbier mit bayerischem Charakter«.

**435** ***Gibt es heute noch Münchner Bier und Wiener Bier?***

Erst 1894, so ist in Gerhard Merks Standardwerk *Münchner Bier* (Verlag Frisinga) nachzulesen, bescherten Gabriel und Joseph Sedlmayr (die Söhne von Drehers Freund) der dunklen Münchner Bierlandschaft »das erste Helle der Neuzeit«. Heutzutage ist Münchner Bier wieder (wie vor Erfindung des Lagerbiers) hellgelb bis hellbraun. Das Münchner Bier in seiner damaligen Form existiert zwar noch, ist aber in München alles andere als populär – so wie das Wiener Lager in Wien längst vergessen ist.

Das König Ludwig Dunkel dürfte recht nahe an das ehemalige Münchner Bier herankommen. Will man aber den Münchner Typ richtig kennen lernen, muss man über die deutschen Grenzen schauen, was den US-Brauereigiganten Anheuser-Busch 1995 dazu inspiriert hat, ein »Muenchener Bier« in seine Reihe »American Originals« aufzunehmen. Die Brauerei bezieht sich dabei ausdrücklich auf Aufzeichnungen und Korrespondenz von Adolphus Busch und seinem Sohn August I. Busch. Zu deren Zeit, in den frühen neunziger Jahren des 19. Jahrhunderts, war Münchner Bier noch ein Stil mit Weltgeltung. Auf der Weltausstellung 1893 in Chicago wurde allerdings Buschs Muenchener als der beste Vertreter des Typs prämiert. Die Wiederbelebung ergibt ein Bier, dem man keineswegs anmerkt, dass es ein Schwesterprodukt des amerikanischen Budweiser ist. Rötliches Dunkelbraun, eine an Karamel und Nougat erinnernde Nase und ein voller, aber kaum süßer Antrunk: Das ist der erste Eindruck, den man von diesem aromatischen Bier, das sowohl durch malzig-kakaoige Aromen als auch durch eine von Röstmalz und Hopfen etwa gleichermaßen geprägte Bittere ausgezeichnet ist, gewinnt. Auch im Nachtrunk ist es satt, aber nicht süßlich. Die Suche nach original Münchner Bier kann aber auch in eine ganz andere Richtung führen: Die Sillamäe-Brauerei in Estland hat ein hervorragendes Bier mit dem ebenso schlichten wie stilgerechten Namen »München« in ihrem Programm.

### 436 *Wie war das ursprüngliche Wiener Lager?*

Am Beginn der Brautradition des Wiener Lagers stand Anton Dreher, der 1841 in den neuen, eisgekühlten Kellern seiner Brauerei in Klein-Schwechat das erste helle untergärige Lagerbier hergestellt hat. Drehers Bier war damals deutlich anders als das heutige Schwechater Lager: Es war dunkler (Zeitgenossen sprechen von einer leicht rötlichen Färbung) und nur durch die lange Lagerung, nicht aber durch Filtration geklärt. Das erste Wiener Lager hatte auf Grund der damals verwendeten Technologien einen oxidativeren, vollmundigeren Charakter und eine charakteristische Hopfenbittere, die irgendwo zwischen den milden Münchner und den scharf-bitteren Pilsbieren gelegen sein muss. In der Zeit vor dem Ersten Weltkrieg hatte das Wiener Lagerbier 12,5 Grad Stammwürze (etwas mehr als die heute gängigen österreichischen Biere), nach älteren Berichten soll es noch eine stärkere Version mit 14 Grad gegeben haben. Eine Beschreibung von 1941 nennt die Farbe »satt-gold-gelb« und erwähnt ein »zartes, leicht malzig überdecktes Hopfenaroma« des Wiener Bieres. Geschmacklich sei es so bekannt, dass man es nicht weiter zu beschreiben brauche. Immerhin findet man den Hinweis auf »einen sehr abgerundeten Geschmack bei vorzüglichem Aroma«, was wohl auf die extrem langen Lagerzeiten zurückzuführen sei. Sein malziger Charakter sei vor allem durch den Wiener Malztypus bedingt.

### 437 *Entspricht das Wiener Lager also nicht dem heute gängigen österreichischen Märzen-Stil?*

Kaum. Denn der Wiener Stil ist in Österreich beinahe ausgestorben. Oder wenn man will: weiterentwickelt worden zum modernen österreichischen Lagerbier- oder Märzenstil, der sich wiederum stark von dem unterscheidet, was man in Deutschland unter Lager (leichtes Bier bis 11 Grad Stammwürze) oder Märzen (Festbier mit über 13 Grad Stammwürze) versteht.

**438** ***Woran liegt es, dass man heute zwar bemühte amerikanische Kleinbrauereien findet, die den »Original Vienna Style« nachbrauen, dass es das von Dreher gebraute Bier bei uns aber nicht mehr gibt?***

Die einfachste und einleuchtendste Erklärung ist wohl die, dass Drehers Bier unseren Vorstellungen nicht mehr entsprechen würde, weder geschmacklich noch in Hinblick auf technische Kriterien wie Optik und Haltbarkeit.

Was man heute leicht übersieht: Bei der Bierbereitung um 1840 musste man auf lokale Rohstoffe zurückgreifen. Die Braugerste kam aus lokalen Sorten des March- und Steinfeldes, der Hopfen ebenfalls aus überwiegend lokalen Anbaugebieten, und auch die Technik der Wasseraufbereitung war noch nicht entwickelt worden. Erst nach und nach gab es dann bessere Rohstoffe (in der alten Monarchie war die mährische Hanna-Gerste berühmt) für die Mälzerei.

Anton Dreher selbst veränderte also sehr rasch seinen Bierstil, indem er 1859 ein Hopfengut samt Brauerei in Michelob bei Saaz erwarb – und fortan prägte der feine Saazer Hopfen seinen Bierstil. Was zeigt, dass es nicht ganz einfach ist, alte Bierstile originalgetreu nachzubrauen: Großbrauereien sind dafür zu modern, ihre Kunden zu sehr heutigen Produktstandards verbunden.

Sucht man heute ein Wiener Lager, so findet man es am ehesten im Sam Houston Lager der Waterloo Brewing Co. in Austin, Texas, oder im Elliot Ness von Great Lakes Brewing in Cleveland, Ohio.

**439** ***Wenn wir untergäriges Bier als Lager und obergäriges als Ale bezeichnen – gibt es da irgendetwas dazwischen?***

Es gibt zwar kein »mittelgäriges« Bier, aber es gibt Biere, die mit obergäriger Hefe bei niedrigen Temperaturen vergoren werden – und damit nicht so aromatisch sind wie andere obergärige Biere.

Häufiger kommt es vor, dass Biere mit untergäriger Hefe bei wärmeren Temperaturen vergoren werden – dabei entstehen Gärungs-Nebenprodukte, die in untergärigem Bier sonst unerwünscht wären. In Kanada und in einigen amerikanischen Brauereien entsteht auf diese Art das sogenannte Cream Ale. Eigentlich versteht man unter Cream Ale ein obergäriges Bier, das dem Irish Ale (ein kommerziell erfolgreiches Vorbild wäre das Kilkenny) nachempfunden ist.

**440** ***Ist Steam Beer ober- oder untergärig?***

Steam Beer ist ein typisches Beispiel für einen Grenzfall: Produziert wird es wie ein Ale, aber mit untergäriger Hefe. Das kommt daher, dass die deutschen Brauer, die im 19. Jahrhundert in die Bay-Area kamen, ihre untergärigen Hefestämme mitbrachten – dass aber die gleichmäßige Temperatur von San Francisco keine Kühlung der Keller ermöglichte. Also wurde Lagerbier zu warm vergoren, was den eigentümlich aromatischen Geschmack des Anchor Steam, des letzten verbliebenen Vertreters dieses Stils ausmacht. Es ist ausgesprochen aromatisch, man sollte wegen der ausgeprägten Gärungs-Nebenprodukte aber nicht zu viel davon trinken.

**441** ***Ist Porter ein ober- oder ein untergäriges Bier?***

Porter ist nach allgemeinem Verständnis ein obergäriges dunkelbraunes bis schwarzes Ale. Gängig sind die Unterklassen des Brown Porter (dunkelbraun, nur leicht kakaoig und nicht zu vollmundig, 4,5 bis 6 Volumsprozent Alkohol und eine Bittere zwischen 20 und 30 IBUs), Robust Porter (schwarz, mit deutlichen Röstmalzaromen aber gerade noch nicht brenzlig, vollmundig und mit bis zu 40 IBUs deutlich bitter, der Alkoholgehalt liegt bei über fünf Prozent) und Stout Porter, welches heute üblicherweise nur mehr als Stout bezeichnet wird.

**442** ***Stimmt es, dass Porter leicht säuerlich schmeckt?***

Das sollte so sein, denn es hat Tradition. Ursprünglich war Porter ein Verschnitt von jungem dunklen Ale und »stale ale«, einem durch lange Lagerung sauer und damit »weinig« gewordenen Ale, das im London des 18. Jahrhunderts hoch geschätzt, aber sehr teuer war. Als billige Version des »stale ale« wurde dieser leicht säuerliche Verschnitt zunächst unter dem Begriff »entire«, dann eben als »porter« verkauft. Ob »porter« wirklich das Lieblingsgetränk der Lastenträger (»Porters«) war und deshalb das »entire« umgetauft wurde, ist umstritten.

Jedenfalls sollte Porter einen trocken-malzigen Eindruck hinterlassen – ein schönes Beispiel ist das Coal Porter von der Laboratory Brewery in San Antonio, Texas. An seinem Ursprungsort London selber hat das Porter-Bier weitgehend an Bedeutung verloren – das wundervolle Pub »Market Porter« in der Stoney Street am Südende der London Bridge bot bei meinem letzten Besuch keines an, auch die Orange Brewery in Pimlico, deren Porter ich sehr schätzte, braut nicht mehr. Bleibt als empfehlenswerte Alternative das London Porter aus der Familienbrauerei Fuller's, ein vollmundiges, kakaoiges Porter mit leichter Hopfennote von englischem Fuggles.

**443** ***Ist das Verschneiden von altem, saurem und jungem, frischem Bier auch bei uns üblich?***

Üblich nicht, aber es wird in einer Brauerei als Spezialität praktiziert: Bei Pinkus Müller in Münster gibt es ein Alt, das tatsächlich mit altem, milchsaurem Alt verschnitten ist. Es ist besonders erfrischend.

**444** ***Gibt es auch untergäriges Porter?***

In einem älteren Positionspapier des Verbandes der österreichischen Brauereien konnte man nachlesen, dass »Porter« eine andere gängige Bezeichnung für Bockbier wäre. Als junger, zum Zweifeln erzogener Mensch wollte ich das nicht so recht gelten lassen und hielt sauber auseinander: Bockbier, das ist ein untergäriges Starkbier (es sei denn, es wäre ein Weizenbock); Porter, das ist ein englischer, obergäriger Biertypus. Irrtum meinerseits: Es gibt untergäriges, dunkles und starkes Porter, wenn auch nicht in Österreich. Da ist es nämlich ausgestorben – relativ lang hatte die Liesinger Brauerei (von ihr ist nicht einmal mehr die Mälzerei übrig) ein solches Dunkelbier mit hoher Stammwürze und hohem Alkoholgehalt angeboten. In Tschechien gibt es aber ein Bier, das den mitteleuropäischen, dunklen und starken Porter-Typ repräsentiert: Es kommt aus der 1871 gegründeten Brauerei Pardubice, beruft sich auf ein Rezept aus dem Jahr 1890 und ist mit 19 Grad Stammwürze nach deutschsprachiger Definition ein Doppelbock-Bier. In Tschechien ist das Pardubicky Porter mit dieser hohen Stammwürze und einem Alkoholgehalt von acht Prozent eines der stärksten Bier auf dem Markt – und auch eines der interessantesten: Es ist fast schwarz, hat eine malzige, leicht süßliche Nase und einen dazu kontrastierenden schlanken, rezenten Antrunk, der die Stärke sofort vergessen lässt. Eine kakaoige Bittere bestimmt den Trunk, der trocken und überraschend wenig hopfig ausklingt.

Ähnlich im Geschmack ist das polnische Zywiec Porter, eines der gehaltvollsten Biere Polens.

Auch in der finnischen Sinebrychoff-Brauerei braut man ein Porter, das Koff-Porter, für das eine eigene Hefe verwendet wird. Es hat einen sehr vollmundigen und schokoladeartigen Trunk, man kann es wunderbar zu Schokoladetorten trinken.

### 445 *Was ist deutsches Porter?*

In ganz wenigen Brauereien hat sich der Stil des deutschen Porter noch erhalten. Es handelt sich im Wesentlichen um ein mit viel schwarzem Farbmalz gebrautes untergäriges Starkbier.

Das Besondere ist, dass man bei der Nachreifung eine spezielle Nachgärungshefe (die Dekkera bruxellensis) einsetzt, die dem Bier ein besonders esteriges Aroma und eine ganz leichte, für das Porter so typische Säuerlichkeit verleiht. Besonders gepflegt wird dieser Typus in der Meissner Schwerter Brauerei mit ihrem

16,8-grädigen Porter. Das Hoepfner Porter aus Karlsruhe verwendet keine Nachgärungshefe und entspricht daher eher den osteuropäischen Porterbieren.

### 446 *Ist Stout eine andere Art des Porter?*

Mit dem Stout sind wir wieder auf den britischen Inseln zurück – im kontinentalen Europa wird der Stil kaum gebraut. Stout heißt genau genommen: untersetzt, kräftig, robust und üppig – und was wir heute als Stout-Bier kennen, war ursprünglich stout porter, also sehr üppiges und kräftiges Porterbier. Heute aber wird Stout mit vielen Variationen als eigener, vom Porter losgelöster Bierstil betrachtet.

### 447 *Was ist ein Sweet Stout?*

Sweet Stout ist ein schwarzes Bier, das mehr oder weniger intensiv süß ist. Die Variationsbreite ist sehr groß: Sie beginnt beim in Kapstadt gebrauten Castle Milk Stout der SAB, einem schwarzen, sehr milden und süffigen Bier, das mit einer untergärigen Hefe bei nahezu Zimmertemperatur vergoren wird. Die Bezeichnung »Milk Stout« weist darauf hin, dass früher manche Sweet Stouts mit (von der Hefe unvergärbarem) Milchzucker versetzt wurden, um noch vollmundiger zu wirken.
Dann gibt es Cream Stouts (zum Beispiel das Samuel Adams Cream Stout), sehr vollmundige und süßliche Biere – bis hin zu den ganz süßen Interpretationen wie dem zuckrig-süßen Sweetheart Stout von Tennant in Glasgow.

### 448 *Ist Irland die führende Nation unter den Ländern, die Stout brauen?*

Vorläufig ja. Aber Analysten von Datamonitor gehen davon aus, dass der Inlands-Konsum von Stouts der irischen Brauereien Guinness, Murphy's und Beamish zugunsten heller Biere leicht zurückgehen wird, während in Südafrika immer mehr Menschen zum Stout (vor allem dem Castle Stout von SAB-Miller) greifen, so dass ab 2007 Südafrika das Land mit dem höchsten

Stout-Verbrauch sein wird. Für das Jahr 2002 hat Datamonitor errechnet, dass für weltweit 12,5 Millionen hl Stout 6,3 Milliarden Dollar (zum damaligen Kurs 5,8 Milliarden Euro) ausgegeben wurden, davon 1,6 Milliarden Dollar in Irland und 1,2 Milliarden in Großbritannien.

**449** ***Zu welchem Stil gehört das Guinness?***

Bei so großen Marken wie Guinness im Bereich des Stout (oder Diebels beim Alt, Warsteiner beim Pils) muss man einräumen, dass die Marke selbst einen eigenen Stil darstellen kann. So wie man Warsteiner vielleicht als »Sauerländer Pils« vom sonstigen Pils unterscheiden kann, könnte man Guinness als Irish Style Stout bezeichnen. Dazu muss man aber wissen, dass es mehr als ein Dutzend verschiedene Guinness-Rezepte für verschiedene Märkte gibt. Mein englischer Kollege Roger Protz hat 19 gezählt – darunter das sehr runde und vollmundige acht Volumsprozent starke »Foreign Extra Stout«, das doppelt so stark wie das in Irland ausgeschenkte Produkt ist und vor allem unter Afrikanern (und dunkelhäutigen Bürgern in England) sehr populär ist. Als Gemeinsamkeit der irischen »Dry Stouts« könnte man gelten lassen, dass sie generell eher wenig vollmundig sind, eine kaffeeige Röstmalzbittere haben (im irischen Guinness wird auch unvermälzte geröstete Gerste verbraut) und die Hopfenbittere zwar 30 bis 40 IBUs beträgt, aber gegenüber dem Röstmalz nicht durchschlägt.

Solche Biere kommen natürlich nicht nur von Guinness, sondern auch aus England: Aus Stoke on Trent kommt das bottle-conditioned Titanic Stout der 1985 gegründeten Titanic Brewery – ein leichtes, fast pilsähnliches, aber doch auch an dunkle Malze erinnerndes Bier mit einem fein-säuerlichen Unterton. Auch das Old No. 38 Stout – ein schwarzes, leicht kaffeeig duftendes Stout der North Coast Brewing Company in Fort Bragg, Kalifornien – gehört in diese Klasse, auch wenn es mehr Hopfenaroma hat als man von einem irischen Stout gewohnt ist.

**450** ***Gibt es Stout-Biere, die kräftiger schmecken als Guinness?***

Ja – und da Guinness unterschiedliche Stouts braut, kommen sogar einige von ihnen aus demselben Konzern. Die kräftigeren Stouts nennt man üblicherweise »Foreign Style Stouts«. Sie sind vollmundiger, kräftiger gehopft und auch etwas kräftiger im Alkohol als die irischen Stouts – das Foreign Extra Stout von Guinness kommt gar auf acht Prozent. Ein exzellentes, aber etwas leichteres Beispiel ist das mehrfach mit Medaillen ausgezeichnete Sierra Nevada Stout, in dem Hopfen- und Kaffeearomen einander die Waage halten.

**451** ***Wenn im Stout Kaffeearomen typisch sind, gibt es dann auch Stouts, in denen Kaffee mitverbraut wird?***

Die gibt es – das am weitesten verbreitete Beispiel ist das Redhook Double Black aus Seattle, Washington: Dort ist auch Starbucks Coffee daheim – und die Redhook Brewery verbraut diesen Markenkaffee in ihrem Bier. Es gibt aber auch kleinere Brauereien, die ein Espresso-Stout brauen – etwa The Bitter End in Austin, Texas. Dort kommt gemahlener Kaffee in die Vorderwürze, in den Whirlpool und schließlich für das Aroma noch einmal eine Portion zur Nachgärung.

**452** ***Gibt es auch untergärige Biere, in denen Kaffee enthalten ist?***

Auch wenn untergärige Biere generell weniger aromaintensiv sind als obergärige: Kaffeearomen, die etwa für deutsches Schwarzbier typisch sind, können auch im untergärigen Bier ihren Reiz entfalten. Und sie kommen nicht immer nur vom gerösteten Malz – in Prag gibt es etwa ein untergäriges Kavove-Pivo aus dem Brewpub im Pivovarsky Dum.

**453** ***Haben alle Stout-Biere einen Kaffeecharakter?***

Nein, bei einigen Milk-Stouts (wie dem Castle Stout von SAB-Miller) ist er sehr wenig ausgeprägt, ebenso in vielen Oatmeal-Stouts. Während Milk-Stouts sehr mild und recht vollmundig sind (dazu wird gelegentlich Milchzucker zugesetzt), handelt es sich bei Oatmeal-Stouts um Biere, in denen Haferflocken mitverbraut werden, um einen vollmundig-schokoladigen, aber nicht zu bitteren Charakter zu erzielen.

**454** ***Was ist ein Russian Imperial Stout?***

Das ist ein besonder starkes, sehr kaffeeiges Stout – ein Stil, der früher in England gebraut wurde, um ins Zarenreich exportiert zu werden. Es ist das Bockbier unter den Stouts, hat oft mehr als acht Volumsprozent Alkohol und gehört mit einer Bittere an die 80 IBUs auch zu den bittersten Bieren – allerdings sollte die Vollmundigkeit so ausgeprägt sein, dass die Bittere nicht als zu kräftig erlebt wird. Ein gängiges Beispiel für ein Russian Imperial Stout ist das Old Rasputin von der North Coast Brewery im kalifornischen Fort Bragg. Diese Starkbiere sind allerdings so stark, dass man davon kein ganzes Pint trinken würde.

**455** ***Ist eigentlich in einem Pint mehr oder weniger Bier als in einem Halbliterglas?***

Über das Pint lässt sich tatsächlich trefflich streiten, denn es gibt mehrere davon. Erstens, das ist das wohl bei uns (und in den europäischen Guinness-Pubs) üblichste, das englische: 1 Imperial Pint = 0,568 Liter. Zweitens das amerikanische: 1 US Pint = 16 US fluid ounces = 0,473 Liter. Wenn man also ein Pint in Europa bestellt, bekommt man etwas mehr als wenn man es in den USA bestellt. Einige amerikanische Gasthausbrauereien servieren allerdings 18oz-Pints, das sind dann 0,532 Liter und damit wieder etwa ein Imperial Pint.

**456** ***Und wie ist das mit Hektolitern und Beerbarrels?***

Da wird es noch verwirrender, denn auch hier gibt es das US-Beerbarrel (bbl) mit 117,34 Liter Fassungsvermögen – also sind in einem bbl 1,17 hl enthalten. Das sind 31 US-Gallons, aber nur 25,82 britische Imperial Gallons. Das British Beerbarrel fasst 36 Imperial Gallons und damit 43,21 US-Gallons – das sind 163,57 Liter.

**457** ***Ist Weißbier die häufigste obergärige Spezialität?***
Ja, zumindest im deutschen Sprachraum: In Deutschland werden rund zehn Millionen Hektoliter davon gebraut – und davon wieder etwa 90 Prozent in Bayern. Das ist mehr als die drei anderen obergärigen Spezialitäten Alt, Kölsch und Berliner Weisse zusammen.

**458** ***Welches ist das meist verkaufte Weißbier Deutschlands?***
Erdinger hat mit 1,46 Millionen Hektolitern eine klare Führung (und einen Zuwachs von 5,2 Prozent allein zwischen 2002 und 2003), aber die Marke Paulaner Weißbier bleibt mit 1,2 Millionen Hektolitern (plus 2,9 Prozent) sehr stark. Franziskaner (1,07 Millionen Hektoliter), Oettinger, Schöfferhofer, und Schneider folgen auf den weiteren Plätzen.

**459** ***Sind Weizenbier, Weißbier und Weisse dasselbe?***
Im Prinzip ja – zumindest wenn wir über Produkte im bayrischen Stil reden. Der Begriff Weißbier hat seinen historischen Ursprung in Bayern. Er grenzte helles Weizen- gegen Dunkelbier ab, das in früheren Jahrhunderten nur aus Gerstenmalz hergestellt wurde. Als später auch helle Gerstenbiere gebraut wurden, blieb der Name »Weißbier« den Weizenbieren vorbehalten – unabhängig von ihrer Farbe. Das führt zu heute widersinnig klingenden Bezeichnungen wie »dunkles Hefeweißbier« oder auch »Schwarze Weiße«.

**460** ***Ist Berliner Weisse ein richtiges Weizenbier?***
Doch, aber es wird aber anders hergestellt als die fernen bayerischen Verwandten. Zunächst einmal ist es von seiner Stammwürze her ein Leichtbier. Und außerdem wird es mit einer ganz anderen Hefe vergoren – einer Hefe, die mit Milchsäure- und Brettanomyces-Bakterien in einer Symbiose lebt und die Berliner Weisse sauer werden lässt. Berliner Weisse hat einen pH-Wert von etwa 3,3 – sie ist also wesentlich saurer als Pilsbiere (pH-Wert von etwa 4,5). In einer Berliner Weisse sind rund 0,35 Prozent

reine Milchsäure und 3 Prozent reiner Alkohol. Gebraut wird Berliner Weisse noch von drei Brauereien in Berlin und von einer in Philadelphia.

**461** ***Was macht den typischen bayrischen Weizenbiergeschmack aus?***
Hefeweizenbiere sollen eine lebhafte und frische fruchtig-esterige Note aufweisen. Typisch sind ein deutliches, an Gewürznelken erinnerndes Aroma (abgeleitet von einer Substanz namens 4-Vinyl-Guajakol, kurz 4VG) und ein Birnen- und Bananenaroma (das sich vom bei der Gärung entstehenden Ester Isoamylacetat herleitet) – während apfelige oder an Beeren erinnernde Aromen nicht so geschätzt werden.
Es gibt typisch altbayrische Weizenbiere (etwa die Mühldorfer Festweisse), die fast wie Bananenfrappee wirken – ob man das mag oder nicht, ist Geschmackssache.
Verantwortlich dafür sind spezielle obergärige Hefestämme.
Jedenfalls haben Weizenbiere eine verhältnismäßig geringe Hopfenbittere – und obwohl im Hefeweizen viel Hefe ist, sollte es keine breite Nachbittere (die oft von abgestorbener Hefe kommt) haben.

**462** ***Welches Weizenbier ist nun das »richtige«, der Referenzgeschmack für typisches bayrisches Weißbier?***
Das behauptet die Schneider Weisse von sich, denn hinter diesem Bier steht die Tradition der Brauerfamilie Georg Schneider I., der noch Braumeister am Weißen Hofbräuhaus in München war und von dort das Originalrezept und, noch wichtiger, den originalen Hefestamm mitgenommen hat.
Allerdings ist Schneider längst nicht das häufigste Weizenbier: 320 000 hl Schneider Weisse im Jahr stehen eindrucksvolle 1,46 Mio. hl Erdinger Weisse gegenüber. Erdinger hat damit die Möglichkeit, bei viel mehr Konsumenten einen Eindruck von dem zu etablieren, »was eine Weisse ist«. Die Erdinger Weisse mit feiner Hefe ist deutlich heller und schlanker im Geschmackseindruck als die Schneider Weisse.

### 463 *Gibt es eigentlich auch vom Weißbier einen Bock?*

Ja, auch wenn diese Bockbiere sehr selten geworden sind. Der bekannteste Weizenbock ist wieder jener von Schneider, der Aventinus. Er ist dunkelbraun, kräftig und süßlich-voll, hat ein feines, aber nicht zu bananiges Weizenbieraroma. Trotz seiner unverkennbaren Kraft lockt er, immer weiter zu trinken. Auch der Aventinus hat eine bemerkenswerte Geschichte. Als er 1907 als erstes Weizen-Starkbier auf den Markt kam, durfte er – obwohl er ein Doppelbock ist – keinen Namen auf »-ator« tragen, denn das bleibt untergärigen Bieren vorbehalten. Auch der Name Aventinus stieß auf den Widerstand der Konkurrenz – die untergärigen Münchner Brauer meinten, ein Starkbier müsse nach einem Heiligen benannt sein, und der Humanist Johannes Turmair (genannt Aventinus) sei doch ein zu unsicherer Patron. Immerhin: Die Abfüllstation für das Bier war in der Münchner Aventin-Straße, und der Name durfte bleiben. Das Publikum lief ohnehin »in Scharen zu dem hochfeinen und gesundheitsfördernden Aventinus«, wie eine zeitgenössische Chronik berichtet. Weitere bekannte Weizenböcke kommen aus Turmairs Heimatstadt Abensberg (der süßlich-bananige Aloysius), aus Erding (der fast schwarze, unaufdringlich süße Pikantus) und vor allem der relativ helle Rosenheimer Weizenbock von Auer. Dieser ist überhaupt eines der süffigsten Starkbiere, die mir je untergekommen sind. Er ist mittelbraun und trüb, riecht stark malzig, ist aber dann erfreulich spritzig und kaum süßer als etwa die Schneider Weisse: 17 Grad Stammwürze sind hier zu sieben Prozent Alkohol vergoren, und die fruchtige Frische könnte den unvorsichtigen Biertrinker verleiten, zu viel zu trinken.

### 464 *Wie schenkt man ein Weißbier richtig ein?*

Vor allem: vorsichtig. Da Weißbier mehr Kohlensäure enthält als andere Biere, muss man darauf achten, dass es nicht zu sehr schäumt. Am besten ist es, wenn man die Flasche direkt in das frisch gespülte Glas hält und das Bier langsam hinein rinnen lässt. Erst wenn das Glas fast voll ist, schüttet man beherzter hinein,

um eine Schaumkrone zu bilden. Ganz zum Schluss dreht und schüttelt man die Flasche noch ein wenig, um den Bodensatz ins Glas zu bekommen.
Es ist nicht üblich, Weißbier zu »dekantieren«, also ohne Bodensatz einzuschenken – dadurch unterscheidet sich ja ein Hefeweizen vom Kristallweizen, das in der Brauerei fertig gestellt und filtriert abgefüllt wird.

**465** ***Soll man bei jedem trüben Bier den Bodensatz aufschütteln und mit einschenken?***
Nein, das gilt im Wesentlichen nur für alle Arten von Weizenbier und für die (ohnehin kaum in Flaschen erhältlichen) untergärigen Zwicklbiere.
Bei belgischen Starkbieren mit Flaschengärung wäre es falsch, den Bodensatz (bei Weinen würde man sagen: das Depot) aufzuschütteln und einzuschenken, weil darin unerfreuliche Bitterstoffe enthalten sind. Wenn trotz vorsichtigem Dekantieren etwas Trübung ins Glas gekommen ist, macht es aber nicht viel, die Trübstoffe der belgischen Starkbiere setzen sich sehr rasch wieder ab.
Bei englischen »bottle conditioned« Ales kann man es sich aussuchen, ob man die Hefe mittrinken will oder nicht, oft steht auf der Flasche eine Empfehlung der Brauerei, was man damit tun soll.

**466** ***Wozu ist eigentlich die Zitrone gut, die in manchen Lokalen auf den Rand eines Weizenbierglases gesteckt wird?***
Sie hat dieselbe Funktion wie die Zitrone beim Kaviar: Zitronensaft kann Fehlgeschmäcker hervorragend übertönen. Beim Kaviar würde beispielsweise der unangenehme Geruch von verdorbenem Fisch übertönt, der den Konsumenten vor einer Fischvergiftung warnen würde. Allerdings bleiben beim Kaviar die giftigen Stoffwechselprodukte der Fäulnisbakterien erhalten, auch die Zitronensäure würde eine Fischvergiftung nicht verhindern.

Beim Bier ist das natürlich nicht zu befürchten, da im Bier bekanntlich keine gesundheitsschädlichen Keime überleben können. Allerdings kann Bier sauer werden – und bei Weißbieren war das früher öfter der Fall, weil mit der Weißbierhefe oft Milchsäurebakterien in Symbiose lebten.
Wenn Bier durch diese Milchsäure-Infektion sauer geworden war, konnte ein Wirt mit Hilfe einer Zitronenscheibe den Eindruck erwecken, dass das Bier nicht verdorben, sondern »pikant-säuerlich« wäre – eben durch die erfrischende Kraft der Zitronensäure. Denn für die meisten Menschen ist der Effekt von Zitronensäure nicht von der Milchsäure auseinander zu halten.

### 467 *Macht die Zitrone bei einem Kristallweizen nicht doch Sinn?*

In Österreich ist es fast unvermeidlich, dass zu einem Kristallweizen eine Zitrone serviert wird. Das hängt auch damit zusammen, dass das in der Brauerei fertig gestellte und vor der Abfüllung filtrierte Weizenbier oft viel weniger Aromen hat als das Hefeweizen. Grob gesprochen: Was im Bodensatz eines Hefeweizen steckt und beim Einschenken kunstvoll ins Glas geleert wird, fehlt in einem Kristallweizen. Wenn ein filtriertes Kristallweizen gar zu wenig Aroma hat, schmeckt es dann wenigstens nach der Zitrone. Das ist ähnlich wie beim Corona Extra: Entweder man mag es, wie es ist, oder man lässt es besser gleich bleiben.

### 468 *Was steckt alles in dem Bodensatz?*

Das kommt auf die Art der Herstellung an. In vielen Weizenbieren gibt es beachtliche Mengen Hefe, weil sie eine Flaschengärung durchlaufen. Dazu wird das Bier zunächst in der Brauerei angegoren und dann halbfertig in Flaschen gefüllt. In die Flasche kommt dann noch eine kleine Menge Würze, die sogenannte Speise, sowie eine ebenfalls vordefinierte Menge Hefe: Bei kontrollierten Temperaturen lässt man nun die verschlossenen Flaschen erst warm und dann gekühlt weitergären. Die Hefen sinken dann gemeinsam mit Eiweißverbindungen, die bei der Gärung abgeschieden werden, auf den Boden der Flasche.

**469** ***Ist also nicht alles Hefe, was eine Weisse trüb macht?***
Nein, es gibt naturtrübe Weißbiere, die fast völlig hefefrei sind. Ein Beispiel für ein solches Bier wäre die Paulaner Weisse, von der jedes Jahr rund eine Million Hektoliter an zufriedene Weißbiertrinker verkauft werden. Sie wird im Unterschied zu Weißbieren mit Flaschengärung wie jedes andere Bier in einem Tank fertig gestellt und ein gut Teil der Hefe wird anschließend entfernt. Die Trübung, die man im Glas sieht, besteht aus feinen Eiweißpartikeln.
Das Beispiel dieses im Tank fertig gestellten Bieres zeigt, dass durchaus auch im Gär- und Lagerkeller sehr aromatische Weißbiere entstehen können. Technologen sehen darin einen Vorteil: Da das Bier ja schon im Tank seinen endgültigen Geschmack bekommt, kann die Brauerei viel eher für den geschmacklichen Standard gerade stehen als bei Bieren mit Flaschengärung. Ein zweiter angenehmer Nebeneffekt besteht darin, dass sich kein Überschuss an abgestorbener Hefe in der Flasche bilden kann – diese tote (autolysierte) Hefe kann einem Hefeweizen einen unangenehm bitteren Nachtrunk geben.

**470** ***Wenn das so ist: Warum werden nicht alle Weizenbiere im Tank fertig gestellt?***
Weil die Tankgärung auch einen Nachteil hat: Der standardisierte Geschmack ist nicht jedermanns Sache – es gibt Feinspitze, die bei Bieren mit Flaschengärung minimale Unterschiede von Flasche zu Flasche zu schmecken scheinen. Biere mit Flaschengärung sind eben individueller, so wie gewisse Weine desselben Weingutes Unterschiede zeigen – je nachdem aus welchem Fass sie gefüllt wurden.
Dazu kommt, dass die Flaschengärung bei kleinen Brauereien auch einen technologischen Vorteil hat: Wenn bei der Flaschenabfüllung zu viel Sauerstoff in die Flasche kommen sollte, wird dieser von der Hefe aufgenommen, und er kann dem Bier nicht schädlich werden.
Großbrauereien, die ihr Weizenbier in Tanks fertig stellen, haben

üblicherweise Flaschenfüllanlagen, bei denen fast kein Sauerstoff mehr in die Flaschen kommen kann, daher entfällt für sie dieses Problem.

**471** ***Und wie ist das mit dem Hefeweizen aus dem Fass?***

Im Prinzip kann man auch in einem Fass eine Nachreifung durchführen – mit einem vergleichbaren Ergebnis zur Flaschengärung. Genauso gut lässt sich im Tank fertig vergorenes Weißbier in die Fässer füllen. Erlaubt ist das übrigens erst seit 1982.

Für den Wirt hat das Hefeweizen aus dem Fass den Vorteil, dass er statt fünf Kisten Weißbier nur einmal ein 50-Liter-Fass an die Schank bringen muss. Damit das Bier auch schön gleichmäßig trüb ist, lagert man die Fässer mit dem Boden nach oben im Kühlraum und dreht das Fass erst beim Anzapfen so, dass der Zapfkopf auf das Fitting passt. Dabei wird die eventuell abgesetzte Hefe noch einmal bewegt, und das Bier wird gleichmäßig trüb.

Allerdings ist das Hefeweizen (wie alle trüben Biere) an der Schankanlage besonders heikel zu behandeln: Da sich in der Leitung mehr feste Biomasse ablagern könnte, muss ein Fass innerhalb von zwei bis drei Tagen geleert werden – und man muss die Zapfleitungen besonders oft und gründlich reinigen.

**472** ***Warum schmecken amerikanische Hefeweizenbiere anders als bayrische?***

In den USA ist es zwar üblich, für Weizenbiere eine ähnliche Maische aus je fünfzig Prozent Weizen- und Gerstenmalz herzustellen wie bei uns, allerdings wird die daraus gewonnene Würze üblicherweise mit einer gewöhnlichen obergärigen Ale-Hefe angestellt. Ein typisches Beispiel für American Hefeweizen wäre etwa das Hefeweizen von Widmer in Portland, Oregon.

Daraus ist ein eigener Bierstil – American Hefeweizen – entstanden. In Deutschland braut die Brauerei Hopf in Miesbach in dieser Art ein Red Weizen Ale.

**473** ***Gibt es eigentlich auch Weizenbier, das nur aus Weizenmalz gebraut wird?***

Ja, solche Biere gibt es. Hundertprozentiges Weizenbier ist technologisch allerdings schwer herzustellen – da das Weizenmalz keine Spelzen hat, muss man im Läuterbottich mit einem Zusatz von Spelzen aus der Produktion von Gerstenbieren nachhelfen.

**474** ***Schmeckt hundertprozentiges Weizenbier genauso wie das gewohnte Hefeweizen?***

Nein, diese Biere sind etwas weniger aromatisch – denn die typischen fruchtig-gewürzhaften Weißbieraromen kommen teilweise aus dem Gerstenmalz.

Charakteristisch für alle Biere mit Weizenmalz ist allerdings ein weicher, ganz leicht süßlicher Geschmackseindruck. Man findet ihn auch in einigen untergärigen Bieren – etwa in Frankreich, wo das Reinheitsgebot nicht gilt und ein wenig Weizenmalz auch im untergärigen Bier verwendet werden darf.

**475** ***Umgekehrt: Findet man die fruchtigen Weizenbieraromen auch in Gerstenbieren?***

Ja, das ist möglich. Da die bananigen und an Gewürznelken erinnernden Aromen vor allem aus dem Gerstenmalz gebildet werden, kann man einen Sud aus reinem Gerstenmalz herstellen und mit einer Weißbierhefe vergären.

Das ergibt dann ein sehr aromatisches Bier. Die Brauerei Ametsbichler in Aschau am Inn erzeugt auf diese Art ein eigentümliches Leichtbier.

**476** ***Worin unterscheidet sich belgisches Witbier von bayrischem Weißbier?***

Die belgische Version des Weißbieres ist ein sehr helles, von Eiweiß und Hefe weißlich getrübtes Bier, das in den fünfziger Jahren des 20. Jahrhunderts schon ausgestorben war, die letzte traditionelle Brauerei hat 1954 zugesperrt.

1966 wurde der Stil von Pierre Celis in Hoegaarden wiederbelebt. Celis hat die gleichnamige Brauerei aus einer Hausbrauerei zu einem Großbetrieb entwickelt. Dieser Betrieb wurde nach einer Feuersbrunst von der bedeutendsten belgischen Brauereigruppe, der Interbrew (heute Inbev), übernommen – und Celis übersiedelte mit dem Kaufpreis zu seinem Schwiegersohn Peter Camps in die USA. In Austin, der Hauptstadt von Texas, betrieb er noch einige Jahre lang die Celis Brewery, in die er die Original-Rezepte mitnahm. Inzwischen ist diese Brauerei zwar zugesperrt worden, dafür ist die Marke wieder nach Europa transferiert worden: Celis White duftet kaum nach Gewürznelken oder Bananen, sondern nach Orangenschale. Im Geschmack finden sich neben dem Orangenschalenaroma auch Hinweise auf Koriander – so wie es bei einem klassischen belgischen Wit-Bier gehört. Eine leichte Süße (sie stammt von unvermälztem Winterweizen aus Texas) wird mit den frischen, fruchtigen Säuren und einem zarten Hauch von Hopfenbittere im Nachtrunk balanciert. Ein perfektes belgisches Wit, vielleicht noch ein bisschen charaktervoller als das originale Hoegaarden Wit, das durch die weltgrößte Brauereigruppe zwar in großem Stil interational vermarktet wird, geschmacklich aber mehr zur »Middle of the Road« tendiert.

### *477 Ist ein Grand Cru ein belgischer Weizenbock?*

Manche belgischen Brauer machen ein Starkbier, das sie Grand Cru nennen – und vielfach ist es ein Weizenbock: So braut man sowohl in Hoegaarden als auch bei Celis eine Spezialversion des Weißbieres, ein Grand Cru in Weizenbock-Stärke: Das Celis Grand Cru hat nahezu neun Volumsprozent Alkohol, es ist hell und für seine Stärke überraschend wenig vollmundig. Die Malzaromen treffen sich vielmehr mit einer weinigen Säuerlichkeit und gehen dann in einen stark bitteren Nachtrunk über. Durchaus eine Herausforderung für Belgiens Brauer – und erst recht für die bayrischen, die durch das Reinheitsgebot daran gehindert werden, derartige Biere anzubieten.

**478** ***Woran liegt es, dass man von dieser Vielfalt so wenig schmecken kann?***

Das hängt zum Teil mit der Politik der Brauereien zusammen, vor allem in der Gastronomie Exklusiv-Verträge zu schließen: Das heißt, dass ein Wirt nur die Biere einer Brauerei beziehen darf und dafür gewisse Vergünstigungen (Rabatte, verbilligte Darlehen, Sachleistungen wie Schankanlage mit regelmäßiger Wartung etc.) von dieser Brauerei bekommt. Diese Art der Bierlieferungsverträge ist in Europa weit verbreitet – in den USA dagegen streng verpönt. Man meint dort, dass solche Verträge zu undurchsichtig wären und der organisierten Kriminalität Zugang zum Biergeschäft bieten würden. Daher muss dort das Bier von der Brauerei an einen Großhändler und vom Großhändler an den Einzelhändler oder die Gastronomie geliefert werden, wobei jede Art von Vergünstigungen zumindest theoretisch verboten ist.

Bei europäischen Verträgen gibt es meistens nur ein Schlupfloch: Wenn die Brauerei einen bestimmten Bierstil gar nicht anbietet, darf ihn sich der Gastronom aus einer anderen Quelle beschaffen. Das war vor allem in den achtziger Jahren der Fall, als viele Brauereien und Verleger noch kein Weißbier im Sortiment hatten, die Wirte außerhalb Bayerns aber auch an diesem Bierstil verdienen wollten.

**479** ***Wenn sich der Wirt in den USA aussuchen kann, welche Biere er anbietet, und der Wirt in Europa Spezialitäten neben der Hauptsorte seines Vertragspartners anbieten kann, müsste es doch eigentlich viel mehr Vielfalt geben?***

Das ist richtig. Eigentlich könnte es längst viel mehr Auswahl an Bieren geben. Aber das ist nicht nur Schuld der Brauereien und der Wirte, sondern nicht zuletzt der Biertrinker. Das Konsumentenverhalten fördert die Biervielfalt nicht gerade. Die Schweizer »Gesellschaft zur Förderung der Biervielfalt« (GFB) hat das treffend beschrieben: »Das hierzulande am häufigsten getrunkene Bier ist das ›Mirau‹: Nimmt die Kellnerin am Biertisch

die Bestellung auf, sagt der erste: ›Eine Stange‹, und alle anderen bestellen: ›Mir au!‹ Diese Unsitte hat dazu geführt, dass die helvetische Bierlandschaft verödete. Die GFB will erreichen, dass die Schweizer Brauereien viele verschiedene Biere brauen. In den Restaurants soll es selbstverständlich werden, dass auf die Bestellung des Gastes »Ein Bier« automatisch die Angebotspalette dargelegt wird: Weizen oder Gerste, hell oder dunkel, unter- oder obergärig, stark oder normal, Hürlimann, Haldengut, Feldschlösschen oder Löwenbräu und so weiter. Die GFB ist parteipolitisch neutral: in ihr sind jene Menschen vertreten, die differenziert denken können und ebenso trinken wollen.«
Dasselbe Ziel verfolgen die »Kampagne für Gutes Bier (KGB)« und die Interessensgemeinschaft BierIG in Deutschland und Österreich.

# Rekorde und Kuriositäten

**480** ***Man hört oft, dass Deutschland weltweit das Bierland Nummer eins sei. Stimmt das wirklich?***

Leider nicht mehr. Bei allen wichtigen Vergleichsgrößen ist Deutschland in den letzten Jahren von anderen Ländern eingeholt worden: In den USA gibt es seit 1996 mehr Braustätten als in Deutschland – 2003 waren hier nur noch 1268 Brauereien in Betrieb, die Zahl für die USA beträgt 1396.

Auch der Pro-Kopf-Verbauch ist anderswo längst höher. In Tschechien wird pro Einwohner mehr Bier getrunken – 162 Liter gegenüber 117,7 in Deutschland. Und unter den bedeutenden Biermarken der Welt ist keine einzige deutsche. Die 106,3 Millionen Hektoliter Bier, die in Deutschland 2003 gebraut wurden, entsprechen etwa dem, was der Bierkonzern Heineken in einem Jahr braut. Und Heineken ist nur der viertgrößte Braukonzern der Welt. Weltmarktführer Inbev braut 165 Millionen hl – also gut um die Hälfte mehr als alle deutschen Brauereien zusammen.

Zum Trost: Innerhalb der Europäischen Union ist Deutschland immer noch das bedeutendste Bierland – die Bierproduktion Deutschlands ist fast doppelt so groß wie die des nächstgereihten EU-Landes Großbritannien (58 Mio. hl) und mehr als dreimal so groß wie die der vierten und fünften Spanien und Polen (30,6 bzw. 27,3 Mio. hl).

**481** ***Und wo wird das meiste Bier gebraut?***

Das bedeutendste Bierland der Welt ist seit Beginn unseres Jahrhunderts China, das auch die USA inzwischen klar hinter sich gelassen hat.

Nach der vom Hopfenhandelshaus Joh. Barth & Sohn zusammengestellten Barth-Report 2004 sind die Cayman Inseln mit geschätzten 4000 hl Jahresausstoß im Jahr 2003 der kleinste Bierproduzent der Welt gewesen – das Bier kommt aus der kleinen, 1996 in Red Bay am Rand von Georgetown gegründeten Stingray Brewery, die neben Lagerbier auch ein Hefeweizen und einen Bock braut, sowie dem Big Daddy's Big Bamboo Brewpub in Georgetown. Hier jedenfalls die Liste laut Barth-Report:

**Jahresausstoß der Bierproduzenten der Welt laut Barth-Report**

| *Land* | *Ausstoß 2003 in 1.000 hl* | | |
|---|---|---|---|
| China | 254.048 | Türkei | 7.840 |
| USA | 232.216 | Ungarn | 7.500 |
| Deutschland | 106.304 | Portugal | 7.350 |
| Russland (GUS) | 73.200 | Peru | 6.044 |
| Mexiko | 66.420 | Indien | 6.000 |
| Japan | 64.970 | Serbien/Montenegro | 4.935 |
| Großbritannien | 58.014 | Bulgarien | 4.693 |
| Spanien | 30.671 | Slowakei | 4.676 |
| Polen | 27.300 | Finnland | 4.564 |
| Niederlande | 25.124 | Griechenland | 4.400 |
| Kanada | 23.443 | Chile | 4.168 |
| Süd-Korea | 19.802 | Schweden | 3.979 |
| Tschechische Republik | 18.548 | Kroatien | 3.774 |
| Frankreich | 18.100 | Schweiz | 3.645 |
| Australien | 17.260 | Taiwan | 3.600 |
| Ukraine | 16.645 | Dominikan. Republik | 3.370 |
| Belgien | 15.650 | Neuseeland | 3.127 |
| Thailand | 15.239 | Ecuador | 2.994 |
| Kolumbien | 15.074 | Litauen | 2.466 |
| Venezuela | 15.000 | Kasachstan | 2.360 |
| Italien | 13.672 | Kuba | 2.305 |
| Argentinien | 12.725 | Slowenien | 2.200 |
| Philippinen | 12.700 | Norwegen | 2.180 |
| Rumänien | 12.514 | Weißrussland | 2.000 |
| Vietnam | 10.498 | Bolivien | 1.881 |
| Österreich | 8.891 | Paraguay | 1.600 |
| Dänemark | 8.351 | Indonesien | 1.485 |
| Irland | 8.023 | Bosnien-Herzegowina | 1.458 |

| | | | |
|---|---|---|---|
| Lettland | 1.453 | Iran | 150 |
| Panama | 1.426 | Libanon | 150 |
| Guatemala | 1.310 | Bahamas | 140 |
| Costa Rica | 1.260 | Neukaledonien | 130 |
| Malaysia | 1.250 | Niederl. Antillen | 127 |
| Estland | 970 | Island | 120 |
| Honduras | 961 | Belize | 120 |
| Jamaika | 900 | Haiti | 100 |
| Usbekistan | 900 | Surinam | 97 |
| Uruguay | 800 | Syrien | 91 |
| El Salvador | 763 | Samoa | 80 |
| Singapur | 735 | Malta | 78 |
| Israel | 722 | Armenien | 73 |
| Mazedonien | 680 | Barbados | 70 |
| Nicaragua | 665 | Martinique | 70 |
| Moldawien | 566 | Laos | 70 |
| Georgien | 500 | St. Lucia | 60 |
| Puerto Rico | 500 | Myanmar (Burma) | 60 |
| Zypern | 440 | Jordanien | 50 |
| Sri Lanka | 429 | Grenada | 35 |
| Kambodscha | 422 | Mongolei | 30 |
| Guyana | 400 | St. Vincent | 29 |
| Papua-Neuguinea | 400 | Salomonen | 27 |
| Albanien | 390 | Antigua | 22 |
| Luxemburg | 375 | Pakistan | 18 |
| Hongkong | 328 | St. Kitts | 17 |
| Restliche GUS | 300 | Dominica | 17 |
| Trinidad | 300 | Aruba | 16 |
| Aserbaidschan | 300 | Tonga | 8 |
| Nepal | 231 | Vanuatu | 7 |
| Tahiti | 180 | Cayman Islands | 4 |
| Fidschi | 160 | | |

### 482 *Ist Bayern wenigstens das bedeutendste Bierland in Deutschland?*

Nach dem Pro-Kopf-Verbrauch stimmt das (in manchen Gegenden Bayerns dürfte er sogar höher liegen als im tschechischen Schnitt), auch nach der Zahl der Braustätten hatte Bayern auch 2003 eine Spitzenstellung (641, davon die meisten in Franken), obwohl allein in den letzten fünf Jahren die Zahl der Braustätten um 55 abgenommen hat. Aber im deutschen Biermarkt ist Bayern in Deutschland nur Nummer zwei:

**Bierabsatz 2003 in Deutschland (verglichen mit 2002)**

| *Bundesland* | *2003 (hl) Januar–Dezember* | *2002 (hl) Januar–Dezember* | *Veränderung in %* |
|---|---|---|---|
| Baden-Württemberg | 7.685.414 | 7.646.358 | 0,5 |
| Bayern | 22.900.462 | 22.505.289 | 1,8 |
| Berlin/Brandenburg | 3.599.807 | 3.903.832 | −7,8 |
| Hessen | 3.613.809 | 3.603.302 | 0,3 |
| Mecklenburg-Vorpommern | 2.745.612 | 2.717.723 | 1,0 |
| Niedersachsen/Bremen | 10.615.551 | 10.626.503 | −0,1 |
| Nordrhein-Westfalen | 26.684.219 | 28.604.637 | −6,7 |
| Rheinland-Pfalz/Saarland | 8.190.972 | 8.374.736 | −2,2 |
| Sachsen | 8.645.506 | 8.751.800 | −1,2 |
| Sachsen-Anhalt | 2.988.682 | 2.689.530 | 11,1 |
| Schleswig Holstein/Hamburg | 4.279.787 | 4.849.596 | −11,7 |
| Thüringen | 3.545.980 | 3.494.533 | 1,5 |
| GESAMT | 105.495.801 | 107.767.839 | −2,1 |

Quelle: Brauwelt 9/10 2004

**Bierausstoß in Österreich**

| *Jahr* | *Gesamtausstoß in 1000 hl* | *Veränderung in % geg. d. Vorjahr* | *Inlandsausstoß in 1000 hl* | *Veränderung in % geg. d. Vorjahr* |
|---|---|---|---|---|
| 1980 | 7.606 | −0,6 | 7.360 | −0,8 |
| 1985 | 8.677 | 5,6 | 8.250 | 5,6 |
| 1990 | 9.593 | 4,5 | 9.111 | 3,4 |
| 1991 | 10.184 | 6,2 | 9.377 | 2,9 |
| 1992 | 10.014 | −1,7 | 9.285 | −1,0 |
| 1993 | 9.823 | −1,9 | 9.061 | −2,4 |
| 1994 | 10.144 | 3,3 | 9.144 | 0,9 |
| 1995 | 9.662 | −4,7 | 8.979 | −1,8 |
| 1996 | 9.547 | −1,2 | 8.834 | −1,6 |
| 1997 | 9.366 | −1,9 | 8.780 | −0,6 |
| 1998 | 8.830 | −5,7 | 8.379 | −4,6 |
| 1999 | 8.869 | 0,4 | 8.407 | 0,3 |
| 2000 | 8.750 | −1,3 | 8.312 | −1,1 |
| 2001 | 8.588 | −1,9 | 8.170 | −1,7 |
| 2002 | 8.731 | 1,7 | 8.288 | 1,5 |
| 2003 | 8.891 | 1,8 | 8.430 | 1,7 |

**483** ***Und wie sieht der Bierausstoß in Österreich aus?***

Der Verband der Brauereien ist sehr zurückhaltend, was konkrete Zahlen betrifft, die auf einzelne Brauereien zurückgeführt werden könnten – denn es gibt in Österreich in einigen Bundesländern nur mehr ganz wenige Großbrauereien, in Wien überhaupt nur noch eine, nämlich die Ottakringer. Daher gibt es für Österreich in den letzten Jahren überhaupt nur noch Globalzahlen, denen zu entnehmen ist, dass der Biermarkt durch Exporte und ein »bierfreundliches« gesellschaftliches Klima zu Beginn der neunziger Jahre geboomt hat, während er sich zuletzt gerade (allerdings auf recht hohem Niveau) stabilisiert hat *(siehe Tabelle Seite 232 unten)*.

**484** ***Wie viele Brauereien gibt es in Deutschland?***

Nach den jüngsten Zahlen des Deutschen Brauerbundes waren es Ende 2003 genau 1268. Allerdings: Die meisten Deutschen kommen bei ihrer Schätzung gerade mal auf hundert. Nur acht Prozent der deutschen Bevölkerung wissen, dass in der Bundesrepublik noch mehr als 1000 Braustätten existieren. Der Vorsitzende der Brau-Ring-Kooperationsgesellschaft Deutscher Privatbrauereien, Manfred Gebhardt-Euler, teilte im Mai 1999 auf einer Pressekonferenz in München mit, im Bewusstsein der Deutschen existierten von den damals 1283 Braustätten in der Bundesrepublik ganze 100 Betriebe.

Und noch etwas muss man bedenken: Die Zahl der Braustätten in Deutschland hat sich in den letzten Jahren kaum verändert, wohl aber hat sich die Struktur völlig gewandelt. Es gibt immer mehr Gasthausbrauereien, aber immer weniger Mittelstand.

**485** ***Wo steht die größte Brauerei der Welt?***

Das ist die Coors-Brauerei in Golden, Colorado, mit rund 22 Mio. hl pro Jahr – da wird also an einem einzigen Standort so viel Bier gebraut wie in allen bayrischen Brauereien zusammen. Golden ist eine Kleinstadt westlich von Denver. Wie der Name sagt, ist sie durch den Goldrausch reich und bekannt geworden. Heute ist in Golden Coors der größte Arbeitgeber: Neben der Brauerei, die besichtigt werden kann, betreibt Coors dort auch eine Großmälzerei und eine Fabrik für Spezialkeramik, in der unter anderem die Hitzeschilder für das Space-Shuttle erzeugt werden.

**486** ***In welchem Land ist der Bierexport am bedeutendsten?***
Das sind die Niederlande: Von dort wurden 12,2 der 24,7 Mio. hl Bier ausgeführt, das sind stolze 49,3 %. Das reflektiert vor allem die Tatsache, dass Heineken auf dem US-Markt ausschließlich Importbier ist, während auf anderen Märkten (unter anderem in der Schweiz und in Ungarn) Heineken lokal gebraut wird. Irland bringt es trotz der überragenden Bedeutung des Guinness-Exports nur auf 40,1 % Export. Deutschland exportiert gerade mal 8,1 % seines Bierausstoßes, Österreich 6,6 % und die Schweiz gar nur 0,8 %.

**487** ***Von welchem deutschen Bier wird am meisten exportiert?***
Hier hat die Inbev (mit den Marken Beck's, aber auch Diebels und Franziskaner) mit 3,4 Mio. hl die Nase vorne, gefolgt von Radeberger, Holsten (nun Carlsberg), Warsteiner und Gilde. Als international für seine Bierkompetenz anerkanntes Land hat Deutschland eine relativ geringe Exportquote: Nur 12,1 Millionen hl deutsches Bier werden laut Biersteuerstatistik exportiert. Bemerkenswert ist, dass etwa jeder zweite Liter Beck's, jeder sechste Liter Warsteiner und jeder zehnte Liter Erdinger exportiert wird.

**488** ***Welche ist die größte Brauerei Deutschlands?***
Die größte Einzelbraustätte Deutschlands ist die Krombacher Brauerei, die im Jahr 2002 4,865 Millionen Hektoliter gebraut hat und ihren Ausstoß seither noch gesteigert hat. Die Warsteiner Brauerei in Warstein hat eine ähnlich große Kapazität (rund sieben Millionen Hektoliter bei knapp fünf Millionen Hektolitern Produktion), das zeigt, dass beachtliche Kapazitäten brach liegen.

**489** ***Welches Bier ist das bekannteste Deutschlands?***

Das ist schwer zu erraten, weil es als alkoholfreies vielen gar nicht als Bier in den Sinn kommt: Es handelt sich um die Marke Clausthaler, die in vielen Umfragen höhere Erinnerungswerte als Warsteiner und Krombacher hat.

**490** ***Man hört oft, dass ausländische Brauereikonzerne mehr Bedeutung haben als die angestammten deutschen Brauereien. Was ist da dran?***

Wahr ist: Einige angstammte Traditionsbrauereien – von Beck's über Diebels, Franziskaner, Fürstenberg, Hoepfner, Holsten und Löwenbräu bis zu Paulaner und Spaten – stehen heute mehr oder weniger stark unter dem Einfluss ausländischer Braukonzerne. Andererseits haben sich auch rein deutsche Brauereigruppen gebildet.

**Deutsche Brauereigruppen**

| *Unternehmen* | *Bekannte Marken* | *Produktion 2003 (in 1000 hl)* | *Inlands-absatz* |
|---|---|---|---|
| Radeberger/Brau- u. Brunnen AG | Radeberger, Binding, Schöfferhofer, Rex Pils, Dortmunder Union, Berliner Kindl, Jever, Rostocker, Tucher, Schlösser | 16.200 | 15.150 |
| Inbev | Beck & Co., Gilde, Diebels, Spaten, Löwenbräu, Dinkelacker | 16.200 | 12.100 |
| Carlsberg | Holsten, Feldschlösschen, König, Licher | 8.450 | 7.420 |
| Bitburger | Bitburger, Köstritzer, Wernesgrüner | 5.869 | 5.520 |
| Krombacher Brauerei | Krombacher, Rhenania Alt | 5.440 | 5.273 |
| Oettinger-Gruppe | Oettinger | 5.219 | 4.788 |
| Haus Kramer Brauereien | Warsteiner, Paderborner, Schloss Kaltenberg | 5.012 | 4.231 |
| Bayerische Brau Holding International (exkl. Fürsteberg und Hoepfner) – zu 50 % bei Heineken | Paulaner, Hacker-Pschorr | 4.900 | 4.347 |

**491** ***Wie steht es um die deutschen Bierexporte – helfen die, dem deutschen Bier international Anerkennung zu verschaffen?***
Teilweise schon: Gerade die Beck's Exporte durch Interbrew beziehungsweise Inbev stärken Deutschlands Ruf als Bierland. Interbrew (heute: Inbev) exportierte 2003 3,4 Millionen hl deutsches Bier, Radeberger (inklusive Clausthaler) gut eine Million.

**492** ***Wo wird das aus Deutschland exportierte Bier getrunken?***
Jeder Italienurlauber kann es nachvollziehen: Italien ist mit 2,62 Millionen Hektolitern der bedeutendste Exportmarkt für Bier made in Germany, gefolgt von den USA (1,53 Mio. hl), Großbritannien (1,51 Mio. hl), Frankreich (0,85 Mio. hl) und Spanien (0,79 Mio. hl). Mit 355 869 beziehungsweise 265 563 hl im Jahr 2003 waren Österreich und die Schweiz im Jahr 2003 nur an achter und neunter Stelle der deuschen Bier-Exportstatistik.

**493** ***Verglichen mit Wein – sind die Brauunternehmen oder die Weingüter bedeutender?***
Auch wenn es einige sehr profitable Weingüter gibt – mengenmäßig ist die Brauwirtschaft dem Weinbau weit überlegen: Der weltgrößte Weinproduzent ist Gallo aus den USA mit 5,49 Millionen hl – eine Menge, die ihn nicht unter die Top 20 der weltweiten Brauwirtschaft bringen würde. Gallo produziert weltweit etwa gleich viel Wein wie die BrauUnion Österreich (eine Tochter von Heineken) Bier für den österreichischen Markt herstellt oder Krombacher weltweit. Nur zum Vergleich: Weitere große Weingüter sind Constellation (ebenfalls USA) mit 4,09 Mio. hl, Castel (Frankreich) mit 3,54 Mio. hl, und The Wine Group (USA) mit 2,53 Mio. hl.

**494** ***Wie sieht die Reihung der größten Brauereiunternehmen der Welt aus?***
Hier ein Überblick über die größten Brauereigruppen der Welt: Diese Tabelle ist eine Momentaufnahme aus dem Jahr 2004 – mit Daten von 2003 und der Berücksichtigung der wesentlichsten

**Rangliste der größten Brauereigruppen der Welt** (Stand: 2003/2004)

| | *Unternehmen* | *Sitz* | *Bekannte Marken* | *Ausstoß in Mio. hl* | *Weltmarkt-anteil in %* |
|---|---|---|---|---|---|
| 1. | Inbev | Brasilien | Stella Artois, Beck's, Diebels, Leffe, Staropramen, Brahma, Antarctica, Labatt | 165,3 | 11,2 |
| 2. | Anheuser-Busch | USA | Budweiser, Michelob | 152,0 | 10,3 |
| 3. | SAB-Miller | USA | Miller, Castle, Pilsner Urquell | 137,8 | 9,3 |
| 4. | Heineken | NL | Heineken, Murphy's, Zipfer, Gösser | 99,0 | 6,7 |
| 5. | Carlsberg | DK | Carlsberg, Holsten, Chang | 97,6 | 6,6 |
| 6. | Coors (incl. Molson) | USA | Coors, Carling, Molson, Worthington | 59,6 | 4,0 |
| 7. | Modelo | MEX | Corona, Pacifico, Negra Modelo | 41,9 | 2,8 |
| 8. | Tsingtao | China | Tsingtao | 32,6 | 2,2 |
| 9. | Scottish & Newcastle | UK | Courage, Kronenbourg, McEwan's, Lapin Kulta | 31,8 | 2,2 |
| 10. | Asahi | Japan | Asahi Super Dry, Fujisan, Honamma | 25,9 | 1,8 |
| 11. | Femsa | MEX | Bohemia, Carta Blanca, Sol | 24,6 | 1,7 |
| 12. | Santo Domingo | Kolumbien | Bavaria | 23,5 | 1,6 |
| 13. | Kirin | Japan | Kirin Lager | 23,1 | 1,6 |
| 14. | Yan Ying | China | Yan Ying | 22,3 | 1,5 |
| 15. | Baltika (je 50 Prozent Carlsberg und S & N) | RU | Baltika | 16,1 | 1,1 |
| 16. | Schincariol | Brasilien | Schincariol, Nova Schin | 15,0 | 1,0 |
| 17. | Radeberger/ Oetker Gruppe | D | Radeberger, Clausthaler, Berliner Kindl, Schultheiss, Dortmunder Union | 14,8 | 1,0 |
| ex aequo | | | | | |
| 17. | San Miguel | Philippinen | San Miguel | 14,8 | 1,0 |
| 19. | Diageo | UK/IRL | Guinness, Kilkenny | 13,0 | 0,9 |
| 20. | Foster's | Australien | Foster's | 12,7 | 0,9 |
| | Summe und Anteil der 20 größten | | | 1.023,4 | 69,4 |
| | Gesamtweltbierausstoß | | | 1.478,5 | 100,0 |

Fusionen des Jahres 2004, nicht aber aller Verflechtungen. Gerade in den letzten Jahren hat es vielfache Querbeteiligungen gegeben, Teil- und Komplettübernahmen – besonders in China, aber auch in Osteuropa. Und die Spekulation hält an, dass in den nächsten Jahren noch einige große Gruppen fusionieren könnten.

**495** ***Welche Biermarke ist die bedeutendste der Welt?***
Das ist Budweiser, die in den meisten Ländern der Welt für den amerikanischen Konzern Anheuser-Busch eingetragene Lagerbier-Marke. Auf dem amerikanischen Heimmarkt ist Budweiser allerdings nur das zweitmeist verkaufte Bier, denn dort hat ihm das Bud Light aus demselben Konzern den Rang abgelaufen.

**496** ***Wieso gibt es zwei verschiedene Budweiser-Biere, ist das amerikanische eine Tochter des böhmischen oder umgekehrt?***
Weder noch. Auf die Idee, eine Budweiser-Biermarke zu schaffen, kam der Weinimporteur Carl Conrad, der die modernen Biere aus Pilsen und Wien zum Vorbild nahm und sein Budweiser bei Adolphus Busch brauen ließ. Conrad warb für »das weltberühmte Conrad's Budweiser Beer« schon viele Jahre, bevor 1895 die heutige Budweiser Budvar Brauerei in Budweis in Betrieb ging, die seither versucht, das Markenrecht zumindest in Europa für Budweiser Budvar zu schützen. Die ersten Bud-Flaschen waren mit Champagnerkorken und Folie verschlossen. Ein Spitzen-Bier, das seinen Weg in die Top-Restaurants von New York und Denver fand. Dazu gehörte natürlich auch, dass das Bier für jene Zeit ungewöhnlich blank war. Der Bierfilter war damals noch nicht allgemein eingeführt, aber man bediente sich in den Brauereien eines anderen bewährten Mittels zur Klärung: Buchenholz-Späne, in das Lagerfass gelegt, ziehen die Hefe an, ohne den Biergeschmack zu verändern. Dieses altmodische Verfahren wird heute noch für das Bud angewendet.
1882 ging Conrad pleite – Adolphus Busch holte sich den Markennamen Budweiser in sein Brauerei-Imperium, stellte Conrad

in seine Dienste, und die Erfolgsstory von Budweiser in den USA konnte weitergehen. Deshalb hat es heute auf vielen Märkten einen Vorsprung.

**497** ***Welche Biergaststätte ist die bedeutendste der Welt?***

Keine Frage: Das ist unangefochten das Hofbräuhaus in München. 1,3 Millionen Maß (13 000 hl) werden dort im Jahr ausgeschenkt. Rekorde wie den von 1936 erreicht es allerdings nicht mehr: Während der Olympischen Spiele dieses Jahres wurden an einem einzigen Tag 36 000 Maß Bier verkauft – das sind 360 Hektoliter, was nach heutigen Begriffen ein ganz anständiger Jahresumsatz für eine Gaststätte wäre.

Der Ausschank im Hofbräuhaus am Platzl geht zwar auf die 1589 gegründete Braustätte zurück – doch braute diese herzogliche Brauerei bis 1610 nur für den Hof. 1610 überließ der Hof Hofbräu-Braunbier »an jene denen es abzuholen gebührt« – was vor allem Beamte und Diener des Hofes betraf. Im Hofbräuhaus selbst Bier zu konsumieren wurde erst mit der Einführung des »Minuto-Verschleiß« im Jahre 1818 eher provisorisch eingeführt. Das Provisorium bewährte sich so sehr, dass die Brauerei von der Gastronomie verdrängt wurde: Am 22. Mai 1896 wurde der letzte Sud am Platzl gesotten. Die Braustätte wanderte zuerst an die Innere Wiener Straße und am 23. November 1988 nach Riem an die Stadtgrenze.

**498** ***Wo befindet sich das größte Brewpub der Welt?***

Diesen Titel hielt lange Jahre John Hickenlooper's Wynkoop-Brewery in Denver, Colrado, ein Pionierunternehmen der amerikanischen Brewpub-Szene, das 1997 5008 bbl (das sind 5876 hl) ausgeschenkt hat. 1998 hat allerdings das Brewpub »The Brew Brothers« im Eldorado Hotel and Casino in Reno, Nevada, den neuen Rekord mit 6,108 barrels (7167 hl) aufgestellt. Das sind mehr als 1,5 Millionen US-Pint-Gläser Bier.

Dieser enorme Absatz gelang nicht zuletzt, weil das Brewpub in einer Galerie gelegen ist, die drei bekannte Hotels mit insgesamt

3800 Zimmern verbindet. Außerdem kennt man bei den »Brew Brothers« keine Sperrstunde, der Laden hat 24 Stunden an sieben Tagen der Woche offen. John Hickenlooper muss darüber nicht traurig sein: Wynkoop läuft nach wie vor hervorragend – und Hickenlooper selber hat es inzwischen – im Frühjahr 2003 – zum Bürgermeister von Denver gebracht.

**499 *Von welchem Importbier trinken die Deutschen am meisten?***

Hier hat sich in den letzten Jahren viel getan: Die französische Marke Desperados – das mit Tequila- und Zitronenaroma versetzte Bier in der Klarglasflasche – hat sich an die Spitze gesetzt: Vor zehn Jahren war es erst in Frankreich bekannt und auf dem deutschen Markt noch gar nicht eingeführt, 1997 wurden davon erst 60 000 hl verkauft, vier Jahre später bereits 140 000 hl und im Jahr 2003 waren es nach Schätzung des Marktbeobachters Herbert Latz-Weber 250 000 hl.

Dagegen ist die noch im Jahr 2001 führende Marke Tuborg (die damals für den deutschen Markt vorwiegend in Mönchengladbach gebraut wurde) von 500 000 auf 150 000 hl zurückgegan-

**Top 12 Internationaler Biermarken in Deutschland 2003**

| | *Marke* | *Herkunftsland* | *Absatz in 1000 hl in Deutschland 2003* |
|---|---|---|---|
| 1. | Desperados | Frankreich | 250 |
| 2. | Budweiser | Tschechien | 200 |
| 3. | Pilsener Urquell | Tschechien | 155 |
| 4. | Tuborg * | Dänemark | 150 |
| 5. | Staropramen | Tschechien | 120 |
| 6. | Faxe | Dänemark | 100 |
| 7. | Carlsberg | Dänemark | 100 |
| 8. | Guinness (einschließlich Kilkenny) | Irland/GB | 95 |
| 9. | Miller Genuine Draft | USA | 70 |
| 10. | Foster's * | Australien | 65 |
| 11. | Heineken | Niederlande | 50 |
| 12. | Krusovice dark | Tschechien | 30 |

*Quelle: Herbert Latz-Weber, Basis Firmenangaben & Schätzungen*

* Foster's und Tuborg werden in Deutschland in Lizenz gebraut.

gen. Dennoch ist Dänemark das statistisch gesehen wichtigste Importland für den deutschen Biermarkt mit (2003) 1,39 Millionen hl, gefolgt von Tschechien (0,79 Mio. hl), Belgien (0,21 Mio. hl), den Niederlanden (0,14 Mio. hl), Österreich (0,13 Mio. hl) und Irland (95 000 hl). Auffallend ist, dass sich in der Tabelle der »Top 12« das viel diskutierte Corona Extra nicht findet, von ihm werden nur 28 000 hl in Deutschland verkauft. Auch Anheuser Buschs »B« (das amerikanische Budweiser) dürfte erst durch sein Sponsorship bei der Fußball-Weltmeisterschaft 2006 merklich Mengen machen.

### 500 *Welche Importbiere dominieren in Österreich?*

Genaue Zahlen für Marken werden nicht erhoben – aber die Statistik gibt darüber Auskunft, dass 2003 358 000 hl Bier aus Deutschland, 106 000 hl aus Tschechien (wobei die Marken Budweiser und Starobrno dominieren dürften) und 26 000 hl aus den Niederlanden eingeführt wurden. Die letzte Zahl ist die am leichtesten zu entschlüsselnde, sie deckt sich annähernd mit den Importzahlen, die Heineken bekannt gegeben hat – 2004 ist der Heineken-Import stetig gestiegen.

### 501 *Und wie wirkt sich der Einfluss ausländischer Brauereikonzerne auf das Bierangebot im deutschen Sprachraum aus?*

Jedenfalls ändert sich das Angebot ausländischer Biere, am besten kann man das in der Schweiz verfolgen: Dort sind nach der Übernahme von Calanda Haldengut durch Heineken und von Feldschlösschen durch Carlsberg deutlich mehr Heineken und Carlsberg Biere im Markt – neben den angestammten nationalen Marken ist ein Premium-Markt für internationale Marken entstanden. Das bedeutet: Mehr Vielfalt. Dazu kommt, dass noch weitere internationale Spezialitäten (wie belgisches Starkbier) das Getränkeangebot abrunden – während die kleinen, regionalen Brauereien selber Spezialitätenkompetenz entwickeln.
Ähnlich läuft es in Österreich, wo seit Mai 2003 beinahe zwei Drittel des Marktes in der Hand von Heineken sind: Hier konn-

ten sich viele Mittelstandsbrauer allein mit dem Argument in der Gastronomie behaupten, dass sie eben eine Alternative zu den Bieren aus dem Hause Heineken (die weiterhin unter den angestammten Marken Zipfer, Kaiser, Gösser und Puntigamer gebraut werden) darstellen.

### 502 *Ist deutsches Bier eigentlich noch deutsch, wenn die internationalen Konzerne mitspielen?*

Erstens ändert sich durch die geänderte Eigentümerstruktur vorerst wenig an den angestammten Bieren – im Gegenteil: Internationale Braukonzerne haben großes Interesse am guten Ruf der deutschen Marken.

Zweitens gibt es seit 2004 durch den Zusammenschluss von Oetker/Radeberger mit Brau und Brunnen unter der Marke RB Brauholding, einen mit immerhin 20 Prozent Marktanteil nennenswert starken rein deutschen Konzern. Man muss aber bedenken, dass die in ausländischem Besitz befindlichen Brauereien einen Marktanteil von erst 16 bis 17 Prozent haben und sich damit wohl nicht zufrieden geben werden. Ab dem Jahre 2002 hat die Interbrew (heute Inbev) die Beck und Co. sowie die Diebels Brauerei zu 100 Prozent erworben; dazu kamen 2003 noch die Gilde-Gruppe mit rund 4,8 Millionen hl (-0,7 Millionen hl Ausfuhr), außerdem noch die Spaten-Gruppe in München. Interbrew hat sich daran gemacht, über den Beck's Vertrieb die belgischen Spezialbiere Hoegaarden Wit und Leffe auf den deutschen Markt zu bringen.

Dennoch ist nicht Belgien, sondern Dänemark das wichtigste Land für Bierimporte nach Deutschland, allerdings sind unter den 1,39 Millionen hl aus Dänemark viele Marken, die über das nördliche Schleswig-Holstein kaum hinauskommen, weil sie von dänischen Grenzgängern im Kofferraum wieder mitgenommen werden. Allein 762 000 hl sind im Jahr 2003 von der Danish Brewery Group nach Deutschland gebracht worden und vielfach an Dänen verkauft worden: Es handelt sich um die Marken Faxe, Albani, Ceres, Thor, Cains und Tauras. Wichtigste dänische

Marke war lange Zeit aber Tuborg, das nach dem Willen des Carlsberg-Konzerns nun durch die Stammmarke Carlsberg ersetzt werden soll.
Auch Heineken ist in Deutschland aktiv, positioniert seine internationale Premium-Marke sehr modern und jugendlich und beteiligt sich (gemeinsam mit der Schörghuber-Gruppe) nach und nach an deutschen Premium-Brauereien wie der Paulaner in München, der Karlsberg-Brauerei in Homburg, der Fürstenberg-Brauerei in Donaueschingen und Ende 2004 der Hoepfner Brauerei in Karlsruhe.

**503** ***Was ist das meistverkaufte alkoholfreie Bier Deutschlands?***

Das ist – wenig überraschend bei seiner Markenstärke – das Clausthaler aus der Radeberger/Oetker-Gruppe. Aber der Markt für alkoholfreies Bier schrumpft stark. Nach einer Statistik der *Brauwelt* sank der Absatz von alkoholfreiem Bier in Deutschland allein zwischen 2002 und 2003 um 14,3 Prozent. Die Radeberger-Gruppe mit ihrem Clausthaler erreichte gerade noch 418 000 hl (nach 510 000 hl in 2002 und 750 000 hl im Jahr 1998). Die inzwischen von Carlsberg gekaufte Holsten-Gruppe kam mit den Marken Kelts und Holsten alkoholfrei auf 175 000 hl (1998 hatte Kelts 86 000 hl und Holsten alkoholfrei 90 000 hl); Interbrew mit Beck's und Diebels alkoholfrei erreichte ebenfalls 175 000 hl (1998 hatte Beck's alkoholfrei allein noch 176 000 hl). Ein stetiger Aufsteiger ist Jever Fun (170 000 hl gegenüber 147 000 hl in 1998), das seit 2004 ebenfalls zu Radeberger/Oetker-Gruppe gehört. Einen großen Sprung vorwärts machten Krombacher (135 000 hl) und Bitburger Drive (115 000 hl).

**504** ***Welches Bier ist das stärkste der Welt?***

Um den Anspruch, das stärkste regulär angebotene Bier zu haben, liegen zwei amerikanische Brauereien in einem Wettstreit, Dogfish Head und Samuel Adams. Lange hatte der Samuel Adams Triple Bock, ein Produkt der Boston Beer Company, die Nase vorne. Braumeister Walter Scheurle (ein gebürtiger

Schwabe) stellt dazu eine 37 Stammwürze-Grad starke und mit Ahornsirup versetzte Bierwürze her, die zuerst mit obergäriger Bierhefe und dann mit Champagnerhefe vergoren wird – der Hefewechsel ist nötig, weil bei der Vergärung dieses Bieres so viel Alkohol entsteht, dass dieser auf die Hefe bereits toxisch wirkt. Immerhin entstehen im Triple Bock 17 Volumsprozent Alkohol. Zur Nachreifung liegt dieses Bier mehrere Monate (oder, im Fall des auf 20 Prozent Alkohol aufkonzentrierten Millennium-Bocks für das Jahr 2000, sogar mehrere Jahre) in alten Bourbon-Fässern. Herausgefordert wird der Triple Bock von einem Produkt der Dogfish Head Brewery in Delaware, die ein 21 Volumsprozent starkes World Wide Stout auf den Markt gebracht hat.

**505** ***Kann ein europäisches Bier da mithalten?***

Das stärkste Bier Europas ist mit 15 Volumsprozent der Belzebuth aus der »Brasserie Jeanne d'Arc« in Ronchin in Frankreich. Es handelt sich um ein dunkelbernsteinfarbenes obergäriges Bier, das überraschend wenig süß und von einer fast aggressiv wirkenden Bittere ist. Bemerkenswert ist, dass aus traditionellen Bierländern Mitteleuropas keine derartig rekordverdächtigen Biere kommen. Dem tschechischen Bierjouralisten Honza Kocka verdanke ich etwa den Hinweis, dass das stärkste Bier Tschechiens das Platan 21 Knizeci mit 10,5 Volumsprozenten ist.

**506** ***Und wie ist das mit dem Starkbier im deutschsprachigen Raum?***

Als stärkstes Bier Deutschlands wird häufig der Kulmbacher Kulminator genannt – aber das ist ein Missverständnis. Beim Kulminator handelte es sich um ein Doppelbock-Bier mit 18 Grad Stammwürze – dieses Produkt wurde inzwischen aus der Produktion der Kulmbacher genommen und durch das 16,5 Stammwürze-Grad starke Mönchshof Bockbier in der Bügelverschluss-Flasche ersetzt. Das wirklich starke Bier aus Kulmbach ist EKU 28 – ein Bier mit (»mindestens«, wie die Brauerei sagt) 28 Grad Stammwürze und elf Volumsprozent Alkohol. Es

ist vollmundig und süßlich – wer es als zu schwer empfindet, kann es ja eisgekühlt trinken, empfiehlt die Brauerei.
Der Vollständigkeit halber noch die stärksten Biere aus Österreich und der Schweiz. Für Österreich galt lange der Eggenberger Urbock, 23 Stammwürze-Grad und 9,2 Volumsprozent stark, als stärkstes Bier. Dann aber hörte 1996 die Schweizer Hürlimann-Brauerei mit der Produktion ihres Samichlaus auf – und seit 2000 gibt es den Samichlaus in Lizenz von Eggenberger. Nach wie vor wird dieses Bier jeweils am Nikolaustag (6. Dezember), der in der Schweiz Samichlaustag heißt, eingebraut und ein Jahr lang gelagert.

**507** ***Ab und zu hört man von einem Bier, das noch stärker sein soll – gibt es das?***

Prinzipiell kann man Bier durch Ausfrieren des Wassers noch deutlich stärker machen, das Ergebnis sind dann likörartig starke Biere. Nach dieser Ausfrier-Methode hat etwa der Puntigamer Braumeister Gilbert Moser »das stärkste Bier der Welt« hergestellt und in Flaschen abgefüllt. Diese Rarität wurde aber niemals kommerziell verwertet.

**508** ***Was ist der höchste je bezahlte Bierpreis?***

Nominell 266 Millionen Mark für eine Maß bayrisches Bier – allerdings im Inflationsjahr 1923, am 26. November, dem »teuersten Tag der Inflation«.

**509** ***Wird in Deutschland eigentlich mehr alkoholfreies oder mehr Bockbier getrunken?***

Obwohl über das Bockbier mehr geredet wird, hat das alkoholfreie mit 2,4 Mio. hl die Nase vorn, dazu kommen 1,6 Mio. hl Malztrunk, der streng genommen kein Bier ist. Vom Bockbier dürften es weniger als eine halbe Million hl sein. In Österreich werden jährlich nur 33 900 hl Bockbier getrunken.

**510** ***Stimmt es, dass man auf Bier schreiben kann?***

Nicht ganz, aber es wird daran gearbeitet. Vor ein paar Jahren ist Bier-Papier in den USA aufgetaucht, populär gemacht hat es Bill Owens, damals Bierbrauer und Herausgeber des Fachmagazins *American Brewer.*

Dieses Papier wird aus Rückständen der Bierproduktion hergestellt – seit einiger Zeit auch in Bayern, nämlich in der Büttenpapier-Fabrik Gmund am Tegernsee. Verarbeitet werden dafür angeblich Hopfen- und Malztreber, Hefe und recyclierte Bieretiketten. Trinken kann man das natürlich nicht, auch wenn das Papier nach Angaben des Verbandes Deutscher Papierfabriken in den Sorten Weizen, Lager, Pils, Ale und Bock angeboten wird.

**511** ***Gibt es eigentlich auch für die Bierbrauer so etwas wie die Zehn Gebote?***

Ja, die wurden im 19. Jahrhundert vom Münchner Humoristen Ferdinand Fränkel aufgestellt – ein bisschen lästerlich sind sie schon und wären daher fast vergessen worden. Ich zitiere sie hier nur der Vollständigkeit halber, nicht etwa um in Gambrinus wirklich einen Gott zu verehren:

»I. Du sollst Gott Gambrinus über alles lieben
und seine Ehre nicht durch schlechtes Bier betrüben.

II. Du sollst keine anderen Götter neben ihm verehren
und nicht durch Chemikalien dein Gut vermehren.

III. Du sollst unter der Woche gutes Bier brauen,
dass des Sonntags das Volk sich kann erbauen.

IV. Du sollst Vater Hopfen und Mutter Gerste achten
und sie als Schöpfer deines Wohlstands betrachten.

V. Du sollst nicht tödten
mit Bier von Schwerenöthen.

VI. Du sollst mehr auf deine Schankwirth schauen
als auf ihre Kellnerinnen und hübschen Frauen.

VII. Du sollst nicht stehlen dem Volk das Geld aus den Taschen
und mit Wasser füllen Fässer und Flaschen.

VIII. Du sollst nicht falsches Zeug unter das Bier mischen
und verdorbenes nicht als gutes auftischen.

IX. Du sollst vom Volk nicht mehr begehren,
als dein Bier werth,
weil an seinem Mark' ohnehin schon genug zehrt.

X. Du sollst nicht begehren, dass deines Nächsten Hausfrau,
Magd und Knecht dein Bier trinkt, wenn es verdorben,
leicht ist und schlecht.«

Frömmer ist, was die Brauer selber gesungen haben. In einem Brauerlied aus dem 17. Jahrhundert wird beschrieben, wie ein wandernder Brauer in den Schalander (also den Freizeitraum der Brauknechte) kommt und willkommen geheißen wird:

»Dann heißt es: Helf Gott Brüderlein,
Das muss der Brauer ihr zehn Gebot sein.
Denn das Helf Gott und Segen Gott,
Das ist der Brauer ihr elft Gebot.«

### 512 *Wo wird der Biermarkt in den nächsten Jahren am stärksten wachsen?*

Das ist nicht schwer vorherzusagen: Alle Zeichen weisen nach Asien und hier wieder besonders auf China: In der Volksrepublik wurden 1995 noch 156 952 000 hl Bier getrunken – 1998 war es bereits um ein Drittel mehr, nämlich 205 874 000 hl, also fast doppelt so viel wie in Deutschland. Die neueste Zahl von 2003 lautet 254 048 000 hl, womit China trotz eines Pro-Kopf-Verbrauchs von bloß rund 20 Litern der größte Biermarkt der Welt ist.

Nach Schätzungen der Malzindustrie, die da immer eine feine Nase hat, könnte der chinesische Markt schon 2006 auf 280 Millionen hl wachsen – da sind noch Marktanteile zu holen!

Ein weiterer Hoffnungsmarkt für die Brauwirtschaft ist Osteuropa, wo es Wachstumsraten in der Größenordnung von sechs Prozent pro Jahr gibt – mit Ausnahme des mehr als gesättigten Marktes in der Tschechischen Republik. Dort liegt der Pro-Kopf-Verbrauch auf dem Rekordhoch von 162 l pro Jahr – in vielen anderen Regionen des europäischen Ostens beträgt er dagegen erst zwischen 25 und 30 l.

### 513 *Trinkt man in Osteuropa nicht eher Wodka als Bier?*

Tatsächlich haben viele osteuropäische Staaten einen hohen Verbrauch an harten Getränken – aber der ist einem starken Wandel unterworfen. Für Russland zeigt sich, dass der Bierkonsum pro Kopf zwischen 1994 und 2003 von 15 auf 53 Liter gestiegen ist, der russische Biermarkt ist immerhin 76,1 Millionen hl (davon 1,5 Mio. hl Importe) groß. »Die früheren Hoffnungen, dass das Bier den viel stärkeren Wodka aus den robusten russischen Trinksitten verdrängen könnte, haben sich zerschlagen. Zwar nimmt Bier – wie auch Wein – einen immer grösseren Anteil am gesamten Alkoholkonsum ein, doch wächst dieser mit, wenn auch nicht so rasant wie der Durst nach Bier«, berichtete die *Neue Zürcher Zeitung* im Herbst 2004. Um den steigenden Alkohol-Rausch zu bekämpfen, hat die russische Duma ab dem 1. April 2005 verboten, auf der Straße, im Park oder sonst in der Öffentlichkeit ein Bier zu trinken – eine Regelung, die sehr an amerikanische Gebräuche erinnert, aber inzwischen auch in einigen Städten der neuen Bundesländer in Kraft ist. Bei Missachtung des öffentlichen Bierverbots drohen hohe Bußgelder – bis zu 500 Rubel, umgerechnet knapp 14 Euro.

### 514 *Wer ist eigentlich »Weltmeister« im Biertrinken?*

Das waren jahrzehntelang die Deutschen. Aber die trinken Jahr für Jahr weniger Bier – im Jahr 2003 wurde sogar erstmals mehr Mineralwasser (129 l) als Bier (117,7 l) getrunken. Außerdem haben die Deutschen nach der Trennung der Tschechoslowakei in die weintrinkende Slowakei und das biertrinkende Tschechien einen bislang unerreichbaren Konkurrenten bekommen. Hier die Vergleichszahlen von 2003 für einige wichtige Bierländer:

**Pro-Kopf-Bierverbrauch**

| *Land* | *Liter pro Kopf* | | |
|---|---|---|---|
| Tschechien | 162 | Lettland | 55 |
| Irland | 118 | Rumänien | 55 |
| Deutschland | 117,7 | Bulgarien | 54 |
| Österreich | 110,6 | Brasilien | 51 |
| Luxemburg [1] | 106,6 | Norwegen | 50 |
| United Kingdom | 101,5 | Russland | 48 |
| Dänemark [2] | 96,2 | Japan[4] | 41,9 |
| Belgien | 96 | Griechenland | 39 |
| Slowakei | 90 | Südkorea | 38,7 |
| Australien | 87 | Frankreich | 35,5 |
| USA | 83 | Botswana[3] | 33 |
| Finnland | 80,2 | Ukraine | 31 |
| Niederlande | 78,7 | Italien | 30,1 |
| Spanien | 78,3 | Hongkong | 29 |
| Neuseeland | 78,1 | Kasachstan | 20 |
| Litauen | 75,5 | China [5] | 19,1 |
| Estland | 70 | Taiwan | 13,4 |
| Kanada [3] | 68 | Türkei | 11,5 |
| Polen | 65 | Thailand [3] | 10,2 |
| Portugal | 58,6 | Philippinen | 9,8 |
| Schweiz | 57,5 | Singapur | 8,6 |
| Schweden | 55,7 | Tansania | 5,5 |
| Südafrika | 55 | Vietnam[3] | 2,5 |

1 Inklusive Importe, exklusive Exporte
2 Ohne Kofferraum-Importe (aus Deutschland) und -Exporte (nach Schweden)
3 2002
4 ohne Happoshu-Leichtbier und Sake
5 ohne Hongkong

*Quelle: CBMC, SAB/Miller, Carlsberg, Canadean, Il Mondo della Birra, Schweizer Brauerverein, eigene Erhebungen*

Generell gilt, dass Märkte mit weniger als 70 Litern pro-Kopf-Verbrauch von den Brauereikonzernen als Hoffnungsmärkte eingeschätzt werden, weil dort noch Wachstum zu erwarten ist. Der Getränke-Analyst Canadean hat beobachtet, dass der Biermarkt in Osteuropa allein seit 1998 um beinahe 60 Prozent gewachsen ist, aber noch lange nicht die »reife« Grenze von

70 Litern erreicht hat. Die Hoffnung auf globales Wachstum der Brauindustrie nährt sich aus der Tatsache, dass der Durchschnittskonsum von Bier weltweit erst bei rund 21 Litern liegt (in Afrika überhaupt nur bei neun Litern) und dass in vielen aufstrebenden Ländern mit durchschnittlich sehr junger Bevölkerung in den nächsten Jahren viele junge Menschen ins trinkfähige Alter kommen werden.

**515** ***Stimmt es, dass wegen des Bieres schon Kriege geführt wurden?***

Ja, aber diese »Kriege« haben immer unterhalb der staatlichen Ebene stattgefunden – etwa zwischen Städten, die ihre Brau-Privilegien verteidigt haben. In Sachsen gab es im 15. Jahrhundert einen »Bierkrieg«, ausgehend vom damaligen Oberlausitzer Brauzentrum Zittau. Dort war bereits im 14. Jahrhundert ein Braukessel mit sieben Hektoliter Ausschlagmenge in Gebrauch. Heute hat jede bessere Gasthausbrauerei einen größeren, aber für damalige Zeiten war das Kochen von 700 Liter in einem einzigen Gefäß eine beachtliche Leistung. Solche Mengen wollten abgesetzt werden – und Zittau exportierte nach Kräften – unter anderem nach Görlitz. Weil sich die Importe nicht abstellen ließen, stürmten die Görlitzer Bürger eine Bierfuhre im Dorf Schlegel und zerschlugen die vollen Fässer. Noch heute heißt die Stelle im Volksmund »Bierpfütze«. Die Zittauer schlugen natürlich zurück – und im Streit ums Bier floss dann 1491 auch ganz erheblich Blut.

Allerdings verdanken wir der *Bild*-Zeitung den Hinweis, dass es auch heute noch solche Kriege gibt, hier zwischen staatlichen und privaten Machthabern. Unter dem Titel »Blutiger Krieg um deutsches Bier« war am 16. Oktober 1997 von einem umfangreichen Bier-Schmuggel in Südostasien zu lesen: »Lastkähne dümpeln auf dem lehmbraunen Mekongfluss, im Schutz der Nacht. Vollgepackt mit klirrenden Kisten – Löwenbräu-Bier. Plötzlich blenden Scheinwerfer auf, ein Zollboot jagt heran. Das MG bellt los. … Ein Polizeisprecher: ›Ganoven decken sich mit China-Löwenbräu ein, schmuggeln es durch den Dschungel zu uns und verkaufen es mit 300 Prozent Gewinn.‹ […] Auf dem Mekong jetzt der bisher schwerste Zwischenfall. Ein thailändisches Schnellboot stoppte zwei von fünf Lastkähnen, beladen mit 10000 Bierkisten. Heftiges Feuergefecht, vier Schmuggler erschossen.«

### 516 *Stimmt es, dass Bier brauen in Bayern einmal gänzlich verboten war?*

Unglaublich, aber wahr: Das stimmt – und es war auch eine Kriegsfolge: Nach dem Zweiten Weltkrieg verbot die US-Militärregierung am 15. Oktober 1945 in Bayern das Bierbrauen. Damit war die Niederlage vollkommen. Aber das Verbot hielt sich nicht lange. Zunächst durfte für die US-Truppen gebraut werden, dann gab es auch für die einheimische Bevölkerung wieder ein Dünnbier (etwa auf den Münchner »Herbstfesten« der Jahre 1946 und 1947. Erst im Spätsommer 1949 gab es wieder »Friedensbier« – pünktlich zum ersten Nachkriegs-Oktoberfest, das am 17. September 1949 begann. Die Maß kostete damals 1,70 Deutsche Mark.

### 517 *Gibt es eigentlich auch Trink-Wettbewerbe?*

Ja, die gibt es, vor allem die Tschechen und Mährer tun sich damit gerne hervor. Bei der alljährlich im Frühjahr stattfindenden Messe »Pivex« in Brünn gibt es immer ein Wetttrinken. Der aktuelle Rekord (aufgestellt 1998) liegt bei 3,33 Sekunden für einen Liter Bier – der Bewerb wurde allerdings in den letzten Jahren nicht wiederholt. In Hora Svate Kateriny an der deutsch-tschechischen Grenze fand im März 1999 auch ein Wettbewerb im Dauer-Biertrinken statt. Ihn gewann Zdenek Jerabek, dem es gelang, 22 Halbe in 22 Stunden zu trinken, ohne dabei einzuschlafen. Er stach damit rund vierzig Konkurrenten aus – unter ihnen die Bürgermeisterin des Ortes.
Mit dem, was wir unter Bierkultur verstehen, hat das wenig zu tun. Und der Genuss ist für die Wettbewerbsteilnehmer wohl auch nicht besonders groß.

**518** ***Was ist ein Bierpass?***
Das ist ein Gutschein für mehrere Biere, die man im vorhinein bezahlt – meist geht das Konzept dahin, dass man in einem Studentenlokal neun Biere löhnt, aber zehn auf dem Pass stehen hat, die dann nach und nach abgetrunken werden können.
Meist müssen solche Gutscheine aber innerhalb kurzer Zeit verbraucht werden.

**519** ***Was ist die längste Gültigkeit für einen Biergutschein?***
Bekannt und viel diskutiert ist einer, den die Carlsberg-Brauerei im November 1972 zu ihrem 125-Jahr-Jubiläum ausgegeben hat: Die Teilnehmer waren damals 20 000 Kinder, die an einem Malwettbewerb teilgenommen haben. Dafür bekamen sie einen Bierscheck, der zum 150. Geburtstag einzulösen war. Mehr als die Hälfte der 20 000 Gutscheine wurden im November 1997 tatsächlich gegen jeweils dreißig Flaschen Bier eingetauscht.

**520** ***Was macht eigentlich einen Bierpapst aus?***
Der Papst ist die letzte Instanz in Grundsatzfragen des Glaubens. Der Bierpapst versucht, die Glaubensfragen, die sich rund um das Bier ergeben, nach bestem Wissen und mit Hilfe von oben letztgültig und friedensstiftend zu beantworten. »Bierpapst« ist auch eine geschützte Marke – es darf keine anderen Bierpäpste neben Conrad Seidl geben.
Aber es gibt noch andere Bier-Gurus und Bier-Jäger. Der bekannteste und anerkannteste ist der Engländer Michael Jackson, der »Beer-Hunter«. Bert Grant, einer der Pioniere der neuen amerikanischen Bierkultur, nannte sich »Dean of American Craft Brewing«, also Dekan der handwerklichen Braukunst Amerikas.

**521** ***Gibt es eigentlich auch Bierkönige?***
Ja, die gibt es. Es wird beispielsweise in Sachsen seit 1990 jedes Jahr ein Bierkönig ermittelt. Derzeit (2004) ist es Lars Riedel (nicht identisch mit dem gleichnamigen Diskuswerfer) von der Glückauf-Brauerei in Gersdorf. Sein Insignium ist ein über-

dimensionaler Bierkrug, den das sächsische Landwirtschaftsministerium stiftete.

**522** ***Und wie ist das mit den Königinnen?***

Die wichtigste Funktion von Königinnen im Bierbereich gibt es in den Hopfenanbauregionen – hier wird jedes Jahr die Tochter eines Hopfenbauern zur Hopfenkönigin gewählt. Sie repräsentiert dann die Anbauregion bei Messen und Festen.

# Vom Bier und seinen Festen

**523** ***Warum feiert man ausgerechnet im Oktober Bierfeste?***
Das hat zwei Gründe – einen historischen und einen brautechnischen. Der historische: Im Oktober 1810 fand in München eine große Hochzeit statt. Kronprinz Ludwig führte die schöne Prinzessin Therese von Sachsen-Hildburghausen zum Traualtar und wollte das Volk teilhaben lassen. Zunächst wurde in der ganzen Stadt ein von König Maximilian I. persönlich angeordnetes Volksfest mit Freibier gefeiert. Für den 17. Oktober wurde von einigen Kavalleristen die allerhöchste Erlaubnis erwirkt, die Hochzeit zusätzlich mit einem Pferderennen auf dem Gelände zwischen Sendlinger Berg und Allgemeinem Krankenhaus zu feiern. Schon bei diesem ersten Fest stellten »Traiteurs« (wie man die Wirte nannte) Zelte zur Verpflegung der Besucher auf. Das Königshaus war von der jubelnden Menge so angetan, dass die namenlose Wiese nach der Braut »Theresienwiese« benannt wurde und das Rossrennen mit allem Drumherum im Jahr darauf wiederholt wurde.
Der zweite Grund ist ein technischer: Im Herbst konnte man wieder die schwereren Winterbiere trinken – entweder frisch gebraut oder aus dem März in kühlen Kellern über die Sommerzeit »herüber gerettete« Märzenbiere. Im Sommer wurden entweder leichtere obergärige Biere hergestellt oder, wie in München bis zur Mitte des 19. Jahrhunderts, es wurde gar nicht gebraut. Denn die Brauindustrie steckte damals noch in den Kinderschuhen – aber der Münchner Durst machte die Brauer reich: »Je mehr man produzierte, desto weniger sollte es reichen«, schrieb Gabriel Sedlmayr im Rückblick. »Und der Brauer, jene

scheinbar behäbige, klischeehaft proportionierte Gestalt, wurde zum Revolutionär der städtischen Wirtschaftswelt«, befindet die Hamburger *Zeit*.

**524** ***Stimmt es, dass das Münchner Oktoberfest das älteste Bierfest der Welt ist?***

Nein, das ist die Erlanger Bergkirchweih (sprich: »Berchkerwa«), die jedes Jahr in der Woche vor und nach Pfingsten gefeiert wird. Dieses Fest ist allerdings viel kleiner und viel intimer als die meisten anderen Bierfeste der Welt – dafür geht es schon auf das Jahr 1755 zurück.

Es hat auch einen ganz besonderen Bezug zum Bier: Die Bergkirchweih findet auf den historischen Brauereikellern statt, die schon 1755 am heutigen Platz waren. Sie machten den Stolz und Reichtum der Erlanger Bürger aus.

**525** ***Ist das Münchner Oktoberfest das größte Bierfest der Welt?***

Ja, das kann man in fast jeder Hinsicht behaupten. Es hat die meisten Besucher aller Bierfeste (mehr als sechs Millionen). Und es bringt in 16 Tagen mehr Bier (im stärksten Jahr, 1985, waren es rund fünf Millionen Maß, genau 54 542 hl) zum Ausschank als manche mittelständische Brauerei im ganzen Jahr.

Allerdings gibt es beim Münchner Oktoberfest nur eine beschränkte Bierauswahl – nämlich nur die untergärigen Festbiere der Münchner Traditionsbrauereien.

**526** ***Bei welchem Bierfest gibt es die meisten Biere zu verkosten?***

Das Bierfest mit der größten Auswahl der Welt ist das Great American Beer Festival (GABF), das jährlich in den ersten Oktobertagen in Denver, Colorado, stattfindet. Es ist drei Tage lang geöffnet und bietet den Besuchern Kostproben von mehr als tausend Bieren. Jede Brauerei, die ihre Biere auf dem Festival präsentiert, darf drei verschiedene Proben anbieten – und jeder Besucher darf in seinem Glas immer nur einen Fingerbreit Bier

haben. Das bedeutet, dass Bier nicht richtig getrunken, sondern nur verkostet werden kann. Auf diese Art ist sichergestellt, dass auf dem GABF niemals Betrunkene zu sehen sind.
Das Bierfestival mit der größten Bierauswahl in Europa ist das Great British Beer Festival (GBBF), das von der »Campaign for Real Ale« (CAMRA) jedes Jahr in der ersten Augustwoche in der Olympia-Halle in London veranstaltet wird.
In Deutschland wurde 1997 die Tradition begründet, jährlich im August auf der Karl-Marx-Allee in Berlin ein Internationales Bierfestival auszurichten, wo es weit über hundert verschiedene Biere zu kaufen gibt.

**527 *Wieso gibt es beim Oktoberfest nicht auch so eine Auswahl?***

Weil die Münchner Brauereien das Geschäft für sich selbst sichern wollen – und damit beim Stadtrat offene Ohren gefunden haben. Zunächst hieß es, dass nur Münchner Brauereien auf das Oktoberfest Bier liefern dürfen – etwas, was den Prinzen von Bayern ärgerte: Er hat mit seiner Schlossbrauerei Kaltenberg immerhin eine eigene Brauerei und ein traditionelles Recht am bayrischen Bier: Haben nicht seine Vorfahren das Reinheitsgebot erlassen, haben nicht seine Vorfahren das Oktoberfest erst begründet?
Zählt alles nichts in München. Mehrfach hat Prinz Luitpold versucht, in Begleitung einer Rittergruppe sein Bier auf das Oktoberfest zu bringen, immer wieder ist er gescheitert. Um den Bestimmungen zu entsprechen, hat er sogar im Münchner Luitpoldpark eine Gasthausbrauerei eingerichtet, um in München gebrautes Bier ausschenken zu können. Flugs haben die Münchner die Regeln geändert, um den adeligen Herren von ihrem Fest fernzuhalten. Seit 1987 heißt es: »An Wies'n-Besucher darf deshalb nur Münchner Bier der leistungsfähigen und bewährten Münchner Traditionsbrauereien (das sind derzeit: Augustiner, Hacker-Pschorr, Paulaner, Spaten und Staatliches Hofbräuhaus) ausgeschenkt werden.« Der Prinz hat die Sache mit der Gasthausbrauerei dann aufgegeben (sie produziert inzwischen in der

fernen Mongolei) – nicht aber seinen Anspruch, auf dem Oktoberfest Bier auszuschenken.

### 528 *Warum findet das Oktoberfest eigentlich im September statt?*

Das hat geschäftliche Gründe: Weil das Wetter im September besser ist als im Oktober, wurde der Festtermin einfach vorverlegt: Da ist der Bierdurst größer – und auch die Schießbuden und Fahrgeschäfte machen mehr Umsatz. Schon beim »Maximiliansfest« (wie die Volksbelustigung zunächst hieß) im Jahr 1819 rutschte der Beginn auf den ersten Oktobersonntag. 1829 wurde erstmals vorgeschlagen, den Festbeginn auf den dritten Sonntag im September vorzuverlegen. Das dauerte aber: Erst 1872 wurde der Hauptsonntag des Festes auf den letzten Septembersonntag verlegt (vorher gab es eine Woche des inoffiziellen Vorfestes). Beim Jubiläums-Oktoberfest 1910 wurde es dann offiziell Mitte September: Eröffnung am Samstag 12 Uhr, Festprogramm am Sonntag, dem 18. September.

### 529 *Gibt es auch im Oktober ein Oktoberfest?*

Ja, das letzte Oktoberfest der Saison beginnt traditionell an einem Freitag Mitte Oktober in Dingolfing – es ist der örtliche »Kirta« und dauert nur fünf Tage. Das Fest ist natürlich kleiner als die Münchner Wies'n – zwei Festzelte, ein Vergnügungspark, es gibt Gickerl, Steckerlfisch und Festbier; es gibt alles, was es eigentlich bei jedem anderen Volksfest auch gibt – und dennoch, die Kirchweih (»Kirta«) in Dingolfing ist mit keiner anderen »Wies'n« in Bayern zu vergleichen, weil es sich beim Kirta um das letzte Volksfest vor der Winterpause im Freistaat handelt. Schneefall müssen die Festbesucher einkalkulieren, schließlich ist eine Woche später Allerheiligen. Bemerkenswert ist auch, dass die Dingolfinger ihren Kirta nicht einfach als ein Volksfest sehen, sondern diese sechs Tage regelrecht zelebrieren. Das Bier wird nicht einfach in Euro und Cent bezahlt, sondern in Biermarkerln. Die sind schon seit vielen Jahren an diesen Tagen die wichtigste Währung in der Stadt: härter (weil unbestechlich) als jeder

Euro, und bedeutender zudem. Wer seine Maß in Dingolfing mit dem Markerl zahlt, der ist wer, wissen die Dingolfinger. Wer dagegen Bargeld aus der Tasche zieht, sollte im stillen Kämmerlein mal dringend über seine Popularität nachdenken.

### 530 *Kennt man in anderen deutschen Ländern auch Oktoberfeste?*

Ja, nur heißen sie meistens nicht so: So findet jährlich ab 28. September in Stuttgart der 16 Tage dauernde Cannstatter Wasen statt. Dieses Biervergnügen, das jährlich fünf Millionen Besucher anzieht, geht auf ein erstmals 1818 vom damaligen König Wilhelm I. veranstaltetes Landwirtschaftsfest zurück.
Ein weiteres bieriges Fest ist der Bremer Freimarkt in der zweiten Oktoberhälfte – die kühle Witterung zwingt einen quasi, sich ins Bierzelt zurückzuziehen.

### 531 *Ist jedes Oktoberfest ein Bierfest?*

Ja, aber nicht umgekehrt. Nicht jedes Bierfest ist ein Oktoberfest – und schon gar nicht ist jedes deutsche Volksfest ein Bierfest. Denn auch wenn bei Festen wie der Mainzer Fastnacht und dem Kölner Karneval bedeutende Mengen Bier umgesetzt werden, sind sie wohl keine richtigen Bierfeste. Da müssen das Bier und die Brauereien schon mehr im Mittelpunkt stehen. Das gilt für viele Kirchweihfeste (wie jene in Erlangen und Dingolfing) und für viele von Brauereien mitgetragene Veranstaltungen. So gibt es Ende April die Münchsteinacher Biertage oder die Kirchweih in Gutenstetten am zweiten Juliwochenende, für die eigens das Aischgründer Kirchweihbier gebraut wird.
Zwei sehr traditionsreiche Bierfeste finden übrigens im Juli statt: Das Heimat- und Wiesenfest (begründet 1834) in Selbitz, bei dem auch der historische Bierkrieg zwischen Selbitz und Nailla nachgespielt wird. Das zweite ist das Kaltenberger Ritterturnier, das Prinz Luitpold von Bayern auf seinem Schloss Kaltenberg eingeführt hat – natürlich wird dort das Bier aus der Schlossbrauerei Kaltenberg verzapft.

**532** ***Gibt es das Oktoberfest eigentlich auch in anderen Ländern?***

Aber sicher! Das Oktoberfest war Vorbild für viele ähnliche Feste rund um die Welt. Bekannt ist unter anderem das Oktoberfest der deutschen Minderheit in Waterloo-Kitchener in Ontario (rund um das erste Oktoberwochenende). Auch in der 1850 von John (Johann) Wegener gegründeten Stadt Walhalla in South Carolina wird alljährlich Mitte Oktober ein Oktoberfest gefeiert, in Tulsa stehen die Festzelte für das »Best German Fest in the West« ebenfalls zur Monatsmitte an den Ufern des Arkansas-River. Und in La Crosse in Wisconsin wurde das am 13. Oktober 1961 von zwei Mälzern der Heilemann-Brauerei ins Leben gerufene »Oktoberfest, USA« längst zu einem geschützten Markenzeichen. Und noch ein deutsches Fest verdient in diesem Zusammenhang Erwähnung: Die Steuben-Parade in New York. Friedrich Wilhelm von Steuben (1730–1794), Namensgeber der Parade, war nach seiner Verabschiedung als preußischer Offizier nach Amerika ausgewandert und hatte im Unabhängigkeitskrieg einen erheblichen Beitrag zum siegreichen Kampf gegen die britische Kolonialmacht erbracht. Die Parade auf der 5th Avenue findet jeweils am Tag der Eröffnung des Oktoberfestes in München statt.

**533** ***Gibt es für das Oktoberfest ein eigenes Bier?***

Ja, auch wenn sich der Stil des Oktoberfest-Bieres im Lauf der Zeit stark geändert hat. In den ersten Jahren dürfte es noch ein leichtes dunkles Bier gewesen sein. Im heißen Sommer 1872 war allerdings in vielen Brauereien das Sommerbier ausgegangen – und frisches Winterbier mochte man noch nicht ausschenken, weil das Oktoberfest gerade in jenem Jahr erstmals weit in den September vorverlegt worden war. Im Schottenhamel-Zelt wurde daher erstmals ein Bier nach »Wiener Art« ausgeschenkt – ein lange kalt gelagertes rotbraunes Bier von der Franziskaner-Leistbräu des Gabriel Sedlmayer, allerdings in Doppelbock-Stärke mit 18 Grad Stammwürze eingesotten. Der Liter kostete (nach den Angaben einer Gedenkschrift von 1907) ab Brauerei neun Kreuzer und die Maß im Schottenhamel-Zelt zwölf Kreuzer – ein so hoher Preis, dass man Bierkrawalle befürchtete. Zu Unrecht, wie sich zeigte, das Bier mundete so, dass sich der Bierstil wandelte.

Schon beim nächsten Oktoberfest (1874, denn 1873 fiel das Fest wegen der Cholera-Epidemie aus) war das Festbier etwas leichter – das Schottenhamel-Festzelt schenkte ab damals 16-grädiges Bockbier als das »richtige« Festbier aus. 1892 trat erstmals die Bezeichnung »Wies'n Bier« auf, für ein von der Münchner Kindl-Brauerei gebrautes Bier in der Stärke eines Doppelbocks aber relativ hell. Im selben Jahr gab es erstmals gläserne Maßkrüge, in denen man die schöne Farbe auch bewundern konnte.

Heute ist das Oktoberfest-Bier ein sehr helles, mindestens 13 Grad Stammwürze starkes Bier nach dem Vorbild des Augustiner Edelstoff, der erstmals 1950 ausgeschenkt wurde und damit einen Standard gesetzt hat.

### 534 *Fasst ein Maßkrug stets einen Liter?*

Das entspricht der heutigen Gesetzeslage, die die Schankmaße in Kontinentaleuropa nach dem metrischen System normiert. Und der Gast hat auch Anspruch darauf, dass seine Maß auch wirklich mit einem Liter Bier gefüllt wird.

Auf früheren Oktoberfesten und in historischen Biergärten muss aber nicht unbedingt literweise gebechert worden sein: Die alte bayrische »Rahmerlmaß« entsprach nur 0,72 Litern, auch wenn der Maßkrug bis oben gefüllt etwa einen Liter fasste – aber dieser Rest war dem Schaum vorbehalten.

### 535 *Wann beginnt die Biergarten-Saison?*

Auch wenn man vielfach schon lange vor Ostern sein Bier im Freien trinken kann, beginnt die Saison üblicherweise mit den Maibock-Anstichen, kurz vor dem 1. Mai – dafür bietet sich vielerorts der »Tag des Deutschen Bieres« an.

**536** ***Welche Bewandtnis hat es mit dem »Tag des Deutschen Bieres«?***
Der 23. April ist das Datum, an dem 1516 das Reinheitsgebot unterschrieben wurde – der Deutsche Brauerbund hat diesen Tag 1995 zu einem »inoffiziellen« Feiertag ausgerufen. Viele Brauereien veranstalten an diesem Datum »Tage der offenen Tür«, Verkostungen, festliche Biergarteneröffnungen oder eben Maibock-Anstiche.

**537** ***Was ist Biergartenwetter?***
Von Biergartenwetter spricht man, wenn es um 22 Uhr noch 22 Grad Celsius hat.

**538** ***Darf man überhaupt so lange im Biergarten sitzen?***
Das ist von Land zu Land unterschiedlich. In Kalifornien beispielsweise kennt man keine staatlich festgesetzte Sperrstunde, dafür muss ein Biergarten so angelegt sein, dass er von außen nicht einsehbar ist – weil Bierkonsum auf öffentlichen Plätzen nicht erlaubt ist.
Dieses Problem kennt man in Europa nicht. Wohl aber das der Lärmentwicklung. Kurz gesagt: Jeder will einen Biergarten gleich um die Ecke haben, aber keiner will ihn hören, wenn er selbst nicht gerade drinnen sitzt.
Jahrelang gab es einen Rechtsstreit um die bayrische Biergartenverordnung. Das Berliner Bundesverwaltungsgericht kippte schließlich im Jänner 1999 die Biergartenverordnung des Freistaates, die seit 1995 den Ausschank im Freien bis 23 Uhr erlaubt hat. Wegen des Lärms der Gäste hatten sich sechs Anwohner beschwert, die schließlich vom Gericht Recht bekamen. Gerichtspräsident Eberhard Franßen kritisierte: »In der Verordnung fehlen konkrete Lärmschutzregeln. Es reicht nicht festzustellen, dass der Lärm aus den Biergärten Ausdruck bayrischer Lebensart ist.«
Daraufhin wurde die Verordnung nachgebessert. Aktueller Stand: Bis 22.30 Uhr darf man im Biergarten sitzen.

**539** ***Womit endet die Bierfest-Saison?***

Das letzte Bierfest im Kalenderjahr ist für die meisten Brauereien der Anstich des Weihnachtsbocks. Dieser erfolgt manchmal schon in den letzten Oktobertagen, in Österreich aber sind die Brauereien übereingekommen, Weihnachtsbock erst nach Allerseelen (2. November) auszuschenken.

Für die Brauer ist der Weihnachtsbock-Anstich gleichzeitig eine Art »Erntedankfest«, häufig ist der Bock auch schon mit den neuen Rohstoffen des laufenden Jahres gebraut. Und weil der Bock seine Zeit zum Reifen braucht, kann der Weihnachtsbock-Anstich nicht beliebig früh im Jahr angesetzt werden.

# Aus der Bier-Apotheke

**540** ***Stimmt es, dass Wein trinken gesünder ist als Bier trinken?***

Nein. Über die positiven gesundheitlichen Wirkungen von Wein ist viel veröffentlicht worden, über die von Bier viel weniger – auch wenn die Brauereiverbände in den letzten Jahren viele Arbeiten in diese Richtung gefördert haben und der Grazer Professor Manfred Walzl, Präsident der österreichischen Gesellschaft für Ernährung, nicht müde wird, das Bier und seine gesundheitsfördernde Wirkung zu loben.

Nach seinen Erkenntnissen sind fast alle dem Wein zugeschriebenen positiven Wirkungen im Bier genauso vorhanden. Und das bei geringerem Alkoholgehalt – und damit wesentlich geringeren Nebenwirkungen.

**541** ***Haben Biertrinker ein längeres Leben?***

Es gibt Untersuchungen, die einen klaren statistischen Zusammenhang zwischen Biertrinken und längerem Leben nachweisen. Der Berliner Professor Hans Hoffmeister, ehemaliger Chef des Robert-Koch-Instituts und FU-Dozent, erklärt: »Wer Bier in Maßen genießt, lebt länger! Wer Bier genießen kann, ist mit dem Leben zufriedener, fühlt sich besser und ist gesünder als Nicht- oder Vieltrinker.«

**542** ***Worauf sind die gesundheitsfördernden Wirkungen des Bieres zurückzuführen?***

Die Wirkung, die Bier mit Wein vor allem gemeinsam hat, ist die des Alkohols. Wer ganz geringe Mengen an Alkohol zu sich nimmt, hat – statistisch gesehen – bereits ein geringeres Sterblichkeitsrisiko als jemand, der abstinent lebt. Bereits zehn Gramm Alkohol pro Tag reduzieren das Sterblichkeitsrisiko eines gesunden Mannes um zehn bis vierzig Prozent, zwischen zehn und zwanzig Gramm sinkt das Risiko weiter und beginnt dann wieder anzusteigen. Wer zwischen dreißig und fünfzig Gramm Alkohol zu sich nimmt, hat wieder dasselbe Sterblichkeitsrisiko wie ein Abstinenzler.

**543** ***Wie viel Bier soll man also trinken?***

In einem Liter durchschnittlichen (11,8-grädigen) Pilsbieres sind vierzig Gramm Alkohol enthalten – wer also ein oder zwei Pils pro Tag trinkt, lebt statistisch gesehen gesünder als ein Abstinenzler. Ab einem Liter Pils pro Tag ist der Vorteil durch die negativen Wirkungen des Alkohols aber wieder wettgemacht.

Der Brauerei-Professor Ludwig Narziss hat das auf den Punkt gebracht: Ein Bier ist besser als kein Bier, zwei Biere besser als ein Bier. Deswegen sind aber zehn Biere nicht besser als zwei Biere.

**544** ***Man hört oft, dass Menschen mit Zöliakie kein Bier trinken dürfen, weil es Gluten enthält, das den Darm schädigen könnte – enthält Bier überhaupt Gluten?***

Leider gilt für die meisten Menschen, die unter der Stoffwechsel-Erkrankung Zöliakie leiden, dass sie weder Brot noch Bier vertragen, weil in diesen Nahrungsmitteln eben Gluten, eine Eiweißverbindung des Getreides, enthalten ist. Gluten ist ein Eiweiß, das in Weizen, Roggen, Gerste, Dinkel und wahrscheinlich auch in Hafer vorhanden ist. Auch wenn nach dem Brauverfahren nur noch wenig Eiweiße im Endprodukt vorhanden sind, ist es dennoch nicht ausgeschlossen, dass Bier noch Spuren von Gluten enthält. Daher gibt es eigene glutenfreie Biere für Menschen, die unter Zöliakie leiden: »Beer Up« ist ein sehr wohlschmeckendes Beispiel, es wird aus Hirse gebraut, die glutenfrei ist, schmeckt aber ganz ähnlich wie ein mildes Pils.

**545** ***Kann Bier trinken dem Herzinfarkt vorbeugen?***
Ja, das ist zumindest wahrscheinlich. Schon geringe Alkoholmengen lassen das Risiko von Herzerkrankungen stark sinken – Bier trinken führt dazu, dass der Cholesterinspiegel ausgeglichen wird: Das »gute« HDL-Cholesterin, das als gefäßschützend gilt, steigt an, das »schlechte« LDL-Cholesterin sinkt. Außerdem wirkt Biergenuss gegen Thrombosen (Pfropfen in der Blutbahn) und gegen Verkrampfungen der Herzkranzgefäße.
Wer mäßig trinkt, senkt auch seinen Blutdruck. Allerdings kann bei starkem Alkoholgenuss der Blutdruck ansteigen.

**546** ***Man hört, dass Bier Nierensteinen vorbeugt, stimmt das?***
Aus Finnland und Italien kommt die Bestätigung, dass Bier die Gefahr, an Nierensteinen zu leiden, ganz erheblich reduzieren kann, berichtet der Grazer Professor Manfred Walzl. Eine Wissenschafter-Gruppe am Nationalen Gesundheitsinstitut von Helsinki hatte fünf Jahre lang 27 000 Finnen im Alter zwischen 50 und 69 Jahren untersucht, die zunächst keine Nierensteine hatten. Über 300 von ihnen litten jedoch einige Zeit später an Steinbildung. Die Teilnehmer der Studie waren Raucher und hatten sich an einem Lungen-Vorsorgeprogramm beteiligt. In einer umfangreichen Analyse wurde befunden: »Jeder halbe Liter Bier, der pro Tag konsumiert wird, reduziert das Nierenstein-Risiko um 40 Prozent.« Eine Ärztegruppe aus Mailand rät sogar zum »Bier als kostengünstigste Vorsorgemaßnahme bei Nierensteinen«.

**547** ***Gibt es einen Zusammenhang zwischen Bierkonsum und Krebserkrankungen?***
Die einzige Krebsart, bei der es einen statistischen Zusammenhang mit Bierkonsum gibt, ist der relativ seltene Blasenkrebs: Er dürfte dadurch begünstigt werden, dass Wachpersonal und Fernfahrer (die beiden anderen Risikogruppen) ihren Harndrang unterdrücken – ein Verhaltensmuster, das viele Biertrinker ebenfalls an den Tag legen, wenn sie gemütlich am Biertisch sitzen. Dem

Blasenkrebs kann man also vorbeugen, indem man häufig austreten geht.

Einer anderen Krebsart beugt Bier dagegen vor: Es wirkt gegen das Bakterium Helicobacter pylori. Dieses gilt als eine der Hauptursachen für die Entstehung von Magengeschwüren und Magenkrebs. Eine Studie der Universität Ulm zeigt: Wer täglich ein großes Bier – also etwa 20 Gramm Alkohol – trinkt, ist mit deutlich geringerer Wahrscheinlichkeit mit dem Bakterium infiziert, als jemand, der abstinent lebt.

**548** ***Ist es wahr, dass der Hopfen Substanzen enthält, die das Wachstum von Krebszellen hemmen?***

Die gute Nachricht ist: Das stimmt. Die schlechte: Die Konzentration der betreffenden Substanz dürfte zu gering sein, um allein durch Bierkonsum nennenswerte Auswirkungen zu haben. Es geht um den Gerbstoff Xanthohumol – ein ausschließlich in den Lupulindrüsen des Hopfens vorkommendes Prenylflavonoid (Polyphenol). Gerbstoffe oder Polyphenole können, ähnlich wie Vitamine oder bestimmte Hormone, durch ihre antioxidative Wirkung Körperzellen vor schädlichen Außeneinflüssen schützen. Zellschädigende Angreifer wie sogenannte freie Radikale (Hydroxyl- und Peroxyl-Radikale) haben dann kaum noch eine Chance. Xanthohumol hemmt eine Gruppe von Enzymen, die bestimmte chemische Stoffe im Körper zu Krebserregern umwandeln – und er unterdrückt im Tierversuch das Wachstum von bereits entstandenen Krebszellen.

Xanthohumol ist in verschiedenen Hopfensorten sehr unterschiedlich stark konzentriert – in der neuen Hallertauer Zuchtsorte Taurus ist es mit 1,08 Prozent sehr konzentriert. In den Sorten Cascade, Mount Hood und Perle ist Xanthohumol allerdings nur ein Viertel so stark vertreten.

**549** ***Gibt es Biere, in denen Xanthohumol besonders konzentriert vorhanden ist?***

Die Brauer hüten sich, ihr Bier ausdrücklich zur Krebsprävention anzupreisen – das könnte dazu führen, dass es in Apotheken verbannt wird. Aber in erster Näherung gilt die Vermutung, dass Biere mit hohem Hopfengehalt (also etwa Pils oder India Pale Ale) auch mehr Xanthohumol enthalten und daher möglicherweise einen höheren Krebs-Schutz bieten. Allerdings zeigen Analysen, dass der Zusammenhang von Bittere und Xanthohumol keineswegs linear verläuft. Daher wurde in Weihenstephan ein Weißbier mit dem Namen Xan entwickelt, das im Frühjahr 2004 auch auf den Markt gekommen ist. Da Xanthohumol relativ instabil ist und während des Brauprozesses leicht umgewandelt und wieder ausgeschieden wird, musste ein spezielles Brauverfahren entwickelt werden, mit dem die Konzentration des Hopfeninhaltsstoffes auf das zehnfache im Bier angereichert werden kann.

**550** ***Gilt immer noch, dass Mädchen dunkles Bier trinken sollen, um einen schönen großen Busen zu bekommen?***

Früher war man der Meinung, dass Mädchen, die sich einen großen straffen Busen wünschen, dunkles Bier mit Eidotter trinken sollten. Der Zusammenhang zwischen Bier, Eidotter und Brustumfang ist allerdings so nicht nachzuvollziehen.

**551** ***Und wie ist das mit stillenden Müttern?***

Es stimmt, dass Biertrinken für stillende Mütter empfehlenswert ist, weil es gewisse Malz-Inhaltsstoffe gibt, die die Laktation (also die Milchbildung) fördern. Dies hat übrigens nichts mit dem Alkoholgehalt und auch nichts mit der Bierfarbe zu tun: Auch der Genuss von alkoholfreiem Bier hat einen positiven Effekt auf die Milchbildung – und da eine stillende Mutter nur wenig Alkohol trinken soll, um diesen nicht an das Baby weiterzugeben, ist alkoholfreies Bier wohl das Bier der Wahl.

**552** ***Ist es wahr, dass im Hopfen Östrogen enthalten ist?***

Genau genommen handelt es sich um Substanzen aus dem Hopfen, die den weiblichen Hormonen Daidzein und Genistein chemisch sehr ähnlich sind und Phytoöstrogene genannt werden. Früher, als Hopfen noch von Hand geerntet wurde, setzte bei den Hopfenzupferinnen während der Ernte die Periode ein. Im fertigen Bier sind diese Substanzen je nach Sorte nur mehr in geringen Spuren oder gar nicht enthalten, weil der Großteil davon beim Kochen der Würze und mit den Kräusen des Jungbieres wieder abgeschieden wird. Eine signifikante Wirkung würde sich erst bei einem regelmäßigen Konsum von 15 bis 20 Litern pro Tag einstellen. Übrigens enthält auch die Hefe Phytoöstrogene – aber ebenfalls nur in geringen Konzentrationen.

**553** ***Enthält Bier eigentlich auch Vitamine und Spurenelemente?***

Ja – und zwar in beachtlicher Menge, wie der Weihenstephaner Professor Anton Piendl vorrechnet: Es geht vor allem um den Vitamin-B-Koplex. So enthält ein Liter Pils:

| | | | |
|---|---|---|---|
| Niacin (B3) | 7,733 mg | Riboflavin (B2) | 0,335 mg |
| Pantothensäure (B5) | 1,490 mg | Folsäure (B9) | 0,086 mg |
| Pyridoxin (B6) | 0,619 mg | Cyanocobalamin (B12) | 0,0008 mg |

Dazu kommen Spuren von Vitamin A (0,004 mg), D (0,001 mg) und E (0,07 mg). An Mineralstoffen und Spurenelementen enthält ein durchschnittliches Pils:

| | | | |
|---|---|---|---|
| Kalium | 554 mg | Natrium | 44 mg |
| Phosphor | 319 mg | Kalzium | 35 mg |
| Chlorid | 174 mg | Nitrat | 22 mg |
| Sulfat | 167 mg | Mangan | 0,16 mg |
| Silikat | 106 mg | Eisen | 0,11 mg |
| Magnesium | 96 mg | Kupfer | 0,10 mg |

Das bedeutet, dass Bier nur einen halb so hohen Nitratgehalt hat, wie ihn die deutsche Trinkwasserverordnung (50 mg/l) zulässt, dass es streng natriumarm ist und kaum schädliche Metalle enthält.

**554** ***Stimmt es, dass Bier müde macht?***

Das ist eine häufige Erfahrung, die auch in einem deutschen Sprichwort zu finden ist:

> »Trink' ich Bier, so werd' ich faul,
> trink' ich Wasser, so häng' ich's Maul.
> Trink ich Wein, so werd' ich voll.
> Weiß nicht, was ich trinken soll.«

Ich rate dennoch: Bier trinken. Der ermüdende Effekt hängt mit der beruhigenden Wirkung des Hopfens zusammen – Hopfen wirkt sedativ (beruhigend) und hypnogen (schlaffördernd), was sich auch die Pharmaindustrie zu Nutze macht, die in Apotheken zahlreiche hopfenhaltige Arzneimittel und Tees anbietet. Aus demselben Grund wird Bier auch als Schlaftrunk für jene empfohlen, die schlecht einschlafen können.

Allerdings steht der beruhigenden Wirkung des Hopfens die belebende des Alkohols gegenüber – und hier reagieren verschiedene Biertrinker ganz unterschiedlich. Offenbar sind häufige Biertrinker den Hopfen so sehr gewohnt, dass sie weniger leicht müde davon werden. Untersuchungen belegen: Ein Glas Bier in der Mittagspause macht nicht müde – wenn man entschlossen ist, am Nachmittag wirklich ernsthaft an die Arbeit zu gehen.

**555** ***Wirken die Inhaltsstoffe des Bieres auch im alkoholfreien Bier?***

Wir haben schon gehört, dass »alkoholfreies« Bier nur minimale Alkoholmengen (maximal 0,5 Volumsprozent) enthält, die physiologisch keine Wirkung haben. Die beruhigenden (und anderen) Wirkungen des Hopfens sind aber auch im alkoholfreien Bier zu spüren – und zwar ohne die ausgleichende Wirkung des Alkohols. Speziell alkoholfreies Pils mit seinem relativ hohen Hopfengehalt ermüdet stärker als gewöhnliches Pils. Es ist also nicht ratsam, mehrere Liter alkoholfreies Pils vor einer Autofahrt zu trinken, es könnte die Fahrtüchtigkeit beeinträchtigen.

### 556 *Wenn alkoholfreies Bier keine körperlich spürbaren Alkoholmengen enthält – dürfen dann Alkoholkranke alkoholfreies Bier trinken?*

Nein, das sollten sie nicht. Auch alkoholfreies Bier kann einen Rückfall in ein Suchtverhalten auslösen. Nicht nur, weil auch homöopathische Mengen an Alkohol für einen Alkoholiker tabu sind, sondern auch wegen der »bierigen« Stimmung, die selbst von alkoholfreiem Bier verbreitet wird: Ein Alkoholkranker könnte dadurch leicht verleitet werden, in alte Trinkmuster (etwa: einen Korn zum Bier) zu verfallen, gerade weil er den Eindruck hat, das Trinken so gut zu vertragen.

### 557 *Ist es eigentlich möglich, durch übermäßigen Biergenuss zum Alkoholiker zu werden?*

Ja, möglich ist das schon, wahrscheinlich ist es nicht. Der Alkohol im Bier ist relativ gut abgepuffert – aber regelmäßiges Trinken sehr großer Mengen von Bier kann eine Alkoholkrankheit auslösen. Die meisten Alkoholsüchtigen haben sich ihre Abhängigkeit aber nicht mit Bier angezüchtet, sondern mit härteren Getränken, mit denen der vom süchtigen Körper ersehnte Alkoholspiegel leichter erreicht wird.

Für den Mannheimer Suchtforschungs-Professor Karl Mann steht fest, dass dabei »die persönliche genetische Ausstattung eine zentrale Rolle spielt« – sogar eine größere als soziale Einflüsse. Was macht eigentlich einen abhängigen Trinker aus? »Nicht unbedingt die Menge des Konsums«, klärt der Experte auf. Bedenklich werde es, wenn ein Freund von Wein oder Bier nicht mehr in der Lage ist, mal einige Zeit auf Alkohol zu verzichten, im Gegenteil immer mehr braucht, um sich entspannt zu fühlen.

### 558 *Wie viel oder wie wenig Bier ist »übermäßiger Biergenuss«?*

Ein berühmtes Gedicht des 19. Jahrhunderts, das Eduard Maria Schranka 1886 veröffentlicht hat, legt die Latte hoch:

»Es lohnt, mein Sohn, beherz'ge das,
Der Mühe kaum das erste Glas.

Man steht doch nicht auf einem Bein,
Drum schenk das zweite Glas Dir ein.

Füll Dir das Glas zum dritten Mal,
Denk: Drei ist eine heil'ge Zahl.

Auf Vieren geht das Vieh einher,
Des Menschen Sinn steht stets auf mehr.

Fünf Sinne sind des Menschen Gaben,
Ein Glas muss jeder Sinn doch haben.

Lass Dir die Warnung offenbaren:
Mit sechsen darf nur der Kaiser fahren.

Ein Vivat Allem, was wir lieben,
Ein Pereat der bösen Sieben.

Beim achten Glase fromm betracht':
Den Ketzer tut man in die Acht.

Neun Musen sind auf dem Parnass
Und jeder ziemt ein volles Glas.

Philister lass nach Hause geh'n,
Der echte Bursch hält aus nach zehn.

Schwankst Du, so trau den guten Elfen,
Ein Freund wird Dir nach Hause helfen.

Du sollst, lass Dir bei zwölf befehlen,
Die Gläser trinken, doch nicht zählen.«

Nun – das wäre eine beträchtliche Menge: Selbst wenn man von den für Kölsch und Altbier üblichen 0,2-Liter-Gläsern ausgeht, sind zwölf Gläser stolze 2,4 Liter Bier. Das verkraftet ein gesunder Mann gerade noch – bei zwölf Maß reißt es dagegen den Stärksten um.

Als oberste Grenze eines noch maßvollen Alkoholverzehrs galt lange Zeit der Wert von 80 Gramm pro Tag – das wären etwa zwei Liter eines gängigen Pilsbieres. In den letzten Jahren legte man das Körpergewicht zu Grunde und sah einen Verzehr von einem Gramm Alkohol pro Kilogramm Körpergewicht pro Tag als oberste Grenze für einen gesunden und erwachsenen Menschen an. Wieviel man verträgt, muss man selbst ausprobieren – womöglich aber nicht täglich. Die Weltgesundheitsorganisation WHO empfiehlt, wenigstens an einem Tag in der Woche gar keinen Alkohol zu trinken. Der Weihenstephaner Professor Anton Piendl hält 40 Gramm Alkohol pro Tag für einen Mann für unbedenklich – das wäre etwa ein Liter eines gängigen Pils.

### 559 *Wie kann man den Grad der Alkoholisierung berechnen?*

Bekanntlich geht das Gesetz davon aus, dass der Blutalkoholgehalt das Maß für die Fahrtüchtigkeit ist – bei 0,5 Promille ist nach der in den meisten europäischen Ländern geltenden Regelung Schluss.

Zumindest auf dem Papier lässt sich der Blutalkoholwert exakt berechnen, wenn man einige Faktoren berücksichtigt: das Körpergewicht, die Getränkesorten, die konsumierte Alkoholmenge und die Zeit, in der man den Alkohol zu sich genommen hat. Der Rechnung legt man die Gewichtsprozente des Alkohols zu Grunde, nicht die Volumsprozente, die auf den Flaschenetiketten angegeben sind. Ein gängiges Bier mit 4,8 Volumsprozent Alkohol besitzt etwa 4 Gewichtsprozent Alkohol. Die Gewichtsprozente errechnet man, indem man die Volumsprozente mit der Zahl 0,84 multipliziert.

Rechnen wir also für ein Alt oder Pils mit 4 Gewichtsprozent: Das bedeutet, dass 100 ml Bier (ein halbes kleines 0,2-Liter-Glas) 4 g Alkohol enthalten; 1 l Bier enthält also 40 g. Zunächst wird die Gesamtmenge des Gewichtsalkohols durch das Körpergewicht dividiert. Dabei ist zu berücksichtigen, dass im Schnitt nur 80 % des Alkohols ins Blut gelangen. Von 1 l Bier mit 40 g Alkohol gelangen also nur 32 g ins Blut. Beispiel: 32 dividiert durch

70 (kg Körpergewicht) ergibt 0,46. Anschließend wird diese Zahl mit 1,43 (bei Männern) oder mit 1,67 (bei Frauen) multipliziert. Unser 70-Kilo-Mann hat nach 1 l Bier also einen Blutalkoholwert von 0,66 ‰ (0,46 mal 1,43). Eine gleich schwere Frau hätte sogar 0,77 ‰ Alkohol im Blut (0,46 mal 1,67).
Aber wie gesagt: Das ist Theorie – am Biertisch spielen noch ein paar andere Faktoren mit. Und im Körper die Leber, die den Alkohol wieder abbaut.

### 560 *Wie schnell geht die Alkoholisierung wieder zurück?*

In einer Stunde baut der Körper durchschnittlich 0,17 ‰ Alkohol ab. Ein Mann (70 kg, 1 l Bier) hätte also nach einer Stunde einen Blutalkoholwert von 0,49 ‰ (0,66 minus 0,17), eine Frau (70 kg, 1 l Bier) 0,60 ‰ (0,77 minus 0,17).

### 561 *Kann man auch mit mehr als einem Liter normalem Bier noch fahrtüchtig sein?*

Versuche legen das nahe: Beim Wiener Symposium »Bier und Gesundheit« im Jahr 2003 wurde berichtet, dass aus der Konsumation von 0,5 Litern Bier keine Problemsituation im Zusammenhang mit der 0,5-Promille-Grenze resultieren kann. Alkoholreduziertes Bier (mit rund 3 Volumsprozent Alkohol) führte auch bei maximaler Konsumation im Rahmen der Versuchsanordnung von Professor Manfred Walzl zu keiner Annäherung an die 0,5-Marke; die höchsten Werte lagen durchschnittlich um 44 Prozent unter dem Grenzwert.
Auch bei einem »Testtrinken« des Würzburger Presseclubs mit der Gemeinschaft Mainfrankenbier im Frühjahr 1999 wurde mehreren Testpersonen dreimal ein 0,4-Liter-Glas mit normalem Pils serviert – nur ein einziger Tester erreichte damit 0,53 Promille. Ein anderer, der ebenso viel getrunken (und ebenso wenig gegessen) hatte, kam nur auf 0,28 Promille. Das zeigt, wie stark die Werte selbst unter gleichen Testbedingungen voneinander abweichen können – ein Freibrief zum Trinken ist das natürlich nicht.

### 562 *Stimmt es, dass man an manchen Tagen schneller, an anderen Tagen langsamer betrunken wird?*

Was sich auf dem Papier exakt berechnen lässt, erscheint in der Praxis weniger klar. Tatsächlich haben die körperliche Konstitution und die Tagesverfassung einen beachtlichen Einfluss: »Der Blutalkoholwert stellt nur eine relative Größe dar«, warnt der Frankfurter Gerichtsmediziner Professor Joachim Gerchow. Dazu kommt aber auch der Einfluss der Trinkgewohnheiten: Wer beispielsweise die Biere nur so in sich hinein kippt, wird schneller besoffen als der Genießer. Beim langsamen Trinken stabilisiert sich der Körper und wird mit dem Alkohol besser fertig.

Andererseits: Auch Leute, die größere Mengen Alkohol zu trinken gewohnt sind, reagieren weniger alkoholisiert als Gelegenheitstrinker – selbst wenn der objektive Alkoholspiegel im Blut sehr stark erhöht ist.

### 563 *Warum muss man sich bei Flugreisen mit dem Biertrinken zurückhalten?*

Auch die Luftfeuchtigkeit macht einen großen Unterschied auf die Wirkung des Alkohols: Das ist der Grund, warum man in Flugzeugen mit alkoholischen Getränken besonders aufpassen muss – in der künstlichen Atmosphäre von Langstreckenflügen ist die Luft trockener als in der Sahara, und der Alkohol wirkt besonders stark.

Trotzdem gibt es bei vielen Airlines geradezu einen Kult, die Fluggäste mit einem besonderen Bier zu verwöhnen. Die Austrian Airlines etwa erfreuen ihre Business-Passagiere jeden Monat mit einer anderen Bierspezialität, British Airways heißt die englischen Passagiere mit dem auch aus der Dose wohlschmeckenden Ale Fuller's London Pride daheim willkommen. Den größten Kult betrieb allerdings seinerzeit die Interflug: Wenn die DDR-Passagiere von Moskau heim nach Berlin flogen, wurden sie schon beim An-Bord-Kommen mit einem Glas Radeberger begrüßt – da konnte damals kein russisches Bier mit.

**564** ***Warum wirkt Alkohol auf Asiaten stärker als auf andere Menschen?***

Der Abbau des Alkohols beginnt schon im Magen – und da spielt das alkoholabbauende Enzym Alkoholdehydrogenase eine Schlüsselrolle. Bei sehr vielen Asiaten (aber auch bei etlichen europäischen Frauen) bildet der Magen deutlich weniger von diesem Enzym – und damit kann mehr Alkohol in die Blutbahn übergehen.

**565** ***Wird man mit Bier langsamer betrunken als mit Wein?***

Ja – und das hängt nicht nur mit der absoluten Alkoholmenge, sondern auch mit der Konzentration zusammen: In einem Viertelliter Wein (11 Volumsprozent) und einer Halben Märzenbier (5,5 Volumsprozent) ist absolut gesehen dieselbe Menge Alkohol enthalten – der Wein wird dennoch schneller »anschlagen«. Noch stärker wäre der Effekt, wenn man wiederum dieselbe Menge Alkohol in Form eines Likörs (ein Achtelliter mit 22 Volumsprozent) oder eines Schnapses (ein Sechzehntelliter mit 44 Volumsprozent) in sich hineinkippen würde.

Der Grund dafür ist, dass die Aufnahme des Alkohols in den Körper zunächst einem einfachen physikalischen Gesetz unterliegt, dem des osmotischen Drucks. Das bedeutet, dass Flüssigkeiten auf den beiden Seiten einer Membran die gleiche Konzentration an Inhaltsstoffen anstreben – bei der Verdauung ist diese Membran die Magen- und Darmwand: Aus einem Magen, in dem der Alkohol hoch konzentriert ist, diffundiert der Alkohol schneller in die Blutbahn, als wenn dieser Alkohol stärker verdünnt wäre.

**566** ***Heißt das, dass Bockbier noch schneller wirkt, als es der etwas höhere Alkoholgehalt nahe legen würde?***

Genau – in einem Doppelbockbier begleiten nur 14 Gramm Wasser ein Gramm reinen Alkohol, in einem 12-grädigen Bier kommen 23 Gramm Wasser auf ein Gramm Alkohol, und in einem der modernen Medium-Biere sind es gar 41 Gramm Wasser auf ein Gramm Alkohol. Das bedeutet aber auch umgekehrt, dass sehr leichte Biere nur ganz wenig anschlagen. Es ist nahezu unmöglich, mit Medium- und Leichtbieren (etwa 3 Volumsprozent Alkohol) die magische Grenze von 0,5 Promille Blutalkoholgehalt zu erreichen.

### 567 *Dann müsste man also besonders rasch betrunken werden, wenn man zum Bier Schnaps trinkt?*

So ist es: Glaubt man doch im Norden Deutschlands, Bier könne nicht ohne Schnaps getrunken werden, andernfalls müsse man es »trocken runterwürgen«. Diese Trinkgewohnheit ist für die Düsseldorfer allerdings nicht akzeptabel. Sie meinen sogar, die Moral des Trinkenden an der Wahl seines Getränkes erkennen zu können: »Wo Bier jedronke wöht, do darfste lache, schlechte Menschen drenke schärfere Sache.«

Sinnvoll ist die Kombination von Bier und Schnaps ohnehin nur in den seltensten Fällen: Fruchtige Edelbrände vertragen sich mit den Bieraromen kaum. Interessant ist allerdings die Kombination von Stout-Bier mit Whisky. Außerdem gibt es Biere, die schon in der Brauerei mit Schnaps gemischt werden – etwa das Kingston (helles Bier mit weißem Rum) oder das Desperados (helles Bier mit Tequila und Aromen).

### 568 *Macht Bier dick?*

Die Bezeichnung des Bieres als »flüssiges Brot« geht auf Jahrhunderte zurück, in denen Bier in einem insgesamt knappen und wenig differenzierten Nahrungsangebot eine willkommene Ergänzung, man kann auch sagen: ein Grundnahrungsmittel, war. Der tägliche Energiebedarf in Kalorien (kcal) beträgt bei sitzender Tätigkeit für Frauen 2000 kcal und für Männer 2400 kcal. Tatsächlich hat ein Liter Pils etwa 1900 Joule (450 kcal), davon kommen etwa zwei Drittel des Brennwertes aus dem Alkohol, der Rest aus dem im Bier enthaltenen Extrakt. Alkoholfreies Bier ist also theoretisch weniger energiereich als Vollbier, allerdings enthalten manche alkoholfreien Biere vergleichsweise mehr Restextrakt. In einem Gramm Alkohol stecken sieben Kalorien,

wenn ein Bier also vier Gewichtsprozent Alkohol enthält, dann sind das 280 kcal. Andererseits: Der Kaloriengehalt von Bier ist deutlich geringer als der von Limonade (etwa 2500 Joule beziehungsweise 600 kcal pro Liter) oder Wein, der einen Energiegehalt von 2700 Joule (650 kcal) aufwärts hat. Bockbier ist natürlich energiereicher als Pils, es hat etwa so viele Kalorien wie eine Limonade.
Ob das reicht, um dick zu werden, hängt von der Menge des getrunkenen Bieres und den sonstigen Ernährungsgewohnheiten ab.

**569** ***Kann das wahr sein, dass man mit Bier sogar abnimmt?***
Klar ist: Wer viel Alkohol trinkt und gleichzeitig viel fette und stark gesalzene Nahrung zu sich nimmt, nimmt zu. Wer mäßig Alkohol trinkt – rund einen Liter Bier am Tag – nimmt dagegen eher ab. Frauen erzielen durch geringe Alkoholmengen den relativ stärksten Gewichtsverlust, wenn ein Teil der Fett- und Kohlenhydratkalorien aus der täglichen Ernährung durch Alkohol ersetzt wird.

**570** ***Aber ist nicht das eigentliche Problem, dass Bier Appetit auf Essen macht?***
So ist es. Die meisten Biere sind sehr gut als Aperitif geeignet – und gerade unsere untergärigen Lagerbiere machen Appetit auf kräftiges und stark gesalzenes Essen. Wer je im »Schweizerhaus« im Wiener Prater bei Budweiser Budvar und Grillstelzen gesessen ist, kann das nachvollziehen.
Aus diesem Grund hat man in Japan den Stil des Dry-Bieres etabliert: Asahi Super Dry ist ein Bier, das besonders gut zu Sushi und anderen kaum gesalzenen und sehr fettarmen Speisen passt: Das Dry-Bier ist mit 18 Bittereinheiten eher schwach gehopft, der Kohlensäure-Gehalt ist relativ hoch, vor allem aber ist das Dry-Bier sehr hoch vergoren – das heißt also, dass sehr wenig Restextrakt und damit wenig Nachgeschmack im Bier ist.

**571** ***Macht es überhaupt Spaß, so ein Dry-Bier zu trinken, wenn es so viel weniger vollmundig ist und weniger Appetit macht?***

Aber sicher! Während Dry-Bier weniger Hunger auf gesalzene Speisen – und auf den Dickmacher Erdnüsse! – macht, macht es viel Lust aufs Weitertrinken. Trinkt man einen Schluck Dry-Bier, so hat man unmittelbar nach dem Schlucken ein trockenes Gefühl im Mund, man neigt also dazu, gleich wieder den nächsten Schluck zu nehmen.

Asahi Super Dry ist mit dieser Rezeptur zum meistverkauften Bier Japans geworden. In Deutschland gibt es inzwischen Überlegungen, die in der Analyse sehr ähnlichen, aber als Alte-Leute-Biere verrufenen Diätbiere unter dem moderneren Aspekt Dry-Bier zu vermarkten.

**572** ***Stimmt es, dass man nach dem Biertrinken mehr Wasser abschlägt, als man Flüssigkeit aufgenommen hat?***

Ja, da gilt der alte Spruch: »Zwei getrunken, drei gelassen«. Wissenschaftlich ausgedrückt: Bier hat einen diuretischen, also harntreibenden Effekt. Wer Bier trinkt, scheidet mehr Harn aus, als wenn er reines Wasser oder eine Wasser-Ethanol-Mischung getrunken hätte.

Übrigens haben verschiedene Biere unterschiedliche Wirkungen auf den Harndruck: Während alkoholfreies Bier überhaupt nicht harntreibend wirkt, hat obergäriges Bier, vor allem das Kölsch, eine besonders starke Wirkung. Für die diuretische Wirkung des Bieres sind neben dem Alkohol phenolische Verbindungen, organische Säuren und Gärungs-Nebenprodukte (von denen im obergärigen Bier typischerweise mehr vorkommen als im untergärigen) verantwortlich.

**573** ***Stimmt es, dass Bier schön macht?***

Ja, denn vor allem unfiltriertes Bier liefert mit seinem Hefegehalt ein Mittel zur Hautreinigung. Bier ist aber nicht nur als Durstlöscher gut für die Gesundheit: Schon die Frauen der alten Ägypter nutzten es zur Gesichtspflege. »Sie nehmen den Bierschaum, um die Frische ihres Teints zu verbessern«, schrieb der Römer Plinius vor fast 2000 Jahren. Wirkstoffe des Bieres sind heute aus der Kosmetikindustrie nicht mehr wegzudenken: Spezielle Cremes mit Bierhefe helfen gegen unreine Haut. Denn das Vitamin B6 verhindert übermäßige Fettablagerungen auf der Oberhaut und beschleunigt den Heilungsprozess. Und als Shampoo stärkt Bier feines Haar, verleiht der Frisur mehr Fülle – ein Hausmittel aus Omas Zeiten.

**574** ***»Wein auf Bier, das rat' ich dir. Bier auf Wein, das lasse sein!« – Was ist dran?***

Wenig: Hans-Joachim Pieper, Professor für Gärungstechnologie an der Universität Hohenheim, meint: »Wie ich den Alkohol aufteile, den ich trinke, ist meine Sache« – solange mäßig getrunken wird, hat er keine Bedenken dagegen, verschiedene Alkoholsorten durcheinander zu trinken.

Tatsächlich macht etwa eine Rotwein-Verkostung sehr durstig – und ein Pils danach ist eine willkommene Erleichterung.

**575** ***Kann man Bier daher problemlos als Basis für ein Mixgetränk verwenden?***

In vielen Kombinationen ist das ganz hervorragend: Berliner Weisse mit Kümmel ist so ein traditioneller Mix, ebenso »Poor Man's Velvet« (Guinness mit Cider) oder »Churchill« (Pils mit Campari).

Problematisch ist allerdings die Kombination von Bier und Sekt: Der »Billige Jakob« (ein Drink aus hellem Bier und Sekt) und auch »Black Velvet« (Guinness mit Champagner) schmecken zwar hervorragend, sind aber auch potentielle Kopfwehmacher. Wer so einen Drink als »Drüberstreuer« oder »Absacker« am Ende eines Abends genießt, sollte nachher Zeit haben, sich gut auszuschlafen.

# Zum Wohle!

**576** ***Gibt es einen offiziellen kirchlichen Segen für das Bier?***

Den gibt es – von Papst Paul V. 1614 in die »Rituale Romanum« aufgenommen: »Herr, segne dieses Bier, das durch Deine Gnade aus dem Korn des Getreides hervorgegangen ist, das dem Menschengeschlecht ein Heilmittel sei. Gib durch die Anrufung Deines Hochheiligen Namens, dass jedermann, der davon trinkt, Gesundheit des Leibes und Schutz für seine Seele erlange, durch Jesum Christum unseren Herrn.«

**577** ***Wie groß war die größte Runde von Biertrinkern, die sich je zugeprostet hat?***

Nach dem *Guinness Buch der Rekorde* hat Guinness diesen Rekord selbst aufgestellt: In Deutschland hatten einander (natürlich in verschiedenen Guinness-Pubs) 41 407 Biertrinker an einem Abend im Dezember 1998 mit »Prost Guinness!« zugetrunken.

**578** ***Gehört es sich eigentlich, mit Bier anzustoßen?***

Gelegentlich hört man, dass es »unfein« wäre, sich mit Bier zuzuprosten oder die Gläser klingen zu lassen. Dies ist eine snobistische Haltung, die von jenen Weintrinkern aufgebracht wurde, die ihr Getränk für »edler« halten als andere alkoholische Getränke: Dies wird auf den Satz »in vino veritas« des römischen Naturforschers Plinius des Älteren (23–79 nach Christus), der in der deutschen Romantik wiederentdeckt wurde, zurückgeführt. In der Oper *Undine* hat Albert Lortzing 1845 geschrieben: »Im Wein liegt Wahrheit nur allein« – woraufhin Wein-Snobs gemeint haben, dass man nur mit Wein »wahrhaft« anstoßen könnte.

Tatsächlich kann man sich mit allen alkoholischen Getränken zuprosten – wenn in einer Runde verschiedene Getränke (also Bier, Wein und Schnaps) getrunken werden, kann man darauf verzichten, die Gläser mit den ungleichen Drinks aneinanderstoßen zu lassen.
Nur in einem Fall verzichtet man auf das Zuprosten ganz: beim Leichenschmaus.

**579** ***Gibt es besondere Regeln, wie man sich mit Bier zuprostet?***
Ja, wenn auch mit gewissen kulturellen Variationen. Wenn man das erste Mal in einer Runde das Glas oder den Bierkrug hebt, so winkelt man den rechten Arm so an, dass der Oberarm in Schulterhöhe waagrecht gehalten wird und der Unterarm das Trinkgefäß etwa vor dem zweiten Hemdknopf hält. Nun wartet man, bis alle ihr Glas gehoben haben, dann wird, wenn die Runde nicht zu groß dafür ist, gemeinsam angestoßen und gleichzeitig zum Trinken angesetzt.
Nach dem Trinken wird das Biergefäß wieder in Höhe des zweiten Hemdknopfes vor der Brust gehalten und gewartet, bis alle mit dem ersten Schluck fertig sind. Erst dann darf das Glas oder der Krug abgestellt werden.
Zu beachten ist, dass man bei Weißbiergläsern nicht im oberen Glasbereich, sondern mit dem massiven Fuß anstößt. Wenn man direkt aus der Flasche trinkt, stößt man mit den Flaschenhälsen zweimal (einmal von rechts, einmal von links) an.

**580** ***Was ist eine Biertaufe?***
Das ist ein alter studentischer Brauch, ein Initiationsritus mit der Formel: »Ich taufe dich im Namen des Bacchus, des Gambrinus und der heiligen Venus auf den Namen NN«. Der heute noch in Verbindungen geübte Brauch geht auf die früher offizielle Erstaufnahmezeremonie, die schon zur Zeit studentischer Bursen nachweisbare Deposition, zurück. Dieser Brauch erhielt sich als offizielle Universitätseinrichtung bis weit ins 18. Jahrhundert hinein; er vertrat die Stelle des heutigen Reife-Examens, welches

zur Erinnerung an seine Vorgeschichte in Deutschland noch lange Zeit Absolutorium hieß. Die Bier- oder Fuchsentaufe ist nichts anderes als eine Fortsetzung der offiziellen Deposition, wenn auch in stark gemilderter Form. Schon die früheren Landsmannschaften pflegten seit Mitte des 17. Jahrhunderts ihre neuen Mitglieder zu taufen. Der Jurist Cothmann zog 1683 gegen die »gotteslästerliche Taufe mit Bier bei den Rostocker Studenten« zu Felde. Die Taufe begann in der Regel mit einer scherzhaften Befragung des Fuchsen. Hernach wurde der Täufling vom Sündenschmutz durch Wassergüsse gereinigt, schließlich an Armen und Beinen waagrecht in der Schwebe gehalten, wobei ihm ein älterer Bursch als Taufpfarrer ein Gemäß Bier über den Kopf goss. Bei vielen Verbindungen erhielt der Täufling am Schluss der Prozedur seinen Biernamen, Vulgo oder Cerevis.

**581** ***Wieso haben sich gerade im studentischen Bereich viele Trinksitten erhalten?***

Natürlich haben die Studenten in ihren Verbindungen mehr Zeit, die alten Bräuche zu pflegen, als das Menschen im Berufsleben können. Sie beziehen sich mit vielem aber gerade auf das Berufsleben, das früher strenge Ordnungen und zünftische Bräuche und Riten kannte.

Von den Studenten wurden manche dieser Bräuche verulkt und zu Trinkspielen umgestaltet – sie sind dadurch aber oft besser erhalten als in den angestammten und oft abgekommenen Berufen. Das Bier steht dabei häufig im Mittelpunkt: »Cerevisia bibunt homines, animalia cetera fontes«, zu deutsch »Es trinken die Menschen Bier und andere Geschöpfe Wasser«. So beginnt ein, angeblich bis in die Reformationszeit zurückreichendes, Studentenlied. Burschenschafter und Farbenstudenten trinken jedoch nicht einfach Bier, sondern sie beachten dabei verschiedene Formen und Regeln. Denn studentisches Kneipen heißt vor allem: gemeinsam kneipen, und das wiederum hat beste Tradition. Bereits die griechische Antike kennt das »Symposion«, was soviel wie »gemeinsames Trinken« bedeutet. Der einsame

Genuss von »Stoff« (wie die Studenten das Bier nennen), der »stille Suff« ist an der studentischen Kneipe verpönt – weil nämlich die jeweilige Verbindung mit ihren Riten auch dem von anderswo stammenden Studenten, der am Studienort sonst keine Freunde hat, eine freundschaftliche Aufnahme gewähren will. Dass Kneipzeremonien und Trinkspiele zu einem gewissen Saufzwang führen, ist allerdings die Kehrseite dieser sonst so löblichen Bräuche.

**582** ***Wie viele studentische Trinksitten gibt es denn rund ums Bier?***

Im *Allgemeinen deutschen Bier-Comment,* erschienen 1899 im Verlag Reclam zu Leipzig, werden sechs »feierliche Ceremonien«, 30 »gesellige Ceremonien«, vier »Bierspiele« und sechs »biergerichtliche Ceremonien« erklärt. Es ist unmöglich, sie alle in diesen Katechismus aufzunehmen.

**583** ***Seit wann gibt es studentische Regelungen des Biertrinkens?***

Der älteste erhaltene Trinkcomment stammt aus dem Jahre 1615/16. Das aus der Feder eines gewissen Blasius Multibibus stammende Werk nennt sich *Ius potandi* oder *Zechrecht*. Die ursprüngliche Fassung ist lateinisch geschrieben und hat die Form einer juristischen Dissertation. In sechzig Kapiteln schildert der Verfasser alles, was er zum Trinken zu sagen hat und was er beim Gelage beachtet wissen will. In den Gründen des Zechens sieht er nichts anderes, »als ein tapferes und rittermäßiges Scharmützel, welches mit Kannen, Gläsern und dergleichen Gefäßen, damit man frisch auf einander zusegelt, vor die Hand genommen wird. Das Zechrecht aber, welches sich daher entspinnet und entspringet, ist dasjenige, das da in sich begreiffet, alle Gebräuche, Solemnitäten und zu solchem Werck gehörige Ceremonien und darneben hell und klar alles das, was einer dem andern nach Statut und Satzungen zu leisten schuldig, vermeldet und anzeigt«.

**584** ***In Bayern kann man beobachten, dass zwischen dem Anstoßen und dem Trinken die Krüge noch einmal symbolisch auf den Tisch gestellt werden – wozu?***

Das hat einen ganz praktischen Grund: Beim Anstoßen in fröhlicher Runde kann aus einem vollen Krug schon mal etwas ausschwappen – diese Tropfen bleiben nach dem kurzen Berühren des Bierfilzls auf dem Tisch und tropfen nicht auf das Hemd. Das war insbesondere bei den früher üblichen bayrischen Braunbieren sinnvoll, denn die machten ungute Flecken.

Bei modernen Pilsbieren ist das nicht mehr nötig: Erstens machen sie kaum Flecken, zweitens sorgt das bei vielen Pils-Flöten üblich gewordene Pils-Deckerl (der Papierkragen um den Fuß des Glases) dafür, dass überschäumendes Bier nicht heruntertropft.

**585** ***Gibt es Themen, die man am Biertisch vermeiden soll?***

Ja – aber das ist nicht der Wein, da ist der Biertrinker tolerant. Doch heißt es in Wanders deutschem Sprichwörterlexikon von 1867:

> »Im Bier- und Weinhaus
> denk nicht ans Beinhaus.«

Man rede also nicht vom Tod.

**586** ***Kann man sich einer unerwünschten Vertraulichkeit am Biertisch erwehren?***

Wenn einem im Überschwang der Bierseligkeit wildfremde Menschen das Du-Wort anbieten oder einem sonst zu nahe kommen, gilt seit jeher der Brauch, dass man höflich, aber bestimmt sagt:

> »Ich trinke mit Ihnen aus einem Fass,
> aber nicht aus einem Glas!«

Denn wenn man sich selbst nach üppigem Biergenuss hat gehen lassen, hilft es nicht zu jammern: »Ach wäre das Bier doch wieder im Fasse!« – ein Sprachbild, das wir den deftigen Tischreden des Martin Luther verdanken.

**587** ***Was bedeutet die Aufschrift »§ 11«, die man auf vielen Bierfässern und Bierbildern findet?***

Der in fast jedem studentischen Biercomment enthaltene legendäre § 11 lautet: »Es wird fortgesoffen!«. Dieses Gebot findet sich erstmals im *Neuen Jenaischen Biercomment* von 1853. Seine Herkunft ist umstritten. Am überzeugendsten und urkundlich nachgewiesen ist die Ableitung von einer deutschen Handwerksgesellen-Ordnung aus dem Jahre 1815, welche mit den Worten »Es wird weitergewandert« besagt, die Wanderung eines Gesellen (die »Walz«) dürfe auch unter widrigsten Umständen nicht abgebrochen werden. Analog soll auch keine Ausrede gelten, um mit dem Trinken aufzuhören.

**588** ***Stimmt es, dass man früher rechtsgültige Verträge nur beim Bier abschließen konnte?***

Das ist eine jedenfalls aus Skandinavien überlieferte Sitte. Sie leitet sich davon ab, dass Analphabeten eine große Zahl von Zeugen gebraucht haben – und die waren regelmäßig nur in der Kirche, beim Thing (der politischen Gemeindeversammlung) oder eben im Bierhaus zugegen.

**589** ***Werden noch heute wichtige Abkommen mit Bier begossen?***

Selten, aber doch. Denn es stimmt nach wie vor: Beim Bier kommen die Leute noch heute zusammen, und was man am Biertisch ausmacht, das hält üblicherweise. So haben sich Kanzler Gerhard Schröder und Premier Jacques Chirac am 23. März 1999 bei einem Bier in der Berliner Kneipe »Zur letzten Instanz« auf Romano Prodi als Präsidenten der EU-Kommission geeinigt.

**590** ***Wo wird heutzutage das Bierwissen gehütet?***

Bierbrauerei ist in den klassischen Brauereiländern Europas immer noch ein gewerblicher Lehrberuf. Gesellenprüfungen legt man an Brauerschulen ab (etwa der in Ulm, in Karlstadt oder am Institut für Gärungsgewerbe in Wien). Die höheren Weihen erreicht man entweder an der privaten Doemens-Schule in München mit ihrem Partnerinstitut Siebels in Chicago oder an den spezialisierten Universitätsinstituten.

Die weltweit wichtigste wissenschaftliche Ausbildungsstätte für Bierbrauer ist die Brauer-Fakultät der Technischen Universität München. Sie residiert auf dem »Nährberg« Weihenstephan bei Freising. Etwa hundert Studenten beginnen dort jedes Jahr ihre Ausbildung – und brauen ihre Versuchssude entweder in der universitären Versuchsbrauerei oder in der benachbarten Staatsbrauerei Weihenstephan. Geforscht wird dort vor allem am hellen untergärigen Bier, wie es alle Welt braut (und oft genug mit technischer Hilfe aus Weihenstephan): »Wir arbeiten ständig daran, das Bier stabiler zu machen, damit es auch nach einem halben Jahr noch schmeckt«, versichert Professor Werner Back. Er ist stolz darauf, dass inzwischen auch Reinheitsgebots-Biere mit einer Haltbarkeit von einem Jahr werben können – nun, wir wissen, was davon zu halten ist.

Weitere akademische Ausbildungsstätten sind die Versuchs- und Lehranstalt VLB in Berlin und die Heriot-Watt-University in Edinburgh. Alle diese Institutionen haben auch umfangreiche Bibliotheken, in denen das jahrhundertealte Wissen ums Bier gehütet wird.

### 591 *Bekommt man nicht Durst von dem vielen Reden und Schreiben über das Bier?*

Oh ja, das ist wahr! So wie der Leser dieses Buches nun sicher Lust auf ein Bier hat. Daher wollen wir es mit Goethe halten:

> »Bestaubt sind unsre Bücher,
> Der Bierkrug macht uns klüger,
> Das Bier schafft uns Genuss,
> Die Bücher nur Verdruss.«

Ich hoffe, der Verdruss hält sich in Grenzen. Zum Wohle!

# Index

120 Minute IPA *46*
1516 Brewing Company *47, 193*
179 Bitter *195*

Aborigines 17
Abteibier 205 f.
Achel *204*
Achouffe *24*
Adnams Old *197*
Ägypter 16, 89, 94 f., 101 f., 104, 280
Aischgründer Kirchweihbier *259*
Albrecht IV., Herzog 154
Ale 18, 27, 54, 112 ff., 168 f., 192, 195, 197 f., 210 ff., 224, 246
Alkohol 11 ff., 29, 33 ff., 58, 73, 81 f., 86, 93, 105, 113, 122, 137, 197, 211, 216, 219 f., 226, 244, 265 f., 268, 272, 274 ff.
alkoholfrei 27, 75 ff., 162, 183, 223, 243, 245, 269, 271 f., 278, 280
Alkoholfreies Hefeweizen *75*
Alkoholiker 272
Almradler *183*
Aloysius *220*
Alphasäure 20, 46, 51 f., 56, 174, 194
Alsterwasser 184
Alt-Bayrisch Dunkel *197*
Altbier 27, 83, 181, 189, 191 f., 195 f., 273
American Bud *167*
American Hefeweizen 224
Ametsbichler *225*
Anchor Brewing Company *101*
Anchor Steam *211*
Andechser Doppelbock *206*
Anderson Valley Brewing Company *192 f.*
Anheuser-Busch *33, 75, 84, 178, 203, 208, 238*
Anheuser-Busch B *167, 241*
Anis 98, 102, 115
Antarctica *237*
Anti-Oxidationsmittel 159, 268
Antwerpen 180
Apollo Bryggeriet *117*
Apricot Ale *123*
Asahi *237*
Asahi Super Dry *279*
Aschau am Inn 225
Äthanol 29, 79, 81
Auer *220*
Augustiner *183, 257*
Augustiner Edelstoff *261*
Austin 210, 216, 226
Australien 17, 19, 205
Aventinus *87, 220*
Ayinger *202*
Ayinger Celebrator *179*
Ayinger Weihnachtsbock *179*

Babylon 16 f., 91 ff., 104, 154
Back, Werner 289

Bad Köstritz 199
Balling, Carl Joseph Napoleon 74
Baltika *237*
Bamberg 24, 45, 87
Barley Wine 203
Barth 20, 46, 230
Bass *180, 198*
Bauer, Familienbrauerei *126*
Bavaria *237*
bayerisch Bier 8
Bayerischer Bahnhof *126*
Bayern 7, 9, 17, 22, 32, 53, 113, 117, 153 ff., 156 ff., 201, 207, 218, 231 f., 251, 257 ff., 287
Beamish *214*
Beck's *21, 234 ff., 237, 242 f.*
Beerbarrel 217
Beer Up *45, 266*
Belk's Extra Special Bitter Ale *192*
Belzebuth *244*
Berlin 12, 101, 115, 123, 158, 160, 176, 257, 262, 276, 289
Berliner Bürgerbräu *123, 200*
Berliner Kindl *123, 235, 237*
Berliner Weisse 123 f., 181, 183, 218, 281
Best German Fest in the West 260
Beylen, Herman 155
Bibel 14 ff., 116
Bier Company *124*
Bierfehler 10, 20 f., 26, 80, 162 f., 169, 178, 221
Bierflasche *siehe* Flaschenbier
Bierglas 146 f., 221
Biergartenwetter 262
Bierpass 252
Biersteuer 140, 157 ff., 183, 185, 234
Biertaufe 284 f.
Bierverkostung 20, 24 ff., 167, 178, 194, 207, 256, 262
Bierwürze 29 f., 55, 69 ff., 76, 78 f., 82, 99, 103, 120, 125, 129 f., 139, 141, 194, 244
Billiger Jakob 281
Bilsenkraut 142
Binding *144, 235*
Binding Ice *86*
Binding Lager *207*
Bio-Bier 55 f.
Birmingham 198
Birra Doppio Malto 201
Bismarck, Fürst 200
Bitburger *8, 235, 243*
Bitter 9, 22, 135, 184, 188, 190 ff., 194 f., 216 f.
Black Velvet 281
Blackberry Wheat *123*
Bobbio, Jonas von 105
Bockbier 22, 27 f., 59, 83 f., 87, 108, 113, 158, 168, 179, 200 ff., 212, 220, 226, 245, 261, 263, 277
Boddington's *170*
Bodensatz 85, 125, 221 f.
Böhmen 114, 139 f., 207
Boothe, David 207
Bora, Katharina von 91
Boscos Brewery *130*
Bosteels *205*
Boston 193
Boston Beer Works *123, 125, 243*
bottle conditioned 215, 221
Brahma *237*
Branik *140*
Brasserie Jeanne d'Arc *244*
Brau-Ring-Kooperationsgesellschaft Deutscher Privatbrauereien 233
Braucommune Freistadt 129
Brauerstern 127
Braumeister 19, 52, 62, 75, 78, 80, 86, 128, 194, 200

Braunschweig 125
Braunschweiger Mumme 114
Brauprivileg 127 ff.
BrauUnion *184, 236*
Brauwasser 10, 56, 60 ff., 70, 126, 156, 187, 196, 207
Bremen 187, 208
Bremer Freimarkt 259
Brettanomyces bruxellensis 119
Brewpub 23 f., 117, 126, 189, 193, 204, 216, 230, 239
Bridgeport *193*
Brouwerij T'Ij *24*
Brot 15 ff., 25, 28, 37, 39, 77, 91, 97, 100 f., 104, 112, 133, 172, 182, 266, 278
Brüne, Konrad 144
Brünn 251
Brüssel 109, 119, 121, 124
Brutal Bitter *192*
Budweis 187 f., 238
Budweiser *19, 20 f., 33, 84, 167, 187 f., 208, 237 ff., 241*
Bud Ice *86, 174*
Bud Light *34, 238*
Budweiser Budvar *19, 144, 238, 279*
Burgkunstadt 130 f.
Burton Ale 62
Burton Bridge *24*
Burton on Trent 63, 180, 198
Busch, Adolphus 208, 238
Busch, August I. 208
Büsching, Anton Friedrich 199

Calanda Haldengut *241*
Caledonian *57*
Campaign for Real Ale (CAMRA) 160, 166, 168, 257
Camps, Peter 226
Canadean (Getränke-Analyst) 249
Cannstatter Wasen 259
Cantillon *119, 122*
Capitol City Brewing *189*
Carapils 44
Cardboard-Flavor 178
Carling *237*
Carlsberg *32, 54, 234, 237, 241, 243, 252*
Cascade 52, 54, 195, 196, 268
cask conditioned 165 f., 194
Castle Milk Stout *214*
Castlemaine XXXX *205*
Cayman Inseln 230 f.
Celebrator *202*
Celis Grand Cru *226*
Celis White *226*
Celis, Pierre 225
C. H. Haake Brauerei 208
Champagnerhefe 244
Chang *203, 237*
Cherry Wheat *123*
Chibuku *96*
Chicago 101, 208, 289
Chicha 12, 97 ff.
Chill-Proofing 82
Chimay Grande Reserve *182, 204*
China 37, 229, 238, 247
Chirac, Jacques 288
Chocolate Cherry Stout *125*
Cholesterinspiegel 267
Churchill 281
Civil, Miguel 101
Clausthaler *75 f., 235 ff., 243*
Clausthaler Extra Herb *76*
Cleveland 165, 210
CMA 10, 28
$CO_2$ *siehe* Kohlendioxid
Coal Porter *212*
Cölner Hofbräu Josef Früh *189*
Columban 104 f.
Conrad, Carl 238
Conrad's Budweiser Beer *238*

Coors *23, 34, 135, 233f., 237*
Corbinian 111
Corona Extra *174, 222, 241*
Corsendonk *205*
Cothmann 285
Courage *237*
Covaleski, Bill 193
Craft Beer Industry 23
Cream Ale 211
Cream Stout 214

Darre 42ff., 96, 99
Davidstern 127
Davis 189
De Dolle Brouwers *24*
De Schaapskooi *204*
de Troch *122*
Dekoktionsverfahren 65ff.
Denver 193, 233, 238ff., 256
Denver Chop House & Brewery *165*
Desperados *144, 174, 184, 240, 278*
Deutscher Brauerbund 161, 167, 233, 262
Deutsches Institut für Reines Bier e.V. 161
Dextrine 29, 66, 74, 76
Diacetyl 82, 139, 141, 182
Diastase 66, 76, 97
Diätbier 77, 137, 280
Diebels *185, 191, 215, 234f., 237, 242f.*
Diesel 183
Dimix *184*
Dingolfing 258f.
Dinkelacker *235*
Dionysos 103
Doemens-Schule 289
Dogfish Head *46, 243f.*
Dom *189*
Doppelbock 27, 87, 168, 179, 201f., 206, 213, 220, 244, 260f.
Dortmund 9, 62f., 118, 187
Dortmunder Export 62, 188
Dortmunder Union *235, 237*
Dosenbier 95, 170ff.
Downingtown 193
Dreher, Anton 58, 207, 209f.
Dreimaisch-Verfahren 64f., 67
Drive *243*
dry hopping 194ff.
Dry-Bier 77, 82, 137, 279f.
Dry Stout 215
Düsseldorf 24, 196, 203, 278

Edda 18
Edinburgh 57, 289
Eggenberger Urbock *245*
Ehrnsperger, Franz 56
Einbeck 42, 201
Einbecker Urbock *33*
Eisbock 87, 188
Eiweiß 38, 44, 66f., 70ff., 79, 177, 182, 223, 225, 266
EKU 28 *188, 244*
Elliot Ness *210*
Emmer 100f.
Emmerberg-Brauerei 57
Ename Triple *205*
Engelhardt, Sr. Doris 206
Enkidu 16
Enzyme 14, 29, 40f., 44, 54, 65ff., 82, 97, 99, 160, 172, 177, 183, 268, 277
Erdinger *195, 218f., 234*
Erlangen 256, 259
ESB (Extra Special Bitter) 192
Eskimos 17
ESP (Extra Special Pale) *192*
Essig 29, 58f., 132
Essigsäure 29, 58f., 163, 165
Estland 209
European Beer Consumers Union 160

Exportbier 144, 167, 177, 182, 187, 191
Ezelinus bruere 190

Famous Flaming Stone Beer *130*
Farbmalz 25, 32, 44 f., 213
Faro 121
Fasten 107 f., 201 f.
Fehlgeschmack *siehe* Bierfehler
Feldschlösschen *228, 235, 241*
Feldschlösschen Ice *86*
Femsa *237*
Flaschenbier 7, 24, 84, 95, 121, 123, 125, 146, 171 ff., 198, 221 ff., 244
Foreign Extra Stout *215f.*
Forster, Adrian 51
Fort Bragg 197, 215, 217
Foster's *19, 237, 240*
Fränkel, Ferdinand 246
Frankenhauser, Herbert 161
Frankenheim *191*
Frankfurt 9
Franßen, Eberhard 262
Franziskaner *218, 234f., 260*
Freedom Brewery *24*
Freising 108, 111, 142, 289
Friedrich II. 115
Fruchtbier 13, 122
Fruchtzucker 12 ff., 122
Fructose 29
Füchschen *192*
Fujisan *237*
Full Sail *192*
Fuller's 70, 212
Fuller's ESB *192*
Fuller's London Pride *276*
Fürstenberg *235, 243*

Gaffel *189f.*
Gagel 115, 118, 190
Galaxy Lager *207*
Gallier 102
Gallus 105
Gambrinus 89, 108 f., 122, 139, 246, 284
Gärung 7, 29 ff., 38, 52, 54, 68, 72 f., 76 ff., 80 ff., 96, 101, 118 ff., 123 ff., 137 f., 218 ff., 222 ff., 281
Gas-Chromatograph 76
Gauderbock *179, 202*
Gaudi-Radler *184*
Gebhardt-Euler, Manfred 233
Geiger, Eberhard 30, 54
Geisterbier *185*
Gemeinschaft Mainfrankenbier 275
George Gale *197*
Gerchow, Joachim 276
Gerlach, Asbjörn 124 f.
Germanen 89, 103
Gersdorf 252
Gerste 12 f., 18, 32, 37 ff., 54, 56, 58, 64, 68, 89 ff., 100 ff., 114, 124, 152 ff., 175, 210, 215, 218, 224 f., 228, 266, 304
Geschmacksfehler *siehe* Bierfehler
Gesellschaft zur Förderung der Biervielfalt (GFB) 161, 227 f.
Getreide 12 ff., 25, 37 ff., 47, 66, 68, 91, 99 ff., 118, 266
Gibbs Mews *167*
Gilden *189, 234f., 242*
Gilgamesch 16, 92 f.
Gläserpflege 148, 161
Glasgow 116, 214
Glückauf *252*
Glucose 29
Gluten 45, 266
Goethe, Johann Wolfgang v. 131, 199, 289
Golden 135, 233
Golden Promise *57*

Goldings 54, 195
Görlitz 250
Gose 125 ff., 156 f.
Goslar 127, 156
Gösser *170, 195, 237, 242*
Gösser Gold *143*
Gottfried Krueger Brewing Company *172*
Grand Cru *226*
Grant, Bert 252
Grässe, Theodor von 145
Great American Beer Festival 256
Great British Beer Festival 257
Great Lakes Brewing *210*
Griechen 102 f.
Grieskirchen 45
Groll, Josef 90, 138
Grünmalz 14, 40 ff., 99
Grut 118 f., 157, 190
Gueuze 119 ff., 168, 181
Guinness *33, 168 ff., 214 ff., 234, 237, 240, 281, 283*
Gushing 176
Gutenstetten 259

Hacker-Pschorr *235, 257*
Hager, Günter 199
Hallertau 47, 52 f., 57, 196, 268
Haltbarkeit 29, 114, 137, 142, 176, 178, 194, 216, 289
Hamburg 9, 19, 144, 203
Hammurabi 92, 154
Hannen *191*
Hansen, Emil Christian 32
Harpoon 193
Harvey's Old *197*
Hathor 94
Haus der 131 Biere 203
Heather Ale 115 f.
Hefe 10, 14, 25, 29 ff., 38, 54 f., 57, 61, 72, 76 ff., 96, 99, 101, 104, 118 ff., 125 ff., 129, 138, 144, 152, 155 f., 160, 163, 177, 182, 193, 210 f., 213 f., 218 ff., 223, 238, 244, 246, 270, 281
Heilemann *260*
Heineken *19, 135, 206, 229, 234 ff., 240 ff.*
Heller *24*
Helsinki 195, 267
Henket 94
Hennebach, Hartmut 127
Henninger *184*
Heriot-Watt-University 289
Herodot 94
Het Kappitel *205*
Hickenlooper, John 239 f.
High Gravity Brewing 186
Hirse 22, 102, 266
Hirsebier 12
Hoegaarden *15, 225 f., 242*
Hoepfner *235, 243*
Hoepfner Pils *136*
Hoepfner Porter *214*
Hofbräu Traunstein *197*
Hofbräuhaus *201, 219, 239, 257*
Hoffmeister, Hans 265
Hofstettner Kübelbier *84*
Hogarth, William 112
Holsten *234 f., 237, 243*
Holsten alkoholfrei *243*
Holzfässer 120, 165, 166
Hönn, Georg Paul 115
Honig 12 f., 25, 103 f., 112, 125, 178 f.
Hood River 192
Hop Devil *194*
Hopf *86, 224*
Hopfen 10, 28, 37, 46 ff., 61 ff., 70 ff., 108, 111 ff., 137, 153, 155, 157, 169, 174, 194 ff., 246, 253, 268 ff.

Hopsteiner *46*
Horndean 197
Huber *183*
Hueffer, Ford Madox 114
Humboldt, Wilhelm von 200
Hürlimann *228, 245*
Hürlimann, Martin 112
Hurricane *203*

IBU (Internationale Bittereinheiten) 52, 135 f., 193, 195, 197, 211, 215, 217
Ice-Beer 85 ff.
Icehouse *86*
Ichtergem 102
Inbev *76, 140, 167, 171, 184, 191, 205, 226, 229, 234ff., 242*
India Pale Ale 22, 142, 192, 269
Ingwer 102, 184
Inkas 97
Internationales Bierfestival 257
IPA *siehe* India Pale Ale
Irland 105, 169, 214 f., 234, 241
Iso-Radler *184*
Ittinger Klosterbräu *206*

Jackson, Michael 252
Jan Primus 108 f.
Jerabek, Zdenek 251
Jesus Christus 95
Jever *9, 136, 235*
Jever Dark *199*
Jever Fun 75, *243*
Jim Beam Cask Conditioned Stout *165*
Jodprobe 68
Johann I. *siehe* Jan Primus
Josef *199*
Jupiler *22*

Kääriäinen, Pekka 98
Kaiser *242*
Kaiser Doppelmalz *33*
Kaiser Premium *143*
Kampagne für Gutes Bier (KGB) 161, 228
Kaltenberg 199
Kaltenberger Ritterturnier 259
Kapstadt 214
Karamalz *33*
Karamellmalz 44 f.
Karl der Große 111
Karlsberg *183, 184, 243*
Karlsruhe 214, 243
Karlstadt 289
Kavove *216*
Kelheim 87
Kelts *243*
Kilkenny *211, 237, 240*
King Cobra *203*
King's Ale *179*
Kingston *278*
Kirchweih 256, 258 f.
Kirin Lager *237*
Kloster 106 ff., 111, 204 ff.
Klosterbrauerei Neuzelle *158, 206*
Kocka, Honza 244
Kofent-Bier 107
Koff-Porter *213*
Kohlendioxid ($CO_2$) 29, 31, 41, 58, 79, 81 f., 137, 166, 170, 173 f.
Kohlenhydrate 29, 77, 278
Kohlensäure 11, 27, 73, 82, 120, 136, 145, 165, 168 ff., 176, 220, 279
Köln 118, 155, 165, 188, 190, 259
Kölsch 27, 83, 188 ff., 218, 273, 280
König *235*
König Ludwig Dunkel *8, 199, 208*
Kopenhagen 117

Köstritzer *185, 200, 235*
Köstritzer Schwarzbier *33, 185, 199*
Kremsmünster 106
Krieger *57*
Kriek 13, 122 f., 125
Krombacher *8, 136, 234 ff., 243*
Kronenbourg *237*
Kronkorken 175, 182
Krueger Cream Ale *172*
Krusovice dark *240*
Kugler, Franz Xaver 183
Kulmbacher 63, 187 f.
Kulmbacher Eisbock *87*
Kulmbacher Kulminator *244*
Kulminator, Lokal in Antwerpen 180
Kunze, Wolfgang 79
Kühlschiff 61, 72, 120
Küppers *189*

La Binchoise *24*
La Crosse 260
La Trappe *204*
Labatt *86, 237*
Labatt Ice *86*
Laboratory Brewery *212*
Lager 22, 113, 139, 158, 176, 178 f., 181, 206 ff., 246
Lambic 119 ff., 165
Lammsbräu Pils *57*
Landshut 133, 155
Latz-Weber, Herbert 240
Läuterbottich 61, 64, 69 f., 141, 225
Le Fruit Défendu *15*
Lederer, Georg 207
Leffe *205, 237, 242*
Leichtbier 34, 74 f., 186, 218, 225, 278
Leipzig 125 ff., 132, 156 f.
Lerwit, Arthur 96
Lewes 197
Licher *235*
Lichtenberg, Georg Christoph 112
Lichtgeschmack 173 f.
Liefmans *122*
Liesinger Brauerei *213*
Light-Bier 34
Lindemans *121, 122*
Lindener Pilsener *143*
Linemann, Annett 176
Linz 199
Löbau 131
London 70, 184, 188, 212, 257
Lortzing, Albert 283
Löwenbräu *188, 229, 235, 250*
Ludwig, Kronprinz 255
Luitpold von Bayern *257, 259*
Luther, Martin 91, 288

Maes *22*
Maibock 124, 201 ff., 261 f.
Mais 12, 22, 37, 54, 96 ff., 151, 202
Maische 40, 55, 61, 64 ff., 74, 76, 96 ff., 101, 120, 129, 224
Malheur *24*
Mallas Sauna 99
Mallersdorf 199
Mallersdorf-Pfaffenberg 206
Malt Liquor 203
Maltose 29, 76
Malz 10, 13 f., 25, 28, 32 ff., 37 f., 40, 42 ff., 55 f., 58, 61 ff., 96 ff., 111, 152, 156, 192, 200, 224 ff.
Malzessig 58
Mälzerei 13, 40 f., 44 ff., 56, 64, 96, 175, 207, 210, 213, 234, 260
Mann, Karl 272
market-Institut 10
Märzen 8, 20, 43, 137, 153, 177, 182, 195, 209, 255, 277
Maßkrug 261
Master Brew *33*

Maximilian I., König 255
Maximiliansfest 258
Maya, José Luís 102
Maytag, Fritz 101
McEwan's *237*
Medium 74, 186, 277
Meissner Schwerter Brauerei *213*
Merk, Gerhard 208
Merkendorfer Hummel-Bräu *43*
Mesopotamien 92
Met 12, 103, 112
Met-Bräu *104*
Michelob *188*, 210, *237*
Michelob Classic Dark *33*
Michelob Honey Lager *178*
Microbrewery 23 f., 197 f.
Miesbach 86, 224
Mikroorganismen 29, 84, 125 f.
Milchbildung 269
Milchsäure 29, 65, 67, 96, 98, 115, 119 ff., 163, 181, 218, 222
Miller *20, 23, 86, 135, 240*
Miller Lite *34*
Mixery *183*
Modelo *237*
Molson *237*
Mönchshof *188*
Mönchshof Bockbier *244*
Moritz Fliege Pils *136*
Mort Subite *122*
Moser, Gilbert 245
Muenchener Bier *208*
Mühldorfer Festweisse *219*
mulling 198
Multibibus, Blasius 286
Münchbräu Eibau *199*
München 8 f., 62, 87, 155, 161, 163, 187, 207 ff., 220, 233, 242 f., 255 ff., 261, 289
Münchner Dunkles 62, 197
Münchner Kindl *261*
Münchsteinacher Biertage 259
Münster 212
Murphy's *170, 214, 237*

Narziss, Ludwig 266
Nashville 130
Nastro Azzurro *176*
Nebenwirkungen 127, 265
Negra Modelo *237*
Neumarkt 56
New Glarus Belgian Red *122*
New York 19, 238, 260
Ninkasi-Bier 101
Noah 14
North Coast Brewing Company *197, 215, 217*
Northern Brewer 52 f., 195
Nugget 52
Nürnberg 108, 133, 207
Nutfield Lyte Lager 55

O'Doul's *75*
O'Sullivan, Cornelius 63
obergärig 22, 30 ff., 75, 77 f., 80 ff., 113, 140, 151, 156, 160, 168, 177, 181 ff., 188 ff., 206 ff., 224, 228, 244, 255, 280
Oberpfälzer Bierwanderung 185
Obsidian Stout *33*
Oelde 136, 197
Oettinger *8, 184, 218, 235*
Öko-Bier 56 f.
Öko-Hanf *57*
Oktoberfest 141, 161, 183, 251, 256 ff.
Old Ale 196 f.
Old No. 38 Stout *215*
Old Rasputin *217*
Oregon Ale & Beer Company *193*
Original Gravity 34, 74, 196

Orval *204f.*
Osiris 89
Osterbock 108, 202
Östrogen 270
Ottakringer *233*
Owens, Bill 246

Paceña Bock *203*
Pacifico *237*
Päffgen *165*
Pale Ale 8, 192f.
Papiergeschmack 20f., 178f.
Pardubice *213*
Pardubicky Porter *213*
Pasteur, Louis 79, 152, 172
Pasteurisierung 83, 172, 182
Paul V., Papst 283
Paulaner *201, 235, 243, 257*
Paulaner Weißbier *218, 223*
Pech 164, 166
Pellets 53, 72, 174
Penthouse 26
Perpete, Philippe 76
Pichler, Elias 201
Piendl, Anton 270, 274
Pieper, Hans-Joachim 281
Pikantus *220*
Pike Brewery *193*
Pike IPA *193*
Pils 7ff., 21ff., 30, 43ff., 51f., 54, 62f., 69, 75, 77, 79, 84, 90, 135ff., 163, 167ff., 171, 177f., 181f., 187ff., 209, 215, 218, 246, 266, 268, 270f., 274f., 278, 281, 287
Pilsen 7, 58, 62, 90, 133, 138f., 143f., 187, 238
Pilsner Urquell *8, 135, 138f., 141, 143, 237, 240*
Pinkus Müller *212*
Pint 22, 171, 217, 239
Pippin 108
Pivex 251
Pivovarsky Dum *216*
Platan 21 Knizeci *244*
Plinius der Ältere 102f., 281, 283
Plohberger *45*
Poor Man's Velvet 281
Porse 115, 117f., 157, 190
Porse Guld *117*
Porter 8, 181, 211ff.
Portland 193, 224
Portugal 203
Pott's Pils *136*
Potts *197*
Prag 140f., 171, 216
Prager Brauereien *141*
Premium 20, 143, 203, 241, 243
Prize Old Ale *197*
Pro-Kopf-Verbrauch 229, 231, 247ff.
Prochazka, Stanislav 141
Prodi, Romano 288
Protz, Roger 215
Puntigamer *87, 242, 245*
Pyramid *123*

Qualität 21, 42, 62, 106, 112, 142, 151, 158, 171, 186

Ra 94
Radeberger *144, 234ff., 242f., 276*
Radler 183f.
Ramses III. 94
Ratsherren *9*
Rätsch, Christian 117, 142
Rauchbier 42f.
Rauchweizen *43*
Rauchenfels Steinbier *130*
Real Ale 83, 166, 168

Red Weizen Ale *224*
Redhook Brewery *216*
Redhook Double Black *216*
Regional Brewery 23
Reinheitsgebot 39, 55, 104, 112 f., 115 ff., 125, 151 f., 154 ff., 183, 189, 225 f., 257, 262, 289
Reis 12, 37, 68, 151, 203
Reisewitzer Pilsener 143
Reiswein 12
Reißdorf, Privatbrauerei Heinrich *189*
Reno 239
Reutner, Richard 42
Rex Pils *235*
Rhenania Alt *235*
Riedel, Lars 252
Rindergalle 115
Ritterguts-Gose *126*
Rochefort *204*
Roggen 12, 32, 68, 266
Rogue *192*
Rohfrucht 68, 120, 124, 159
Rohstoffe 7, 28, 32, 45, 54 ff., 61, 151, 210, 263
Römer 102 f.
Ronchin 244
Rosé de Gambrinus *122*
Rosenheimer Weizenbock *220*
Rostocker *235*
Russenhalbe 183
Russian Imperial Stout 217
Rustenburg 96

Saazer Hopfen 51 f., 54, 195, 210
SAB-Miller 96, 140, 214, 216, 237
Saccharometer 73, 136, 207
Saccharomyces carlsbergensis 30, 32
Saccharomyces cerevisiae 30 f.
Saccharose 29
Sahti 70, 98 ff.
Sake 12
Salvator *179, 201*
Salz 125 f., 155 f.
Sam Houston Lager *210*
Samichlaus *245*
Samuel Adams *123, 165, 214, 243*
Samuel Adams Cream Stout *214*
Samuel Adams Triple Bock *165, 243*
San Antonio 212
San Francisco 101, 180, 211
San Miguel 102, *237*
Sandlot Brewpub *193*
Sauerstoff 29, 78 f., 139 ff., 178, 182, 223 f.
Schalander 247
Schankanlage 161 ff., 224, 227
Schaum 25, 47, 57, 66, 77, 135, 145 ff., 169 ff., 177, 188
Scheurle, Walter 243
Schildbach, Reinhold 101
Schlafmittel 108, 271
Schlägler Doppelbock *179*
Schlägler Gold-Roggen *206*
Schlenkerla *24, 43*
Schlitz *20*
Schlossbrauerei Kaltenberg *8, 235, 257, 259*
Schlösser *191, 235*
Schlossgold *75*
Schmitt, Met-Brauerei *104*
Schneider *218, 220*
Schneider Weisse *87, 219f.*
Schneider, Georg I. 219
Schnitzler, Michael 196
Schöfferhofer *218, 235*
Schottland 115, 169
Schranka, Eduard Maria 272
Schröder, Gerhard 288
Schultheiss *123ff., 237*
Schussenrieder *200*
Schuster, Jacob 132

Schwarzbier 32, 84, 158, 185, 199f., 216
Schwarzen Pfaff *199*
Schwechat 58, 207
Schwechater Lager *209*
Schwechater Zwickl *84*
Schweden 159, 171
Schweiz 86, 112, 154, 161, 206, 227f., 234, 236, 241, 245
Schweizerhaus 279
Schwelken 42
Scottish & Newcastle *237*
Seattle 193, 216
Sedlmayer, Gabriel 207f., 255, 260
Sedlmayer, Joseph 208
Selbitz 259
Sex 92, 108
Shakespeare, William 112
Shandy 184
Shepherd Neame *33*
Shiner Bock *113, 203*
Siebels 289
Siebung 38
Siebensternbräu *193, 200*
Sierra Nevada Stout *216*
Sillamäe *209*
Sinebrychoff *194f.*, *213*
Skandinavien 17f., 34, 115, 195, 288
Skypeck, Chuck 130
Slosberg, Pete 197
Smichov 141f.
Sol *174, 237*
Sorghum 12, 21, 95ff., 99
South African Breweries *siehe* SAB-Miller
Spalter 52
Spaten *235, 242, 257*
Spatzen 41
Speise 121, 133, 279f.
Spelze 39, 64, 68, 76, 175, 225
Spezial *43*
Spiced Christmas Ale *198*
Spurenelemente 270
St. Gallen 106
St. Peter's Brewery *24, 198*
St. Sixtus *205*
St. Georgs Bräu *24*
stale ale 212
Stammwürze 34, 71, 73f., 77, 124, 137f., 158, 186, 192, 201ff., 209f., 213, 218, 220, 244, 260
Stärke 11, 13f., 39f., 58, 64, 66, 68f., 77, 97, 156
Starobrno *241*
Staropramen *140ff.*, *171, 237, 240*
Steam Beer 211
Steinbier 129f.
Stella Artois *22, 135, 237*
Sternpils *143*
Steuben, Friedrich Wilhelm von 260
Steuben-Parade 260
Sticke 196, 203
Stickstoff 39, 169ff.
Stiegl *63, 184*
Stingray Brewery *230*
Stockenfels 185f.
Stockenfelser Geisterbier *185*
Stoke on Trent 215
Stout 8, 114, 165, 168, 170, 211, 214ff., 278
Strubbe, Marc 102
Studenten 89, 91, 252, 284ff., 288f.
Stuttgart 259
Südafrika 50, 96, 214
Sudhaus 40, 61, 78, 139ff., 182
Sudwerk Hübsch *189*
Sueben 104
Sumerer 100
Superbock *203*
Sweetheart Stout *214*

Tag des Deutschen Bieres 261 f.
Take Hemp *57*
Tennant *214*
Texas 113, 203, 210, 212, 216, 226
Thailand 203
The Bitter End *216*
The Brew Brothers *239f.*
The Brew Works *198*
Therese, Prinzessin 255
Thisted Bryghus *117*
Thomas Kemper Weizenberry *123*
Thüringen 155
Titanic Stout *215*
Tivoli-Brauerei *12*
Toronados 180
Traditional Beer Investments *96*
Trappistenbier 203 ff.
Treber 69 f., 100, 107, 141, 246
Trierer Löwenbrauerei *189*
Triple (Tripel) *165, 205, 243f.*
Tschechien 19, 35, 52, 139 ff., 171, 195, 200, 207, 213, 229, 231, 241, 244, 248, 251
Tuborg *240, 243*
Tucher *235*
Tulsa 260
Turmair, Johannes 220
Turn *125, 158*

U-Fleku *140*
U Zlateho Tygra 141
Uerige *24, 196*
Uerige Alt *192*
Ulm 268, 289
Umkehrosmose 75
ungespundetes Bier 9, 82
untergärig 7, 22, 30 ff., 44, 75, 77 ff., 80 ff., 113, 121, 135, 139, 141, 155 f., 160, 168, 171, 176 ff., 187, 190 ff., 206 ff., 225, 256, 279, 289
Urquell *90, 135, 138ff., 237, 240*
USA 7, 13, 21 f., 32, 34, 38, 45, 47, 75, 86 f., 167, 180, 188, 193, 217, 224, 226 ff., 236, 246, 260
Uttendorfer *136, 195*

Velvet *171*
Verband zur Bekämpfung betrügerischen Einschenkens 161
Victory Brewing Company *193*
Vilshofen 90
Vitamine 159, 268, 270, 281
VLB, Berlin 176, 289
Vohburger, Franz-Joseph 185
Volumsprozent 33 ff., 75 f., 87, 99, 113, 117, 136, 138, 179, 197 f., 200, 203, 205, 211, 215, 217, 226, 244 f., 271, 274 ff.
Vomitoxin 175 f.

Wacholder 99, 115
Wadworth 6X *205*
Waldis, Burkhart 108
Walzl, Manfred 265 f., 277
Warsteiner *9, 136, 188, 215, 234f.*
Washington 47, 52 f., 189, 216
Waterloo Brewing Co. *210*
Waterloo-Kitchener 260
Wegener, John 260
Weihenstephan 30, 54, 75, 111, 163, 269 f., 274, 289
Weihnachtsbock 108, 179, 197 f., 202, 263
Wein 11 ff., 26, 28, 85, 95, 102 f., 106, 112, 116, 120, 131, 180, 199, 236, 265, 277, 281, 283
Weißbier 9, 12, 18, 22, 25 f., 30, 32, 57, 68, 75, 82, 99 f., 120, 123, 146, 157, 162 f., 167, 170, 181 f., 186, 218 ff., 230, 246, 269
Wermut 115 ff., 157
Wernesgrüner *235*

Westmalle *204f.*
Westvleteren *204f.*
Weyermann *45*
Whirlpool 52, 61, 72, 216
Whiskyfässer 165, 278
WHO 274
Wicked Winter Brew *197*
Wicküler-Elberfelder-Pilsener *143*
widget 170f.
Widmer *224*
Wien 42, 47, 62, 143, 193, 207f., 233, 238, 260, 275, 279, 289
Wiener Lager 209f.
Wild Hops Ale *47*
Wilhelm I., König 259
Wilhelm IV., Herzog 152f., 157
Wintertime Ale *197*
Wit-Bier 102, 226
Witkap *205*
World Wide Stout *244*
Worthington *237*
Wotan 89
Würzburger Presseclub 275
Wynkoop-Brewery *239f.*
Xan *269*
Xanthohumol 268f.

Yan Ying *237*

Zapfen 145f., 148, 160ff., 186, 224
Zillertaler Brauerei *202*
Zillertaler Gauderbock *179*
Zipfer *237, 242*
Zipfer Pils *143*
Zipfer Urtyp *143*
Zittau 131, 250
ZKG 80f.
Zucker 12f., 29ff., 35, 39f., 58, 66ff., 97f., 101, 121, 130, 137, 151, 156, 173, 181
Zunft 109, 128, 133, 190
Zwettler *176*
Zwettler Dunkles *33*
Zwettler Ice *86*
Zwickl 25, 83f., 162, 221
Zwicklprobe 84

## Zum Autor

Conrad Seidl, geboren 1958 in Wien, ist Journalist bei der österreichischen Tageszeitung *Der Standard*. Seine Liebe zum Bier hat er in eineinhalb Jahrzehnten professioneller Beschäftigung mit Bier, Brauwesen und der Kulturgeschichte der Bierbrauerei durch zahlreiche Buchveröffentlichungen (darunter »Hopfen und Malz«, Deuticke 1995, und »Unser Bier«, Deuticke 1996) und Beiträgen (u.a. in *Plaboy, Brewer's Guardian, Falstaff* etc.) dokumentiert. Er ist ein gefragter Referent und tritt regelmäßig in Radio und Fernsehen auf.

www.bierpapst.cc
bierpapst@gmx.net